创新创业管理

滕飞 冉春秋
[主 编]

CHUANGXIN
CHUANGYE
GUANLI

首都经济贸易大学出版社
Capital University of Economics and Business Press
·北京·

图书在版编目(CIP)数据

创新创业管理/滕飞,冉春秋主编. --北京:首都经济贸易大学出版社,2018.7
ISBN 978-7-5638-2808-1

Ⅰ.①创… Ⅱ.①滕… ②冉… Ⅲ.①创新管理—研究 Ⅳ.①F273.1

中国版本图书馆 CIP 数据核字(2018)第 124850 号

创新创业管理
主　编　滕　飞　冉春秋

责任编辑　陈雪莲　彭　芳
封面设计　风得信·阿东 FondesyDesign
出版发行　首都经济贸易大学出版社
地　　址　北京市朝阳区红庙(邮编 100026)
电　　话　(010)65976483　65065761　65071505(传真)
网　　址　http://www.sjmcb.com
E-mail　publish@cueb.edu.cn
经　　销　全国新华书店
照　　排　北京砚祥志远激光照排技术有限公司
印　　刷　北京市兴怀印刷厂
开　　本　710 毫米×1000 毫米　1/16
字　　数　249 千字
印　　张　13
版　　次　2018 年 7 月第 1 版　2018 年 7 月第 1 次印刷
书　　号　ISBN 978-7-5638-2808-1/F·1547
定　　价　35.00 元

前　言

《创新创业管理》一书旨在针对高校学生自身文化水平不等、创新创业诉求差异大等问题，以教育心理学与管理学为基础，吸收社会学、高等教育学等领域的相关理论、方法和案例，采用定性研究与定量分析相结合的方法，专注于高校创新创业教育教学的理论研究和实践探索，系统总结高校创新创业教育相关研究成果，丰富并发展高校创新创业教育的基础理论，以期提升高校创新创业教育的实效。希望本书的完成和出版能对加强和提升高校创新创业教育，强化其实效性，以及对加强高校创新创业教育相关领域教师队伍建设等方面的理论研究和实践起到推动作用。

本书可作为高校教师、在校大学生、研究生及进行创新创业教育研究的学者参考用书，也可作为高校创新与创业教育课程的教材。

本书由滕飞、冉春秋主编并负责全书的统稿工作。各章的分工如下：第一章，石李冠玉；第二章，冉春秋、滕飞；第三章，杨雅婷；第四章，龙晓芬、滕飞；第五章，陈思宇；第六章，关崇；第七章，夏冬阳；第八章，何一晨；第九章，张曦然；第十章，文达浪；第十一章，李庚燃、滕飞。

本书的写作与出版工作得到了首都经济贸易大学出版社的大力支持，对此我们表示诚挚的谢意！

由于本书的编写时间较紧，加之我们编写水平有限，书中难免存在不足之处，恳请各位读者提出宝贵的意见，以便我们在本书再版时加以修订。

滕飞、冉春秋

2017 年 9 月于大连

目　录

第一章

创新创业概论

学习目标

通过对本章内容的学习，你应了解和掌握如下问题：

- 对创新、创业相关概念有基本认识
- 了解创新管理、创业管理的内容
- 理解创新过程与创业过程
- 掌握创新创业管理的意义

引 例

当今是一个大变革的时代,“创新、协调、绿色、开放、共享”5大发展理念引领中国深刻变革,其中又以创新为首。个人通过创新创业发展、成就自身美好的未来,企业通过创新实现转型,谋求更好的发展。

诺基亚曾是智能手机市场的先锋军。2002年,诺基亚推出运行塞班(symbian)系统的智能手机。接下来的5年时间里,使用塞班系统的智能手机占据了智能手机市场的较大份额。

随着智能手机市场日益成熟,越来越多的手机用户想要追求更好的智能手机体验,厌倦了无聊的WAP浏览器。在这一趋势下,三星迅速进军智能手机市场,通过技术创新试验了多种智能手机操作平台,包括安卓和Windows Phone,甚至还开发了自己的操作系统。最终,安卓完美胜出。2007年,苹果公司推出带着全触屏界面以及基于新操作系统(iOS)的手机,就此改写了智能手机的定义。与之相对比,已经有了成功智能手机系统的诺基亚却由于技术停滞不前招致惨败。

第一节 创新创业的内涵及特点

创新创业(innovative entrepreneurship)是基于技术创新、产品创新、品牌创新、服务创新、商业模式创新、管理创新、组织创新、市场创新、渠道创新等方面的某一点或几点而进行的创业活动。创新是创新创业的特质,创业是创新创业的目标。

具体来讲,创新创业是以创新为基础的创业活动。这既不同于单纯意义上的创新,也不同于以生存为目的的创业。创新强调的是开拓性与原创性,而创业强调的是通过实际行动获取利益的行为。因此,在创新创业这一概念中,创新是创业的基础和前提,创业是创新的体现和延伸。

一、创新创业的内涵

(一)创新的基本概念

创新是以新思维、新发明和新描述为特征的一种概念化过程,起源于拉丁语,它的原意包含3层意思:第一,更新;第二,创造新的东西;第三,改变。创新是人类特有的认识能力和实践能力,是人类主观能动性的高级表现形式,是推动民族进步和社会发展的不竭动力。

随着人们对现代社会科学、技术与经济发展、社会进步关系的深入研究,对于创新概念的理解将更为深刻,详见表1-1。

表 1-1 创新的基本含义

约瑟夫·熊彼特(1912)	建立一种新的生产函数,即把一种从来没有过的关于生产要素和生产条件的"新组合"引入生产体系
彼得·德鲁克(1989)	赋予资源以创造财富的能力的行为
彼得·圣吉(1994)	当一个新的构想在实践中被证实可行的时候,工程师称之为发明,而只有当它能够以适当的规则和切合实际的成本,稳定地加以重复生产的时候,这个构想才成为创新
康德瓦拉(2005)	创新是形成创新性思想并付诸实践的过程
经济合作与发展组织(2000)	创新的含义比发明创造更为深刻。它必须考虑在经济上的运用,实现其潜在的经济价值。只有当发明创造被引入经济领域时,它才成为创新
冯之竣(1999)	创新是存在于生产力、生产关系和上层建筑全部领域的人的创造性活动,既包括生产过程的创新,也包括社会活动的创新
周祖城(2000)	创新是指从新的构想、新的观念产生到这些新的构想、新的观念运用的整个过程
陈玉和(2001)	创新是在人类社会生产劳动实践中,取得的那些对人类社会进步及人的发展具有长远而巨大的促进与加速作用的一类杰出成果
徐建立(2001)	创新是主体依据社会需要,在原事物基础上引申发散、推陈出新,产生既具有推动社会发展潜能,又具有前沿性、价值性和超越性成果的行为活动

(二)创新的分类

创新可以从不同角度进行分类。

1. 根据创新的表现形式进行分类:知识创新、技术创新、服务创新、制度创新、组织创新、管理创新等。

2. 根据创新的领域进行分类:教育创新、金融创新、工业创新、农业创新、国防创新、社会创新、文化创新等。

3. 根据创新的行为主体进行分类:个人创新、团体创新、企业创新、政府创新、大学创新、科研机构创新等。

4. 根据创新的方式进行分类:独立创新、合作创新等。

5. 根据创新的意义大小进行分类:渐进性创新、突破性创新、革命性创新等。

6. 根据创新的效果进行分类:有价值的创新,如电脑发明等;无价值的创新,如没有市场需求的新产品等;负效应创新,如污染环境的新产品等。

7. 根据创新的层次进行分类:首创型创新、改进型创新、应用型创新等。

8. 根据管理对象的差异性进行分类:理论创新、知识创新、技术创新与制度创新。

(三)创新的意义

创新是人类社会进步的重要途径,无论宏观上还是微观上,都具有较强的现实

意义,具体如下:

1. 对于一个国家而言,创新是一个民族进步的灵魂,是一个国家兴旺发达的动力。随着竞争的加剧,创新已成为一个国家发展与发达的关键。创新是带有氧气的新鲜血液,是一个国家的生命。从经济学角度来讲,创新推动社会生产力的发展。科学的本质就是创新,科学技术的发展必然导致生产工具与劳动技术的更新,间接提高了劳动者的基本素质,拓展了劳动对象,最终促进社会生产力的提高。从政治角度来看,创新推动生产关系和社会制度的变革。社会发展和变革的先导是理论创新,理论创新会推动其他形式的创新方式的发展,如制度创新、技术创新、知识创新等,进而促使生产关系和社会制度发生变革,实现创新的目的。从文化角度来看,创新推动人类思维和文化的发展。思维方式的变化受到人的实践方式影响。可以认为,行为方式一定程度上作用于思维方式。此外,实践基础上的理论创新和理论指导下的实践创新推动了科技的嬗变,增加了人类认识的对象,扩大了认识范围,更新和提高了人类思维的性质和水平。因此,创新作为重要的行为方式之一,推动了人类思维方式的发展与变革。文化的改变同样需要行为方式的发展与革新,同等道理下,创新也推动了人类文化的发展。所以,创新是民族进步的灵魂,我们需要树立创新意识,不断进行创新。

2. 对于个人而言,创新是一个人在工作乃至事业上永葆生机和活力的源泉。首先,创新是人的自身需要,创新使人产生改变现实、创造更理想世界的渴望。个人对创新进行观念上的分解和组合,以自己的价值取向选取和重构,创造出有利于人的、具有新的结构和功能的观念客体。这一系列的复杂活动,是高度组织化和信息化的人脑所特有的功能,是人类创造力的最重要条件。其次,创新是人改造世界的实践活动与精神状态的统一。人为了满足日益增长的物质生活与精神生活的需要,总是通过自身的物质生产活动和精神生产活动,不断创造出不同于既存事物的新产品,以充分体验和实现自己的生命价值。创新恰恰是这一目的的实践过程。

二、创业的基本概念

(一)创业的含义

通常意义上,创业是人类社会生活中最能体现人的主体性的社会实践活动。它是一种劳动方式,是一种需要创业者组织并运用服务、技术、器物作业的行为。创业有广义和狭义之分。

广义的创业是指社会生活各个领域里的人们为开创新的事业所从事的社会实践活动,其突出的是主体在能动性的社会实践中所体现的一种特定的精神、能力和行为方式。

狭义的创业是一个经济学的范畴,是指主体以创造价值和就业机会为目的,通过组建一定的企业组织形式,为社会提供产品和服务的经济活动。

创业是人们发现和捕捉机会并由此创造出新颖的产品或服务和实现其潜在价

值的复杂过程，即从人们创业意识产生到企业成长的全过程。首先，创业是一个复杂的创造过程。价值属性是创业的重要社会性属性，同时也是创业活动的意义和价值。其次，创业必须要贡献必要的时间与精力。初期的创业活动是在非常艰苦的环境下实现的。再次，创业要承担必然的风险。创业风险通常包括人力资源风险、市场风险、财务风险等。最后，创业者预期创业将带来回报。创业预期带来的回报既包括物质的回报，也包括精神的回报，它是创业者进行创业的动机和动力。

结合上述观点，我们可以认为，创业是指主体发现信息、资源、机会或掌握技术，以一定的方式，将现有资源转化、增值，并实现创业主体目标的过程。

（二）创业的分类

按照不同的标准，可将创业分成不同的类型。了解创业类型是为了在创业决策中做比较，选择最适合自己条件的创业类型。我们可以从动机、渠道、主体、项目、风险和周期 6 个不同的角度进行分类。

按照创业的动机，可将创业分为机会型创业与就业型创业。

按照企业建立的渠道，可以将创业划分为自主型创业和企业内创业。自主型创业是指创业者个人或团队白手起家进行创业。企业内创业是指进入成熟期的企业为了获得持续的增长和长久的竞争优势，为了倡导创新并使其研发成果商品化，通过授权和资源保障等来支持企业内创业。

按创业主体分类，创业可以分为大学生创业、失业者创业和兼职者创业。

按创业项目分类，创业大致可以分为传统技能型创业、高新技术型创业和知识服务型。

按创业风险分类，创业大致可以分为依附型创业、尾随型创业、独创型创业和对抗型创业。依附型创业可分为两种情况：一是依附于大企业或产业链而生存；二是特许经营权的使用。尾随型创业即模仿他人创业，所开办的企业和经营项目均无新意，行业内已经有许多同类企业，新创企业尾随他人之后，“学着别人做”。独创型创业可表现在诸多方面，归结起来集中在两个层面：一是填补市场需求内容的空白；二是填补市场需求形式的空白。对抗型创业则是指进入其他企业已形成垄断地位的某个市场，与之对抗较量。

按创业周期划分，创业可分为初始创业、二次创业与连续创业。

（三）创业的意义

对社会而言，创业可以促进国家经济发展与科技创新，创造巨大的经济效益和物质财富，同时还能提高社会就业率，拓宽就业渠道，对于缓解我国目前的就业压力具有重要和深远的意义。并且，人们的创业实践活动还具有推动我国创新教育发展和加快创新型人才培养的功能，适应以创业需要为宗旨的教育实践。首先，创业有利于促进经济增长。2002 年，中国国内生产总值（GDP）超过 10 万亿元人民币。其中，民营经济占了整个经济产出的一半，未来的贡献将更大。其次，创业有利于解决就业问题。创业是就业的前提。若有 10% 的人创业，就可以解决其他

90% 人的就业问题。再次，创业有利于促进技术进步和社会发展。最后，创业有利于地区的全面发展。例如，温台模式就是创业推动发展的典型。

对个人而言，创业过程中会遇到各种各样的困难与风险，解决这些问题可以提高自身的综合能力，使自己不断成熟。首先，创业可以满足生存需求，获得经济回报。现阶段我国人才过剩，劳动力价格降低，大学生就业困难，很大一部分人不满意自己的工作，再加上房价、物价的上涨以及孩子的教育等问题，使得工作待遇成为个人不得不考虑的一个重要因素，而自主创业可能带来良好的经济效益。其次，创业有利于实现个人价值和社会价值。选择自主创业是为了通过这一途径来证明自己的能力。不少创业者有这样的共识：不管职位有多高，他们都没有办法获得创业那种从零开始、从无到有的满足感。创业者可以在一个空间里发挥自己的才能，通过影响一部分人来实现自我价值，得到社会的认可。最后，创业是一种职业。在就业成为主流的情况下，自主创业的人会越来越多，甚至成为社会提倡的主流，成为大学生毕业后就业的重要选择。

三、创新与创业的关系

（一）创新促进创业

约瑟夫·熊彼特（Joseph Schumpeter）曾就创新与创业的关系问题进行研究。他认为：企业家会努力通过技术创新，即新产品或服务生产的新流程，获得战略优势。在一段时期内，获得战略优势的这家企业可能是唯一使用该创新手段的企业，所以该企业家可以预期获得“垄断利润”。但是其他的企业家会最终发现创新并努力去模仿该创新，这样创新就进一步提升了整个产业的生产力，并且在模仿中涌入的大量新思想使得垄断利润逐渐减少并最终达到平衡。与此同时，新的创新循环又将开始。在这一过程中，怀揣创新目的的企业家或创新主体需要一定的经济利益支撑创新，也会寻找重新制定游戏规则的下一个创新点，即创业的机会形成。熊彼特提出“创造性破坏”概念，较为清晰地明确了创新与创业之间的关系。创业者在新的利润增长点的驱动下，需要创新实现垄断利润。创新者在寻找摧毁旧规则的新的创新点的同时，需要创业实现对创新持续的支撑。在他看来，创业来自新产品、新技术、新供应来源与新组织的竞争，竞争不仅仅侵蚀企业的利润和企业的既有产出，而且会动摇企业的根基。创新不仅是竞争的工具，也是保障的基础。

所以，创业推动创新是新时代创业浪潮最典型的特征之一。讨论创新创业，首先需要明确创新的基础作用。根据世界知识产权组织发布的全球专利报告，中国发明专利申请数量已经超过美国，位居世界第一。创新能力的提高为创业奠定了良好的基础。随着各项优惠和扶持政策的出台，创新拉动创业的趋势已经形成。

（二）创业精神驱动创新

创业精神意味着有激情、有远见、睿智地运用相关工具，精力充沛地执行创新创业战略，以及带有冒险倾向性地去判断与决策。创新型组织需要在组织中创造一种结构（部门、团队、专家小组等）去利用资源并承担推动创新的责任。倘若缺乏创业精神，有效的组织变革便不会发生。

在现实中，创业精神会在不同的阶段发挥作用，例如，在一个新成立的企业里，个体企业家冒着巨大的风险将新产品投放市场。创业精神更多体现在更新企业现有产品和改进生产、提供产品的方法层面。这与新创企业所需的创业精神几乎一样重要。那些通常被称为“内部创业者”或者是工作在“公司创业部门”及“公司风险投资部门”的企业家，他们的新想法使他们所在的领域向前推进。当然，改变事物的激情并不一定要围绕着创造的商业价值，也可以在改善生产条件或是在更广泛的社会领域与社会环境可持续发展方面做出改变，这一领域被人们称为“社会创业”。

无论称呼是什么，无论领域是什么，最基本的模型是简单一致的——创业精神驱动着创新。如表 1 – 2 所示，在组织的生命周期里，创业精神驱动创新，从而创造商业价值和社会价值。

链接：

白玉红于 1986 年考入吉林林学院，毕业后分配到吉林省蛟河林业实验区管理局工作。2013 年，她在攻读在职硕士学位过程中，不断了解到毁林开荒的情况。最终她选择在永吉县北大湖镇草庙子村，建立以培育大果榛子果林为主的经济林示范基地。实践中，她探索出多种栽培模式，实现了以短养长和早见效益，为停耕还林探索出“减产不减收”的新路子。随着栽植面积的扩大，对果实进行深加工也势在必行。目前，她已与北华大学合作研制成功果酒、钙片；同时与陕西天宝大豆食品技术研究所合作，利用榛子粕研制榛子蛋白肽和榛子乳酸菌，为农户解决盛果期产品销售的难题。

表 1 – 2　创业精神与创新

生命周期阶段	成立阶段	成长阶段	维持规模经济阶段	更新阶段
创造财富	个体企业家发现新技术或新的市场机会	通过增加新产品/服务或进入新市场来推动企业成长	建立增值创新组合来维持企业发展或将企业的影响力扩展到新市场	回归到打破框架式的创新点并向前推进
创造社会价值	社会创业者怀有激情，要改善或改变当前环境中的某些问题	形成创新思路，并聘用他人形成创新创业网络	将想法广泛传播，向其他社会创业者团体做宣传，并和公共事业部门等主流参与者建立联系	改变现有系统，充当变革的代理人

第二节　创新管理与创业管理

一、创新管理的含义

创新是经济发展的基本条件，受到创新者自身素质、地区文化特征以及创新者的社会网络关系等内生因素的影响，同时又受到区域经济位置、地理资源、市场供求状况等外生因素的影响。创新管理是一个系统的组合，创业的成功并不仅仅取决于某一因素，只有通过系统地管理风险与回报，才能将机会、环境、资源与创新团队合理搭配，最终实现企业的潜在价值。在创新管理中，一般企业的传统管理思想和管理方式不能适应创业过程中的各个阶段。因此，对创新过程中的各种管理方式需要进行变革和创新，进而建立一套符合我国国情的创新管理机制。

20 世纪 80 年代以来，理论界致力于创新研究，并对创业管理给出了多种概念和解释。总体上，创新管理是不同于一般管理的一种新的管理方式；创新管理不仅是创新主体所具有的，也是一般人应该具备的一种思维方式；创新管理是一种以把握机会为主导的、创建新事业以及管理新事业的行为过程；创新管理与一般管理有内在的关联，很难割裂开来。因此，创新管理是一个促使人们像企业家那样思考和行动的管理系统，是一种把握机会并创造新价值的行为过程。创新管理并不局限于某一单独类型的企业，它适用于一切组织，包括营利组织和非营利组织，老的、新的企业与大的、小的企业。创业管理在不同时期有不同的含义，这种变化从一定程度上反映了管理思想，尤其是企业战略管理思想的演变过程。

（一）创新管理的内涵

创新管理是创新创业的重要手段。创新是创业的前提，如果企业想获得长期稳定的发展，就必须最大限度地运用管理工具，实现创新创业管理的目的。创新创业的成功，来源于持续稳定的创新管理过程。

认识创新管理应该立足于“管理”的概念。“创新”是“管理”的对象。对管理职能的认识源自法约尔的“计划、组织、指挥、协调、控制”5 大职能的观点。后人虽然对管理职能的划分持不同的观点，但对将管理职能划分为“计划、组织、领导、控制”则基本达成共识。按照管理的相应职能，创新管理包括创新计划、创新组织、创新领导和创新控制。狭义上，把创业管理定位于企业设立前后的管理，也就是企业开业之前的各项准备工作和起步之后早期所涉及的管理，包括识别与利用机会、组织资源、制订计划、创建新组织等。从创新的上述概念出发，创新管理是组织中以创新为中心，通过搭建支持创新的平台形成协调的创新机制，来实现人的价值和增加社会福利的过程。创新管理是一种新型组织的建制和生态，是一种文化氛围，是一种不确定性管理。

理解创新管理必须注意几个问题。第一,创新管理是以“创新”为中心的管理而不是对创新的管理。第二,创新虽然不能被管理,但组织可以创建平台来支持创新形成创新的协调机制。第三,创新管理的目的是培育创新的支撑系统,形成创新协同机制。创新协同一方面表现为创新支撑系统内部各要素之间的协调发展;另一方面表现在伴随着创新的进行,创新的支撑要素自觉地发生变化,使其时刻处于支持创新的状态。第四,创新的目标体现在实现人的价值和增加社会福利两个方面,社会福利增加既可以表现为经济价值增加,也可以表现为社会公平与公正的实现。第五,创新需要协同,即创新的实现过程是一个协同过程,具有协同效应,是企业组织的新生。创新是人类存在的必然选择和结果,是通向自由与繁荣的必由之路,人类社会不断进步的历史就是一部不断创新的历史。

综上所述,创业管理是一种以机会为驱动、以创新为导向的管理活动和方式,不仅新建企业需要创业管理,现有企业也需要创业管理。有所不同的是,新企业的创业管理需要从机会导向向行为导向转变,即从机会管理、任务管理向对人的管理转变,开始追求效率和制度化、规范化;而现有企业的创业管理强调创新,是机会管理和行为管理的结合,旨在发掘新的机会,进一步提高效率。

(二)企业全面创新管理

1. 全面创新管理的提出。随着企业创新管理研究的深入,我们必须从更广阔的视角来认识企业创新问题。创新管理的内在特性表现为跨学科性和多功能性,技术、市场和组织变革之间存在着互动关系,要实现创新过程的有效管理,必须应用整合方式来展开创新活动。企业创新管理的重点是企业创新系统内部信息和知识的有效联结,其关键要素有企业家精神、研究和发展体系、科学教育与技术培训、创新资金和企业体制。

企业创新管理研究最初集中于企业技术创新管理,包括技术创新的基本原理、技术创新决策、技术创新活动环节的管理、技术创新的要素管理和技术创新的组织管理等。后来,随着企业的发展,企业家和管理者意识到,即使在现有企业或成熟企业里,由于竞争、产业演变,以及市场需求和环境的变化,企业需要不断地寻求新的增长机会,开发新的业务,只有兼具创新与创业精神的企业才具有活力和竞争力,这就需要企业调整战略思想和管理方式。因此,从理论上讲,创业管理不仅仅是新企业的事情,现有成熟企业也需要创业管理。

基于上述认识,全面创新管理应运而生。可以认为,在当前网络环境下快速满足顾客个性化需求,企业必须考虑到全要素、全员、全时空的创新,通过技术与非技术的协同创新,创造有效的创新方法和机制,激发员工的创新热情。在全面创新管理过程中有效整合企业内外部乃至全球资源,比竞争对手更快、更有效地为顾客创造新的价值,这是全面创新管理的目的。

2. 全面创新管理的方式。集成是实行全面创新管理的一种有效方式。所谓集成,是指将两个或两个以上的集成单元(要素、子系统)集合成一个有机整体的行为和过程,所形成的集成体(集成系统)不是集成单元之间的简单叠加,而是按照一定的集成方式和模式进行的构造与组合,其目的在于更大程度地提高集成体的整体功能,以实现其整体功能的倍增和集成体的涌现目标。

全面创新管理主要包括技术要素(产品和工艺)的创新及其协同机制、非技术要素(战略、组织、市场、文化和制度等)的创新及其协同机制,以及技术与非技术的协同创新机制。技术创新模式下产品创新的重点在于重新配置、整合和优化创新过程的内部机制,例如,并行工程、多功能小组、先进工具和早期参与都可以使创新的产品符合未来发展的趋势。非技术创新模式下的工艺创新是指研究和采用新的或已有改进的生产方法,主要包括对生产装备的更新和对生产过程的重组。创新过程中需要对营销、设计和制造等企业经营职能进行集成,从而综合运用科学的管理手段以达到创新的最佳目标。集成包括技术集成、信息集成和管理集成。

3. 全面创新管理的方法。企业创新需要以一种挑剔的眼光审视企业的各方面和各层面工作,打破平衡,以推动事物的前进和发展,包括重新思考、重新组合、重新定序、重新定位、重新定量、重新指派和重新装备,简称“7R 方法”。

(1)重新思考。重新思考关心的是企业工作背后的理论基础与假设,也就是“为什么”的问题,例如,“事情为什么要这么做”。这样深层次的思考有利于解决企业的最根本问题。如果我们只关注事情的表面现象,对做法背后的基本假设视而不见,改变的往往是表面问题,这也是企业创新可能遇到的最大障碍。

(2)重新组合。重新组合涉及工作中的相关活动,目标是要从与“什么”有关的问题中寻找新的答案,例如,“有什么活动可以删减”。重新组合是创新核心的重新组合,涉及的问题包括:活动可以整个淘汰吗?如何在源头实施质量管理,以减少冗余?如何消除手工劳动与不具有附加价值的工作?如何效仿并强化其他行业的最佳作业方式?

(3)重新定序。重新定序关心的是工作运行的时机和顺序,涉及的问题包括:如何预测未来的需求,以提高效率?把活动延后能增加弹性吗?如何同时处理多项活动,以减少所花的时间?如何把相互牵制与依赖的次数减到最少?

(4)重新定位。重新定位注重的是活动的位置,以及进行这些活动的实体基础结构在什么地方,即“哪里”等问题:如何以模块化的方法提高弹性?活动可以搬到更接近顾客或供应商的地方,以改善工作的整体效率吗?活动可以搬到更接近相关活动的地方,以改善沟通的效率吗?缩短交通往返的时间和距离可以减少循环周期吗?如何构建虚拟组织,以减少对集中化实物资产的依赖?供应商如何帮助顾客储存货物?

(5)重新定量。重新定量涉及从事特定活动的频率,提出的问题常常包括:如何更有效地运用重要资源?有没有办法靠减少信息与控制来简化运营并提高效率?有没有办法靠增加信息来提高效率?

(6)重新指派。重新指派涉及执行工作和完成任务的人,即与“谁”相关的新的答案,如现行的活动和决策能移入不同的组织吗?工作可以外包吗?事情可以调整为由顾客来执行活动吗?目前由顾客执行的活动可以改由组织来执行吗?可以由供应商或合作伙伴来执行活动吗?企业结盟有助于形成规模经济吗?如何靠供应链的合伙关系降低成本?

(7)重新装备。重新装备涉及的问题包括地点、距离和实体基础设施,整体目标是要尽量拉近距离,并尽量加强人员在工作中的联系。经常提出的问题包括:科技是如何让工作转型的?如何运用资产或专长,以建立竞争优势?如何利用操作人员的高级技能、低级技能或多重技能来改善工作?

链接:

在照相机生产中,德国一直处于领先地位。自照相机产生那天起,人们一直致力于改进其透镜性能、结构等工艺。美国人乔治·伊士曼对摄影有浓厚兴趣,总是节衣缩食,用省下的钱购买摄影器材。27 岁那年,他用做工所得的全部积蓄 5 000 美元开办了一家摄影器材公司。他希望更多的人能买得起照相机,也希望更多的人会使用照相机。这就需要简单化照相机的结构,降低售价的同时又能保证摄影的质量。伊士曼提出了“摄影大众化”的口号,并以此作为自己终生的经营哲学。他反复宣传照相机应像铅笔一样简单,谁都可以使用。经过 7 年的研制,一种大众化、简便实用的“小盒型相机”问世了。为了能使它走向大众,走向世界,伊士曼给它起了一个叫得响的名字——柯达,他的公司也更名为柯达公司。此后他根据自己的经营哲学,组织研究人员连续攻克了各种技术难关。1963 年 2 月的最后一天,柯达公司在 27 个国家同时推出了更加大众化的自动化照相机。为了给这种自动化照相机起一个更能充分表现产品特性的名字,伊士曼从几千个名称中最后选择了“自动照相机”,也称“傻瓜相机”,即十分简单、十分可靠,乃至笨人也会使用的相机。伊士曼还亲自为傻瓜相机拟了一条广告宣传标语:“请你按下快门,其他的事由我来!”这句诚挚、动听的广告语最能体现伊士曼的经营哲学和自动照相机的特点,也自此成了推销界的一句名言。

二、创业管理与创新管理的区别

创业管理是以环境的动态性与不确定性、环境要素的复杂性及异质性为假设,以发现和识别机会为起点,以创新、超前认知与行动、勇于承担风险等为主要特征,以创造新事业的活动为研究对象,以研究不同层次事业的创业导向为主要内容,以心理学、经济学、管理学和社会学等为工具,研究创业活动内容内在规律的科学体系。

创新管理是通过对包括人、物、资本、知识和信息等在内的创新资源实施计划、组织、领导和控制等过程来提高组织生产效率与组织效率，以取得新的创新成果为目的，运用经济学、心理学和数学等多种学科的研究方法来研究组织运行规律的综合性学科。传统的创新管理方式聚焦于商品，是技术导向型的，研发、设计、工程、大批量制造、市场规模化操作、自动化和专业化都是重要因素。

由此可见，两者之间存在一定的差异，具体表现为：①管理理论或方法所依据的基础不同，创新管理理论以创新活动或研发活动为研究对象，而创业管理理论则以不同层次的新建事业及新的创业活动为研究对象；②两者的出发点不同，传统的创新管理的出发点是成果，创业管理则注重效率和效益，更侧重于通过找寻机会来取得迅速的成功；③方式不同，创新管理通过计划、组织、领导和控制来实现新产品、新工艺的研发或产出，而创业管理则是在不成熟的组织体制下，更多地依靠团队合作、创新和冒险来实现新事业的发展。创新创业是在创新基础上的创业活动，既不同于单纯的创新，也不同于单纯的创业。创新创业管理的外延较大，既包含传统意义上的创新管理工作，也包括传统意义上的创业工作。究其内涵，创新创业管理以创业为最终形式，以创新为手段，以创新与创业职能为工具，以研究创新创业领域的行为、规范、知识体系为主要内容，最终以创新创业主体实现创新创业为目的。

三、新创企业管理与成熟企业管理的区别

创新是一个民族进步的灵魂，是一个国家兴旺发达的不竭动力。一个国家、一个民族要不断创新，一个企业要生存、要发展、要在竞争中立于不败之地，也必须勇于创新，坚持创新。企业创新是全方位的，是多种创新要素共同推动的结果。从总体上看，企业创新体系由制度创新、技术创新、市场创新、管理创新等几方面组成。而管理创新是企业创新的基础。

(1)从企业生命周期的视角来看，企业作为有机的生命体，在不同的发展阶段，具有不同的特征，会遇到不同的问题，必须采用相应的管理模式和解决方案。创业管理对成熟企业来说，核心在于创新；而对新创企业来说，核心在于管理。现有的企业经过长时间的努力已经形成既定的管理模式与组织体系。但由于组织惰性和路径依赖，成熟企业侧重于学习如何创新。新创企业则正处于由个人管理向组织理性转变的过程中，因而需要通过创业管理建立共同遵循的组织原则和制度，培育各司其职、分工协作的团队。总体看来，这种生命周期特性体现在创业管理中，成熟企业里原有的体制与成功是推行创业的主要障碍，而新创企业的主要障碍在于缺乏团队约束。

(2)新创企业和成熟企业在追求创新的过程中采取不同的创业模式。在有效的营销管理和现金流管理的基础上，新创企业构建具有共同价值的高层管理团队，这是打造创业型组织的要点，以免创业活动仅仅停留在商业活动。成熟企业创业成功的关键在于处理好新业务与旧业务、新组织与旧组织的关系。既要构造有利于孕育创业活动、培养创业精神的组织，又要使具有不同成长规律的新组织在原有

组织中得以发展。更重要的是,不同的创业管理模式,必定会产生不同的创业行为以及形成不同的投资者和创业者的关系。成熟企业在经历过市场竞争的检验后,已建立起带有组织特征的管理模式与制度规范,这些是未来发展的基础,但同时又是潜在的障碍。

(3)新创企业和成熟企业的管理具有不同的结构特征。新创企业的结构特征主要有两个:一是集权决策,在一个小组织内,通常是总经理做出有关公司经营的大多数决策。当经营规模足够小和简单时,一个人就能了解与决策制定相关的全部信息。二是非正式管理,创业型公司缺少正式的程序、系统和结构。成熟企业的管理是一种专业管理(一般管理),专业管理也具有两个主要特征:一是决策责任的分配。大公司规模复杂,个人不能做出公司全部的管理决策,因此总经理必须将授权给下一级管理人员,这种授权方式既决定了公司的结构,又反过来被公司的结构所决定。二是正式控制体制的使用。相对于决策责任的分配,公司采用了正式的体制。

因此,不论是对新创企业还是对成熟企业,创新创业管理都具有战略意义。创新是创业的前提,创业是创新的实践形式。对于新创企业,创新创业管理不仅是价值的实践过程,也能体现出企业未来的发展潜力。而对于成熟企业,创新创业管理是提供价值的过程,创新是核心工作,是成熟企业发展、升级的动力。

第三节　理解创新过程与创业过程

一、创新过程

(一)创新的基本过程

从企业管理的角度来看,创新的基本过程就是新思想的产生、研究、发展、试制、生产制造,再到首次商业化的过程。换句话说,创新就是"发明 + 发展 + 商业化"。在这一复杂过程中,缺少任何一个环节,都不能形成最终的市场价值。任何一个环节的低效联结,必将导致创新的滞后。所以,创新过程是一个探索性很强、风险很高的控制过程。要高效率地完成一个控制过程,需要具备 3 个基本要素,即推动过程发展的持续动力、明确而可行的控制目标与灵活有效的控制方法。

与之对应,创新过程的 3 个基本要素是创新动机、创新敏感和创新方法。创新动机驱动人们主动寻找创新目标,创新敏感使人们能够较快地捕捉到正确的创新目标,创新方法使人们能够高效地实现创新目标,三者有机统一才能构成一个成功的创造过程。从管理学层面来看,创新过程也可以分为产生新的设想,展开具体研究,发展研究设想,试制,生产制造以及商业化过程。

创新基本过程设计包括创业构思产生、研究设计、原型生产、批量生产、营销出售与市场利基等一系列活动(详见图1－1)。在创新过程中,这些活动相互联系,相互连接,有时又形成循环交叉或并行的操作。这些活动以不同的方式联系起来,形成了不同的企业技术创新过程模型。创新过程模型的特点是:技术创新是由技术成果引发的一种线性过程,起始于研究开发,终止于市场实现,市场是研究开发成果的被动接受者。

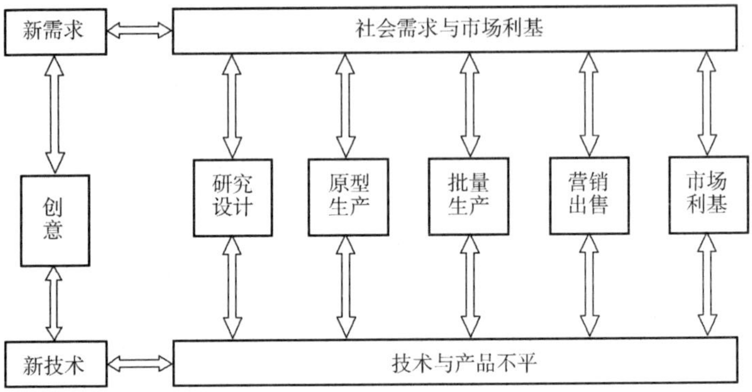

图1－1　创新的基本过程

(二)创新的动态过程

技术创新管理专家厄特巴克和阿伯内西(Utterback & Abernathy,1975)认为创新的动态过程包括产业或产品的变动阶段、过渡阶段与特定阶段(详见图1－2)。产品和工艺的创新频率体现出随时间而变化的动态特征,并且产品和工艺创新存在重要的相互关系。在产业或产品的变动阶段,产品创新大量涌现,工艺创新少,市场进入者众多。在产业或产品的过渡阶段,随着产品主导设计的出现,市场趋于成熟,大量创新集中于提高生产技术工艺,经济规模和学习效益变得很重要。在产业或产品的特定阶段,创新成为必然,创新创业重新成为企业重要的选项。

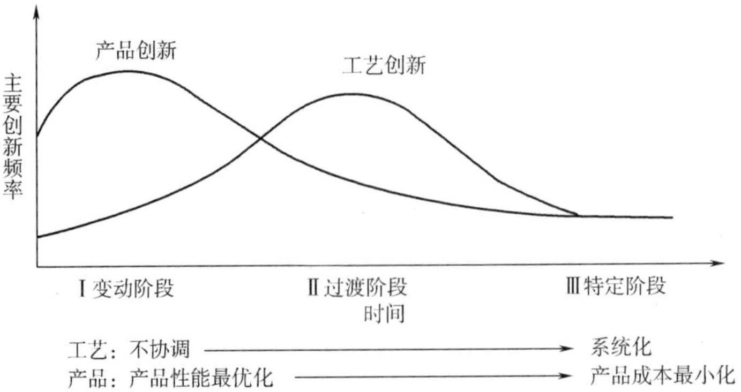

图1－2　创新的动态过程

1. 变动阶段。变动阶段即为一类产品或一个产业部门的形成阶段。在这个阶段,技术与产品的变化非常快,产品创新同时面临技术和市场的不确定性。技术的不确定性表现为新产品所使用的技术不成熟,价格昂贵又不可靠,产品的性能不稳定;市场的不确定性表现为企业无法明确定位目标市场。由于技术和市场的不确定,尚未形成主导设计,故竞争的焦点是产品的功能,在这一阶段,产品创新的频率较高。频繁改变的产品设计阻碍了相应的工艺创新,因而工艺创新的频率较低。

2. 过渡阶段。随着主导设计的出现,产品标准逐步形成,创新进入过渡阶段。用户对创新产品已有清晰的理解,市场已经接受创新产品。企业采取大规模生产的组织形式,大量生产创新产品,管理与控制显得更为重要,竞争的焦点是产品的质量与价格。在这一阶段,企业已经根据设计标准,采用专门的生产设备和原材料,产品结构不允许做大的变动,产品创新率下降,进入以工艺创新为主,追求高效率、低成本的制造过程。

3. 特定阶段。在这一阶段,产品完全定型,已经被其他企业模仿,竞争的基础是产品的质量与成本。高度自动化的生产将完全定型的产品及其高效率与低成本的制造过程紧密结合,产品与工艺中的任何细微变化都将引起其他部分的相应变化,因而这个阶段的创新十分困难而且成本较高。产品创新和工艺创新仅以渐进的方式进行,重大的产品或工艺创新较少出现。这种在特定阶段下为了提高效率而采用的刚性高自动化设备,同技术创新产生了不可调和的矛盾。特定阶段意味着一个产业有可能被新一轮的突破性创新毁灭。

从创新内容角度,建立创新的动态过程模型对把握技术创新规律很有帮助。

二、创业过程

(一)创业的基本过程

创业的基本过程包括以下 6 个方面:

1. 创业构思。创业构思主要来自技术与市场两个方面,一般来说创业构思可能不止一个,需要进行认真筛选。除此之外还需进行竞争因素分析并做出战略选择,同时对技术进行必要的研究、实验以及进行工业化初步设计。

2. 运作管理。当确定创业并已经形成创业构思后,创业者需要一小笔创业启动资金或公司开办费,用于必要的研究与开发、工艺与设备设计、技术与市场调研、可行性研究及创业计划、市场营销策划、公关策划及广告策划等。

3. 组织架构。由创业者组织形成小组,进行项目可行性研究,进一步形成创业计划。如果创业者自己不能完成或没有时间,可以外请咨询公司来完成创业计划。

4. 运营准备。计划完成后,需要进行创业前的准备,确定公司形式、创业团队经营班子、营销策划、销售方式与销售渠道,完善技术、选择经营场所、落实原材料来源、购置设备、获得有关法律批文等,最为重要的是落实创业资本,并尽快到位。一切准备好后,开始注册公司,领取营业执照,到银行开户,办理税务登记等。保证主要管理人员到位,建立健全公司的各种规章制度。

5. 人员配置与设备调试。进行员工招募与员工培训,同时进行设备安装、技术与工艺调试。

6. 计划生产。签订销售合同,购入原材料,按计划进行生产,完善质量管理系统。

(二)创业的一般过程

如表1-3所示,创业的一般过程包括4个阶段:识别与评估市场机会、准备并撰写创业计划、获取创业所需资源、管理新创企业。

表1-3 创业过程

第一阶段	第二阶段	第三阶段	第四阶段
识别与评估市场机会	准备并撰写创业计划	获取创业所需资源	管理新创企业
创新性;机会的估计与实际的价值;机会的风险与回报;机会、个人技能与目标;竞争状态	创业环境分析;创业团队准备;创业心理准备;撰写创业计划,包括营销计划、财务计划、生产计划、组织计划、运营计划	创业者现有资源;资源缺口与目前可获得的资源供给;通过一定渠道获得其他所需资源	管理方式;创建企业文化;发展战略;商业模式;新创企业管理,包括组织与人事管理、技术与产品管理、市场营销管理、财务管理

1. 识别与评估市场机会。

(1)创业机会的识别。市场缺失常给人带来困扰,有困扰就迫切希望得到解决。如果能提供解决的办法,实际上就找到了机会。例如,双职工家庭,没有时间照顾小孩,于是有了家庭托儿所;没有时间买菜,就产生了送菜公司。这些都是从"问题"寻找机会的例子。消费者使用商品时常有不少困扰发生,如果能够针对这些购买商品时所感受到的不便,制造或提供给消费者更多的附加价值,就是创业机会所在。创业是一个市场推动的过程,市场推动是创业成功的必要条件。创业机会还会隐藏在顾客的抱怨或建议中。如果顾客认为其需要没有得到满足或没有很好地得到满足,他们就会基于对自己需求的认识,提出各种各样的建议,甚至提出抱怨。有些抱怨、建议可能是简单的、非正式的,有些建议可能是具体的,并有详尽的资料与说明来为其建议提供支持。总之,无论采取什么方式,有效的创业者都应当热情地听取顾客的建议并做出相应的反应,或许这就是非常好的商业机会。

链接:

双门冰箱的开发设计就源于顾客的抱怨。一位日本工程师听到一位家庭主妇抱怨,在她取食物时单门冰箱冷气大量往外冒,费电。受此启发,他发明了双门冰箱。今天的冰箱还被设计成了抽屉式,不但往外冒的冷气减少了,而且能防止储存食物之间相互串味。

(2)市场信息的收集与调查。观察法是最简单的信息收集方法,创业者可以通过观察潜在客户的行为或反应来达到收集所需信息的目的,也可以通过观察行业先进入者的行为来获取必需的经验。观察法获取信息较为客观,具有一定的真实性,但很难了解用户需求的真正动机。面谈法是指与潜在客户面对面交谈的方法,通过面谈法,创业者能够比较容易地获得所需信息。根据所处的实时环境,创业者可以灵活地采用不同的谈话技巧,使交谈顺利进行。创业者也常常采用电话询问与网络问卷法来进行市场信息的收集与调查。

市场调查的主要内容包括:政策法律环境调查、行业环境调查、宏观经济状况调查等。

链接:

比亚迪老总王传福的创业灵感来自一份国际电池行业动态。1993 年的一天,王传福在一份国际电池行业动态上读到,日本宣布本土将不再生产镍镉电池。王传福敏锐地意识到这将引发镍镉电池生产基地的国际大转移,他知道自己的创业机会来了。随后的几年,王传福利用日本企业撤出留下的市场缝隙,加之自己原先在电池行业多年的技术和人脉基础,生意做得风生水起。

(3)创业环境综合分析。SWOT 分析是创业企业进入市场进行机会评估的重要方法之一。评估企业的优势和劣势、机会和威胁,用以对创业机会环境进行深入全面的评估和选择分析,主要有以下几个方面的内容:

首先,分析环境因素。优势(strengths)是组织机构的内部因素,具体包括有利的竞争态势、充足的财政来源、良好的企业形象、较高产品质量、较大的市场份额、成本优势、广告攻势等;劣势(weaknesses)也是组织机构的内部因素,具体包括设备老化、管理混乱、资金短缺、经营不善、产品积压以及竞争力差等;机会(opportunities)是组织机构的外部因素,具体包括新产品、新市场,新需求、外国市场壁垒解除以及竞争对手失误等;威胁(threats)也是组织机构的外部因素,具体包括新的竞争对手和替代产品增多、行业政策变化、经济衰退、客户偏好改变以及突发事件等。

其次,构造 SWOT 矩阵。进行 SWOT 分析时,应把所有的内部因素(包括公司的优势和劣势)都集中在一起,然后评估外部因素。内外部因素的评估决定了企业未来的战略选择。

最后,提出可选择的对策。在完成环境因素分析和 SWOT 矩阵的构造后,便可以制订出相应的行动计划。计划的基本思路是发挥优势因素,克服劣势因素,利用机会因素,化解威胁因素,考虑过去、立足当前以及着眼未来。运用系统分析的综合分析方法,将各种环境因素相互匹配起来加以组合,得出一系列公司未来发展的可选择对策。

2. 准备并撰写创业计划书。

(1)创业计划书的内容。一个风险投资公司每月都要收到数以百计的各式各样的创业计划书,每个风险投资者每天都要阅读几份甚至几十份创业计划书,而其中仅仅有几份能够引起他进一步阅读的兴趣,更多地被无情地扔到废纸篓中。因此,为了确保创业计划书能够引起风险投资者足够的注意力,事前必须进行充分周密的准备工作。创业计划书一般需要包括的内容有:公司摘要、公司业务描述、产品或服务、收入、竞争情况及市场营销、管理团队、财务预测、资本结构等。

(2)创业计划书的制作。创业计划书的摘要最为关键。整个创业计划书要有一个精彩的概要,每个章节要有一个精彩的开头,每个段落开头要有一个精彩的句子,用以吸引投资者的注意力。撰写创业计划书的最主要目的是吸引投资者,使他产生兴趣。一旦创业计划书说服了投资者,他们将心甘情愿地掏腰包投资。另外,在寻找投资者之前,一定要做好市场调查,摸清要找的投资者的基本情况,更细致地呈现投资者感兴趣或者关心的方面,例如,所有投资者都对利润大、风险小的投资项目感兴趣。在一般情况下,投资回报与风险成正比,但是在众多的项目选择中,投资者自然首先把注意力集中在那些风险相对较小,回报相对较大,资金更安全的项目上。所以制作创业计划书,要将收益、成本以及风险问题谈清楚。

3. 获取创业所需资金。

(1)融资方式。融资方式包括银行贷款、股票筹资、债券融资、融资租赁等。银行贷款是企业最主要的融资渠道。按资金性质来讲,银行贷款分为流动资金贷款、固定资产贷款和专项贷款3类。股票筹资风险较小,能促进企业转换经营机制,使企业成为自主经营、自负盈亏、自我发展、自我约束的法人实体。债券融资中的债券,是指企业依照法定程序发行的约定在一定期限内还本付息的有价证券,表示发债企业和投资人之间存在一种债权债务关系。在企业破产清算时,债权人优先于股东享有对企业剩余财产的索取权,债券可以自由转让。融资租赁,将融资与融物相结合,兼具金融与贸易的双重职能,提高企业的融资效益,促进企业的技术进步,包括直接购买租赁、售后回租以及杠杆租赁等。

(2)风险投资。股权融资是创业者用未来企业部分股权换取投资的一种融资方式,比如风险投资。近些年来,风险投资逐渐为创业者们所熟悉,在风险投资支持下,企业成功发展的案例激发了无数创业者的激情。

链接:

美籍华人杨致远创办雅虎的故事已经成为互联网领域的传奇。杨致远1990年考进斯坦福大学,并结识同学戴维·费罗。他们开始建立网页,在网页上链接的信息越来越广。雅虎就是从这里发展起来的。他们合力建立的网站吸引了许多用户，人们纷纷反馈信息，还附上建设性意见。

1995 年，雅虎公司成立。杨致远认识到，他们需要制订创业计划，于是他迅速起草了一份创业计划书。带着这份计划书，杨致远到处寻找风险投资者。他先后与 MCI、微软进行了谈判，却只得到网景公司的资助。几经周折后，杨致远找到红杉资本公司，获得近 200 万美元的投资。

不久，美国在线认可并提出收购雅虎。意外的是，杨致远拒绝了美国在线。于是，美国在线扶持了另一家引擎公司，想击垮雅虎。在竞争压力下，雅虎不得不展开第二轮筹资。这时日本著名风险投资机构软银买下雅虎 5% 的股份，后来投资增加到 6 000 万美元。雅虎渡过了筹资难关。1996 年，雅虎股票正式上市，市场价值达到 8.5 亿美元，是红杉资本投资时的 200 倍。在不到一年的时间里，红杉资本和软银的投资大获成功。

4. 管理新创企业。

（1）企业法律组织形式。在创建新企业之前，创业者应该事先确定企业的法律组织形式，一个新创企业可以选择不同的组织形式。各种法律组织形式没有绝对的好坏之分，对创业者来说各有利弊，但无论选择哪种形式，都必须根据国家的法律法规要求和新创企业的实际情况，科学衡量各种组织形式的利弊，决定合适的组织形式。各种组织形式的优劣比较见表 1 – 4。

表 1 – 4　各种企业组织形式的优劣比较

组织形式	优势	劣势
个人独资企业	企业设立手续简便，费用低；所有者拥有企业控制权；能迅速对市场变化做出反应；只需交纳个人所得税；技术和经营方面易于保密	创业者承担无限责任；成功过多依赖创业者；筹资困难；企业随着创业者退出而消亡；创业者投资流动性低
合伙企业	创办比较简单、费用低；经营比较灵活；资金来源较广，信用度较高	合伙创业人承担无限责任；企业绩效依赖合伙人能力，规模受限；投资流动性低，产权转让困难
有限责任公司	创业股东只承担有限责任，风险小；公司易于存续；可以吸纳多个投资人，促进资本集中；多元化产权结构，有利于决策科学化	创立的程序较复杂，创立费用较高；存在双重纳税问题，税收负担较重；不能公开发行股票，筹集资金规模受限；产权不能充分流动，资产运作受限
股份有限公司	创业股东只承担有限责任，风险小；筹资能力强，公司具有独立寿命，易于存续；职业经理人进行管理，管理水平高；产权可以股票形式充分流动	创立程序复杂，创立费用高；存在双重纳税问题，税收负担较重；要定期报告公司财务状况，公开财务数据；政府限制较多，法规的要求比较严格

（2）企业组织结构。企业组织结构包括直线制、职能制、直线—职能制以及事业部制等。直线制是一种最早也是最简单的组织结构形式，在该组织结构中，企业各级行政单位从上到下实行垂直领导，下属部门只接受一个上级的指令。直线制只适用于规模较小，生产技术比较简单的企业，对生产技术和经营管理比较复杂的企业并不适用。在采取职能制的企业中，各级行政单位除主管负责人外，还相应地设立一些职能机构。这种结构要求行政主管把相应的管理职责和权力交给相关的职能机构，各职能机构有权在自己的业务范围内向下级行政单位发号施令。直线—职能制是在直线制和职能制的基础上取长补短建立起来的。直线领导机构和人员在自己的职责范围内有一定的决定权和对所属下级的指挥权，并对自己部门的工作负全部责任。而职能机构和人员，则是直线指挥人员的参谋，不能对直接部门发号施令，只能进行业务指导。事业部制是一种高度（层）集权下的分权管理体制。它适用于规模庞大，品种繁多，技术复杂的大型企业，是国外较大的联合公司所采用的一种组织形式，近几年中国一些大型企业集团或公司也引进了这种组织结构形式。

本章小结

本章从创新创业基本概念出发，系统论述了创新创业的相关知识。分析了创新创业高风险、高回报的特点，提出了全面创新管理的观点。同时介绍了创业管理与创新管理的区别，新创企业管理与成熟企业管理的区别。最后着重论述了创新创业管理在适应时代发展、顺应创新型国家和实现自身发展方面的意义，以及创新创业管理在企业生存、促进企业资金融通和调动人的积极性等方面的作用。

复习思考题

1. 如何理解创新与创业的内涵。
2. 创新与创业是如何分类的？
3. 结合某一具体案例，谈一下创新创业过程。
4. 结合目前的时代特征，谈一下创新创业管理的现实意义。

第二章

创新创业理论与前沿

学习目标

通过对本章内容的学习，你应了解和掌握如下问题：

- 熊彼特的创新创业理论
- 德鲁克的创新与企业家精神
- 蒂蒙斯的创业过程理论
- 爱迪思的企业生命周期理论
- 创新与创业研究及对中国创新创业政策的启示与展望

引　例

奥巴马首席经济顾问劳伦斯·萨默斯说:"创新起着经济增长发动机的作用,在这方面,21世纪最重要的经济学家已经不是凯恩斯,而是熊彼特。"熊彼特梦想成为伟大的经济学家,他在现实生活中发现了重要使命——提出并讲授伟大的思想。他有严重的抑郁症,一生中大部分时间都在琢磨自杀问题,所以这个使命成为熊彼特活着的全部意义,而生活只是替代品。熊彼特是主流经济学家中第一个把"创新"这个词单独挑出来的人。熊彼特认为,"创新"是经济发展的根本现象。在他看来,所谓的"创新"就是建立一种新的生产函数,把一种从来没有的关于生产要素和生产条件的新组合引入生产体系。他一直想用数学形式来完善他的创新理论,所以他晚年时期天天做数学练习,但那时候没有混沌理论,没有复杂科学。他一直坚持不懈、近乎自虐地用他的头脑去撞击一堵谜一样的墙。

第一节　创新创业理论研究的源起

近年来,创新与创业研究日益受到学术界及实务界的关注。关于创业研究,早在1755年,法国经济学家理查德·坎蒂隆将"创业者"一词作为术语引入学术界,引发了学者们对创业活动的竞相研究。奈特认为,创业的本质在于创业者以一定资本处理风险和不确定性的能力。克里斯曼认为,创业即新企业的创建。多林格则整合了多位学者的观点,认为创业就是在风险和不确定性条件下为获利或成长而创建新型经济组织的过程。创业研究并不仅限于如何规避风险来创办新企业,创业也可以理解为一种创造性的思考、推理和行动方法,它受机会的制约,要求创业者有缜密的实施方法和讲求平衡技巧的领导艺术。学术界普遍认为,"创新"一词最早由奥地利经济学家熊彼特于1934年提出,他将创新定义为新的生产要素和生产条件的"新组合"。之后,众多学者对创新展开了深入研究,认为创新活动赋予资源一种新的能力,使它能创造财富。因此,创新过程的核心是识别机会、寻找资源、发展新企业和创造价值。随着时代的发展,创新创业的研究范围日益扩大,如科学技术领域的技术管理与价值创造,政治领域的制度创新或创新驱动政策,经济学领域的未来服务产业创新创业,管理学领域的新商业模式或创新创业战略等。尽管不同研究领域涉猎了创新创业的不同内容,但由于创新创业研究的跨学科发展,并没有占主导地位的理论视角能够整合创新创业众多的研究流派。创新与创业是两个既有联系又有区别的概念。创新是创业的基础和灵魂,创业是实现创新的必要过程。尽管很多学者都从不同角度对创新与创业进行了诠释,但是还尚未发展出一套被人们所公认的创新创业理论。因此,我们有必要从熊彼特与德鲁克的创新与创业理论、蒂蒙斯的创业过程理论以及爱迪思的企业成长理论回顾开始，深入探究创新与创业及其关系。这4种理论是当今世界上关于创新与创业研究最有影响力、最具代表性的理论。因此，探究这4种理论不仅有利于整合创新与创业研究流派，构造创新创业研究框架，还能够解释我国创新驱动战略提出的原因及深层次意义，为建设“创业型国家”“创业型社会”提供重要的理论支持。

一、熊彼特的创新创业理论

熊彼特被称为20世纪上半叶最伟大的经济学家之一。创新和创业的概念是熊彼特对经济学最独特的贡献。熊彼特的创业理论可以分为两个阶段：早期阶段的“第一创业理论”；晚期阶段的“第二创业理论”。

（一）熊彼特的创新理论

熊彼特认为，“创新”就是“建立一种新的生产函数”，把一种“新组合”引入生产体系。熊彼特将创新分为5类：推出新产品或已知产品的新种类；使用新的生产方法或产品的新销售方式；开放一个新市场；获取原材料或半成品的新供应来源；出现新的产业结构，如创造或破坏垄断地位。熊彼特把创新过程分为4个维度，即发明、创新、传播和模仿。在经济发展初期，传播和模仿对一个国家的经济具有很大的影响，创新对宏观经济的影响并不明显。随着经济的不断发展，当生产经营者意识到开发新产品、新生产方式、新供应链、新市场或新产业结构将比对技术或产品的简单复制、模仿更具盈利潜力时，他们会大力投资各种形式的创新。由于大量的创新研发打破了原本的产业垄断，并极大地推动了创业与就业，此时创新便一跃成为促进经济发展的关键点。根据熊彼特的理论，经济（或产业）发展的过程是经济结构内不断改革、变化和不断破旧立新的过程。因此，创新是促进经济增长必不可少的因素，因为没有不断的破旧立新，取而代之的将是永恒的模仿和经济的停滞不前。对于我国而言，在经济发展初期主要关注加大生产要素投入、技术模仿与产品效益，但当经济发展到现今阶段，尤其在国家大力推动经济从效率驱动向创新驱动转型的时刻，更应重视创新带动投资和就业，发挥创新对经济发展的关键作用。

熊彼特还将动态企业家理论引入其研究。熊彼特认为，企业家的活动借用了科学家和发明家的发明，从而创造了全新的投资、经济增长和就业机会。企业家是创新的核心，因为新发明或新想法必须通过企业家的影响实现其价值。换言之，当企业家作为改革者发挥其创造功能时，创新才能有媒介依托实现“创造性破坏”，从而促进经济发展。熊彼特还认为，企业家的主要功能是将现有资源合理分配于“新的用途或新的组合”，且这种功能是唯一的，在经济发展史上起着决定性作用。

（二）熊彼特的创业理论

熊彼特的早期理论十分重视企业家研究，企业家的创业活动也是熊彼特研究的重点。在“第一创业理论”中，熊彼特认为创业就是创新，是创新的实现形式。在“第二创业理论”中，熊彼特将企业家的概念上升到国家层次，扩大了创业活动研究的范围，提升了研究价值。

1. 第一创业理论。在熊彼特的早期“第一创业理论”提出前，学界关注的企业家概念只是生产或贸易的组织者或管理者、雇主和单一资本所有者，如首次使用“企业家”一词的理查德·坎蒂隆，首次推出“企业家”特征概念的让·萨伊，以及继承并发展了亚当·斯密企业家理论的瓦尔拉斯、约翰·克拉克和阿尔弗雷德·马歇尔等经济和管理领域的顶级研究学者。而熊彼特的“企业家”概念是关于企业家功能特性的。熊彼特认为，企业家可以是一个没有资本的人。除了公司创造者或生产资料管理者之外，那些通过银行贷款购买生产工具来创造“新组合”的个体也被熊彼特称为“企业家”。同时，熊彼特在创业活动研究中只关注与创新相关的企业家功能。熊彼特认为，创业活动并不限于生产或贸易的管理与组织。企业家的创业活动包括使用未尝试的技术制造一件新商品、以新的方式改造旧产品、开辟材料的新供给来源，以及为产品提供新的出口供应渠道或重组产业等。企业家的创业就是充满信心的创新，超越熟悉的范围界限，组织新行动。熊彼特的企业家概念甚至更相当于“创新者”的概念。而创新者若要时刻保持创新，便未必会获得利润。于是，熊彼特认为，没有人是终身的企业家，也没有一个唯利是图的商人是企业家。因此，创业并不是开办公司或以获利为目的的商业活动，创业更相当于一种不断创新的“企业家精神”，或者对于个人而言，他的任务是坚持打破旧的规制，创造新的传统，开创人生新的事业。所以，熊彼特认为，创业也就是创新。

2. 第二创业理论。熊彼特后期的创业理论开始逐渐与前期创业理论偏离。他开始关注组织、国家创业与演化经济学。相比于“第一创业理论”中定义的“企业家”，熊彼特的“第二创业理论”对个人重要性的关注力度要小很多。

熊彼特的“第二创业理论”中的企业家概念减少了个人主义，并将之扩展到组织层面。他认为，企业家是一个杰出的个人主义者，而在“第二创业理论”中明确指出企业家并不非得是个人，国家或组织都可以作为企业家。熊彼特认为创业行为是一种功能，可以不依附于某个人来实施，因此，组织、国家也能实现这一功能。熊彼特还认为，创业行为是经济活动的中介，即创业者既可以是新消费品的供应者，也可以是市场中新生产手段的购买者。

熊彼特结合演化经济学的相关理论，提出创业能够将独特的生产要素或社会资源投入市场，激发市场活力，带动经济繁荣，从而使得经济能够保持良性的动态发展。由于熊彼特从组织、国家、经济等不同角度探讨创业，使得创业的概念与意义有了更大范围的扩展。

综上所述，通过对熊彼特创新创业理论的回顾与分析，可以得出以下结论：

第一，“创新”是在现有生产体系中引入新的生产要素和生产条件，形成“要素条件新组合”。经济越发展，创新的作用越明显。当经济发展到一定程度后，创新就成为促进经济转型升级发展的关键。实现创新的媒介或依托是创业，企业家只有借助科学家或发明家的创新成果，才能创造全新的投资、增长和就业机会。

第二,"创业"是尝试未知领域、超越熟悉领域的创新,创业是"企业家"坚持打破旧的传统,创造新规则,开辟新事业的活动。换言之,创业也就是创新。

第三,从实现创业功能的角度来看,"企业家"不仅是个人,还可以是组织甚至是国家。"企业家"概念范围的扩大使得创新创业的含义与范围有了新的界定角度,个人、组织或国家都可以借助创新实现创业。

二、德鲁克的创新与创业理论

德鲁克是享誉世界的管理学大师,他继承并发展了熊彼特的创新理论,对创新与企业家精神进行了深入剖析。他对不同类型的组织在面对变革时如何实现创新和如何运用创新战略进行了探讨,并最终提出"企业家社会"的概念。

(一)创新与企业家精神

德鲁克认识到创新与企业家精神的重要性,并且更关注企业家与创新实践。他认为,企业家进行创新实践是企业家自己的本职工作,因此"企业家"的概念与其创办的企业规模、性质、所有权,甚至人格特性都无关,那些"专注于创新机遇"并投身于创办新事业的人才是企业家。而创新机遇有7个来源,即意料之外的事件(意外的成功或失败)、不协调的事件(实际情况与预期不一致)、基于程序需要的创新、产业和市场结构的变化、人口统计数据的分析、认知及意义的改变、新知识(包括科学与非科学)。

德鲁克还认为,创新是可以学习的,并且具有目的性。天生的创新思维只能诞生一些聪明的创意,创新更需要的是训练,使其从实践中通过创业的形式表现出来。创新不仅需要"灵光一现",更需要发现创新的源泉。遵守创新规则、条件,将思维与发明应用于实践并推广,服务于社会。德鲁克指出,企业家要对创新的来源进行彻底的思考,因此要走出去多听、多看、多问;创新要有明确的目标,从具体的、小规模的事件开始,并最终取得新领域的领导地位。创新是经济与社会活动双重作用的结果,因此,企业家在创新的过程中要立足于经济与社会发展的现状,挖掘自己的长处,禁忌太聪明、太多样化或尝试超越现实的创新。

(二)创新与创业

德鲁克认为,创新如果仅停留在观念、思想和制度上,没有转化为实际行动,没有借助创业媒介将其付诸实践,就没有任何意义。他从新企业、现存企业,甚至社会公共服务机构等方面讨论了企业家的创业管理行为。其中,新企业是创新的主要载体,而"创业"行为不仅存在于新企业,还存在于现存的"创业型企业"(或创新型企业)中。"创业型企业"是指那些经久不衰的企业,这类企业往往不依赖于企业家的杰出管理,而是在组织内建立了一套创新管理机制,被德鲁克称为"创业型管理"。创业型管理的内容是通过建立一个最高的管理团队,设定各类管理者(企业家)的工作范围、角色,并以市场为中心制定前瞻性的财务计划、公司章程与战略决策。这就解释了为什么历史上一些拥有杰出企业家的企业,一旦离开企业家个人的管理，便会走向平淡无奇，而另一些企业则经历了时间的洗礼后，历久弥新。

正由于德鲁克淡化了企业家个人的力量，提出了“创业型企业”的概念，其随后的创业研究主体便延展到组织，直到提出“创业型社会”的概念。德鲁克明确提出创新创业在各个领域中的作用，并指出其推进了社会的发展。德鲁克和熊彼特都认为，政府（或国家）可扮演“企业家”的角色。“企业家”型政府（或创新型政府）的创新便是以一种循序渐进的方式，先推出新产品，随后实施一项或多项新政策，最后改善公共服务。由于管理的本质是激发和释放每一个人的善意，加之“创业型社会”（或创新型社会）是有目的、有方向和有控制地实现治理社会的目标，因此这种社会类型可以有效避免社会冲突、流血事件或经济危机的发生。于是，构建创新型政府、创业型社会便成了德鲁克后期创新与创业理论研究的重点。德鲁克强调，没有科技含量的社会创新或政策创新比起科技创新，不但更容易发展机会，而且工作周期更短、效益更大、成功率更高。

综上，通过回顾与分析德鲁克的创新创业理论研究，可得出以下结论：

第一，企业家的本质就是实践，就是创新；而创新是实践的创新，创业是实践创新的表现形式。

第二，创新与创业是可以学习、训练的。创新需要通过创业实践去训练（寻找创新源泉），需要遵守规则；创业更需要创新管理机制，创业企业则需要“创业型管理”。

第三，基于新知识，尤其是高科技方面的创新，时间跨度大、风险高、成功率低，而没有科技含量的社会创新或政策创新比起科技创新，不但更容易发展机会，而且工作周期更短、效益更大。但科技创新与社会创新并不是此消彼长的关系，社会创新更像是刀身，科技创新则为刀刃，科技的创新需要创业型社会为其提供发展环境与研发后盾。另外，国家经济繁荣与社会发展正是企业家创新思维转化为创业行动的结果，因此，理想的创新与创业最终会促使“创新型政府”“创业型社会”形成。

三、蒂蒙斯的创业过程理论

随着创新与创业理论的不断发展，相关研究从探讨创新创业的内涵、关系以及重要性逐渐转向其实质与具体应用方面。蒂蒙斯是 20 世纪 60 年代美国创业教育的领袖人物，其开发的创业过程模型从最初的产生到成熟经历了 30 年的时间，对后来创新与创业研究产生了深远影响。该模型的价值在于，将创新重要组成部分的创造力植入创业过程，成为影响商机、团队、资源三者平衡的重要因素，从而构成如今经典的创业过程模型。

（一）蒂蒙斯的创业过程模型

蒂蒙斯认为，商机、团队和资源是创业的核心要素，商机是创业过程的核心驱动力，创始人或工作团队是创业过程的主导者，资源是创业成功的保证，因此，创业过程是商机、创业者和资源 3 个要素匹配和平衡的结果（见图 2 - 1）。蒂蒙斯甚至形象地将创业过程模型图中的平衡效果比喻为“杂技表演者在平衡板上表演同时抛出3枚小球并保持小球不落地的特技”。政治、经济、社会文化环境以及科技进步等会影响资本市场环境变化,从而使创业长期处于一个动态环境中,模糊性和风险将常伴创业者左右。而要摸清市场变化规律,避免创业风险,就需要创始人分析企业所存在的匹配点与差距,即分析商机的有利与不利因素的比重、调查资源的累积与合理匹配的程度、规划与设计团队工作内容等。这便时刻需要创始人带领团队,捕捉商机、整合资源和制定战略规划,而这其中最重要的驱动力之一就是创始人的创造力。由于市场动态环境的不断变化,顾客的需求也会随之变化,企业据此为客户提供的产品或服务,必须随着环境变化而不断创新,这便要求创始人具备创造性思维,带领团队适应不断变化的顾客需求,最终配置和平衡好商机与资源,完成创业整个过程。

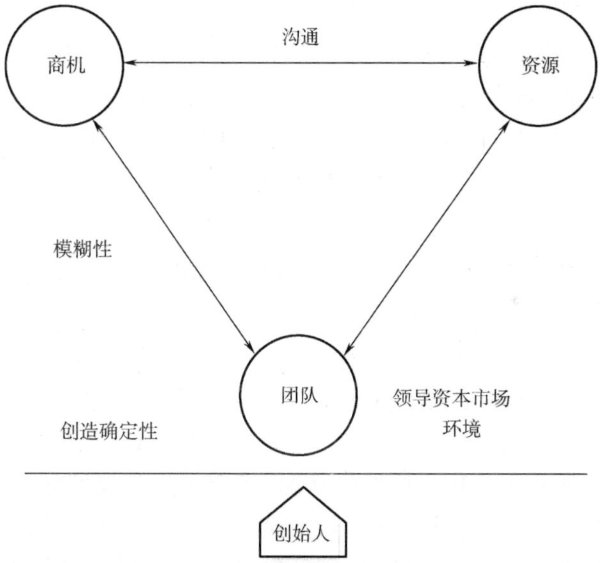

图2－1 蒂蒙斯的创业过程模型

（二）创业过程中的创造力应用

创造力研究在企业管理领域十分重要。创造力本身是创新的重要组成部分。在创业过程中,蒂蒙斯认为,创造力是个体创造具有新颖性与实用性的创意、产品、服务或者流程的特殊能力。由于新企业创建本身就具有新颖性和实用性的特征,因此,创业活动在一定程度上就是某种形式的创造力的体现。创造力是成功创业者必不可少的品质。个体的创造力实际上是发散思维和收敛思维共同作用的过程。在创业过程中,尤其是在创业活动早期,发散性思维发挥着重要作用。根据蒂蒙斯的创业过程模型,个体只有借用创造力释放发散性思维,才能更好地认识复杂事物之间的微妙联系,进而把握变化的商机并领导团队合理配置创业资源,顺利实施创业活动,为社会创造价值。

综上,通过回顾与分析蒂蒙斯的创业过程研究,可得出以下结论:

第一,商机、团队和资源是创业的核心要素,创业过程是商业机会、团队和资源3要素匹配和平衡的结果。创造力则是创业者在政治、经济、社会影响下的动态市场环境中,满足消费者不断变化的需求,合理配置与保持商机、团队、资源3要素平衡的最重要工具之一。

第二,创业活动是某种创造力的体现,创造力是创新的重要组成部分,个体的创造力是发散思维和收敛思维共同作用的过程。在创业者识别商机并领导团队合理配置资源的过程中,只有释放发散性思维的创造力,才能识别复杂事物之间的微妙联系,从而顺利实施创业活动,为社会创造价值。

四、爱迪思的企业生命周期理论

伊查克·爱迪思是美国最具影响力的管理学家之一。爱迪思于1988年提出了著名的企业生命周期理论,该理论分析了企业的生命历程及成长过程中每个阶段的成功与失败的原因。爱迪思将企业生命周期理论运用于创业研究,并提出企业从孕育初创到盛年阶段的发展均离不开创新精神助力。

(一)创新精神在PAEI中的地位

PAEI是爱迪思提出的保持企业健康成长的4大角色支持,即实现企业目标、行政功能、创新精神、整合角色。这实际上解决了做什么(P)、怎么做(A)、何时做(E)、谁来做(I)的问题(合称PAEI),并解决了如何进行决策的基本问题。爱迪思认为,企业的灵活性和可控性是创新精神和CAPI(权威,即结合了的职权、权力和影响力)的函数,即高度的创新精神和CAPI可以使得企业既灵活又可控。他根据企业灵活性和可控性的状况,将企业生命周期划分为孕育期、婴儿期、学步期、青春期、盛年期、稳定期、贵族期、官僚化早期、官僚期与死亡期几个阶段。在企业生命周期的各个阶段,创新精神的变化极大地影响企业的成长历程。企业的诞生、成熟与老化都与创新精神息息相关。因此,爱迪思认为,创新精神(E)先于执行功能(P)并决定着执行功能(P);执行功能(P)必须完成的任务决定了行政功能(A)。由于创新精神(E)决定着执行功能(P),因此行政功能(A)也是从创新精神(E)中派生出来的。整合角色(I)也和行政功能(A)一样,是由执行功能(P)决定的,但最终是从创新精神(E)中派生出来的。爱迪思认为,创新精神是企业发展最主要的驱动力,当创业者整合资源并开始承担创办新企业的使命时,创新精神便诞生了,企业也就随之诞生;当创业者成为企业领导者坐享企业收益而不思进取时,创新精神便消失了,此时即使企业的某些部分还在发挥功能,但是企业已经“脑死亡”了。因此,对于企业来讲,创新精神是一个生死攸关的信号,必须加以监控。

爱迪思据此提出了著名的企业生命周期曲线与创新精神的关系(如图2－2所示)。

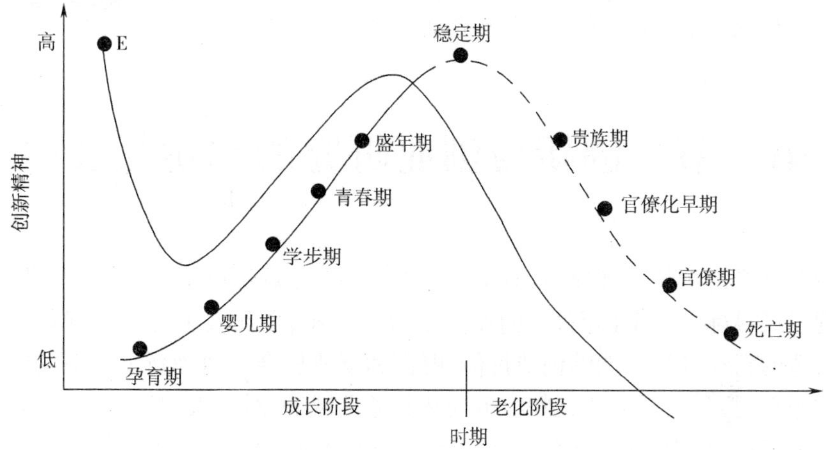

图2－2　企业生命周期曲线与创新精神的关系

（二）创新精神在企业成长阶段的演变

在将企业生命周期运用于创业研究时,初创企业从孕育到盛年的阶段,创新精神总是上下浮动。这是由于创新精神对企业而言,是渴望值与期望值差异的函数。

总体而言,当一个企业的渴望值比其预期值高时,它是年轻的企业,想要获得成功,不仅要靠运气,而且要靠创新;当企业的期望值低于其预期值时,它便开始走向衰老,对创新的预期开始减小。在初创企业的成长阶段,企业处于孕育期,所以创新精神非常高,创造力、诱惑力、想象力和承担风险的愿望极大地激发着创业者去创新,从而促使企业够诞生并进入发展阶段。当企业走向婴儿期,创业者承担风险的愿望会越来越低,因为此时的创业者并没有时间去考虑创造,更多的是考虑稳定企业,保存企业。初创企业从婴儿期发展到盛年期,创新精神的需求处于不断上升阶段,因为此时的企业为了做大做强,必须随着市场、消费者需求、动态环境的变化而改革以前束缚企业发展的规章程序,推出新产品以求企业创新与发展变革。在企业从盛年期走向稳定期最终发展到贵族期的过程中,创新精神便成为左右企业良好发展甚至存续的关键,因为不具有创新精神、不求进取的企业是无法生存下来的。若企业在贵族期到官僚期阶段仍不具备创新精神,企业便注定会走向死亡。

综上,通过回顾爱迪思的企业成长理论研究,可得出以下结论:

第一,创业者在筹备创办企业最初,必须拥有创造力并能够承担风险,此时创业者的创新精神值最高。从企业的孕育期到婴儿期,为求得企业稳步发展,创业者的创新精神值开始下降,但是为了保证企业的可持续发展,创业者必须为预测未来变化做足创造性的准备,因为想象未来的发展必须具备创造性的想象力,这便意味着企业从婴儿期到盛年期的发展均离不开创新精神助力，且创新精神是一个企业发展最重要的驱动力。

第二，企业依靠创新精神的诞生而被创造，创新精神的消亡也注定了企业的消亡。在某种意义上，创新精神是考察企业能否继续存续的指标。

第二节　创新与创业研究的启示与展望

创业是经济增长的加速器，有助于市场创新、提高就业率、提升国家建设质量和实现发展目标。对个体而言，创业是创造新事业、实现人生价值的有效途径，创业者创造的新经济活动能够创造价值、财富和就业机会。而创新是经济发展、社会进步的原动力，其涉及科技、制度、市场和服务领域等，对个人和经济影响都十分巨大。可见，创业与创新的理论研究极具价值且研究跨度极广。正因如此，创新与创业的研究便长期处于视角多、跨度广、多维度的“面”上，各学科间对其的研究深度也参差不齐。因此，亟须从创新与创业的研究中提炼出最具价值、最有影响力且能够应用于实际的经典理论，将理论联结成“线”，形成清晰的研究脉络，去粗取精。于是，分析、探究与发展熊彼特、德鲁克、蒂蒙斯与爱迪思关于创新与创业的研究便极为必要。这 4 位学者超群的智慧及扎根实际的研究不仅能够为中国学者提供研究创新创业政策的理论支持，也为世界创新与创业研究的未来发展指明了方向。在探讨目前主流创新创业研究与重点剖析 4 位学者经典的创新创业理论研究后，得出下述结论与启示。

一、创新与创业的内涵及其关系

根据熊彼特的创新创业理论，“创新”是在现有生产体系中引入新的生产要素和生产条件，形成“要素条件新组合”。而“创业”需要创造新的规则，是个人、组织或国家开辟新事业的活动。创业是创新的一种体现。德鲁克进一步明确了创新与创业的关系，认为创新是实践的创新，创业便是实践创新的表现形式。蒂蒙斯的创业过程理论与爱迪斯的企业生命周期理论是对创新创业理论的深化。蒂蒙斯认为，创造力是创新的一部分，创造力在创业过程中发挥着重要的作用。爱迪思认为，企业随着创新精神的诞生而诞生，一直伴随其成熟或消亡，创新精神是创业存活的关键要素。可见，创新与创业密不可分。狭义上，创业是指个人或组织创建一个新的企业；广义上，创业是指主体创造新事业的过程，该主体可以是个人也可以是组织或国家。创新就是打破旧传统、创造新事物的过程，其价值体现在创业上。

综上，创新与创业的关系体现为：二者既可以是一种包含关系，例如，创新是创业的本质与内核，创业是创新的表现形式，是创新的外壳；二者也可以是一种共存关系,例如,创新的价值必须通过创业来体现,创新需要通过创业实践去训练(寻找创新源泉)并遵守规则(创新的原则与条件),持久创业的基础源泉是创新,创业最终成功与否取决于创新。

创新与创业的关系之所以如此密切,是因为创新只有通过"企业家"的创业行为才能真正地实现、传播并产生价值,如同发明家的发明,如果没有企业家介入并将其投入生产,那么这种创新也不过是一种"聪明的创意",并不会对社会产生真正的价值。由此,提出创新与创业的关系模型(如图 2 - 3 所示),创新精神是创业发生—发展—成熟—消亡过程中最主要的影响因素,是创业的内核;而创业则是创新最重要、最有价值的表现形式。

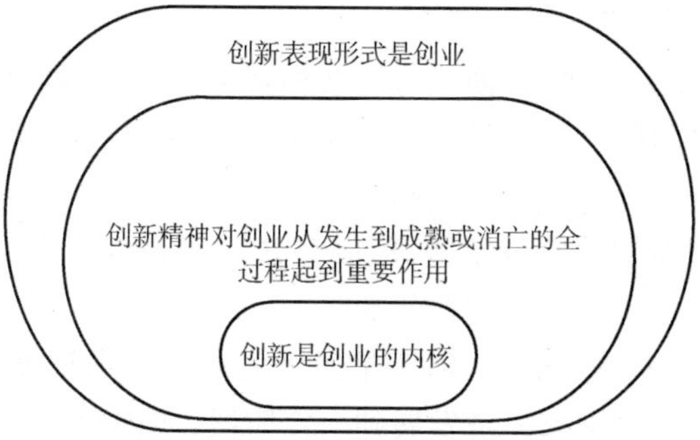

图 2 - 3　创新与创业的关系模型

二、创新创业研究整合框架

由于创新与创业之间是一种包含或共存的关系,因此可将创新与创业视为一体来研究。同时,创新与创业主体研究范围不断扩大,加之企业家创新思维转化为创业行动的结果能够极大地促进国家驱动力转型与社会发展,因此在创新创业研究整合框架中必须加入"创新型国家""创业型社会"的概念。根据熊彼特的创新创业理论,"企业家"不仅是个人,而且可以是组织或国家。"企业家"主体范围研究的扩大影响了德鲁克的"企业家"概念,德鲁克据此将创新创业理论中的"企业家"角色变为政府,将"创业型管理"变为政府制定政策管理国家的职能。由于德鲁克认为创新与创业是可以学习的,因此政府可以学习如何领导、构建"创新型国家""创业型社会"。国家与社会的创新创业也需要通过实践训练(寻找创新源泉),需要遵守规则(创新的原则与条件)。根据蒂蒙斯的创业过程理论与爱迪斯的企业生命周期理论,要建设"创新型国家""创业型社会",需要动员整个国家和社会的创造力识别创新机会,政府需要引导每个组织及个人合理配置社会资源,而在整个国家或社会的创业中必须时刻保持创新精神。综上,得出如图 2 - 4 所示的创新创业研究整合框架。

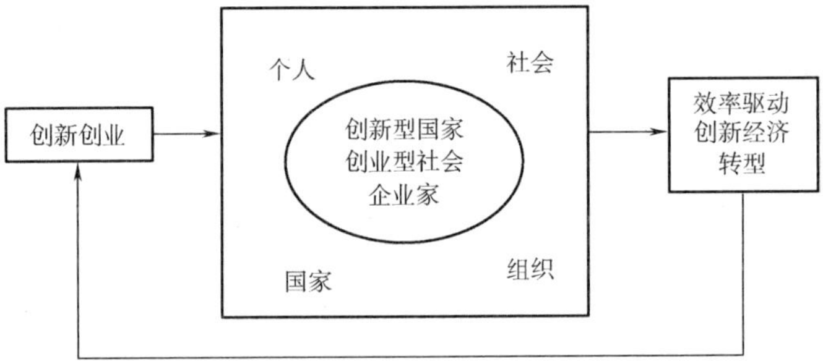

图 2-4　创新创业研究整合框架

三、对中国创新创业政策的启示

根据创新与创业关系研究，创业与创新相互依存，密不可分。由于创新只有通过创业才能真正发挥其价值，建议以后将创新研究主要放在管理学、经济学领域，形成占主导地位的创新研究流派。或将创新与创业整合在一起研究，落实创新创业理论建设，加快创新创业学科发展，形成公认的创新创业理论研究流派，弥补创新研究领域过广、创业研究缺乏实践的缺陷。

根据创新创业研究整合框架，创新是经济发展到一定程度后有效促进经济发展的关键，是效率驱动型国家经济发展到一定阶段，向创新驱动型国家发展的重要驱动力。因此，创新创业整合模型能为我国目前的创新创业政策制定提供最有力的理论支持。

世界经济论坛发布的《全球竞争力报告》根据人均国内生产总值（GDP）及初级产品占出口份额将经济体分为 3 个层次：要素驱动型经济体、效率驱动型经济体和创新驱动型经济体。

总体而言，中国属于效率驱动型经济体。处于效率驱动阶段，经济获得了进一步发展。随着工业化发展和对规模经济的依赖，大型资本密集型企业将更占优势。但是，根据国民经济和社会发展统计公报数据，截至 2015 年年底，中国第三产业增长最快，增加值为 341 567 亿元，比上一年增长 8.3%，增加值比重为 50.5%，首次突破 50%。这说明，中国经济体正向创新驱动型经济体转变，因为进入创新驱动阶段后，知识密集型企业占据主导，且服务部门（第三产业）进一步扩张。在李克强总理提出“大众创新，万众创业”的口号后，国务院印发的《国家创新驱动发展战略纲要》更是计划在 2030 年跻身创新型国家行列。国家之所以大力推动创新创业，原因在于：一方面，源于中国经济转型、就业压力以及国际环境的影响；另一方面，依据《全球创业观察》2015—2016 年度全球报告，创新水平是随着经济发展水平的提高而提高的，高创新水平有利于提高创业的成功率，使企业走向成熟，从而进一步促进创新型经济发展。

根据创新创业研究整合框架，创新与创业对一国经济影响巨大，且最终会促使

“创新型国家”“创业型社会”形成。因此,创新创业研究整合框架能够为我国创新创业政策的下一步走向指明方向。在我国经济快速发展、创新创业政策大力出台的背景下,提出下一步在我国构建“创新型国家”与“创业型社会”的建议,从国家、社会层面激发国民创新创业。国家型、社会型的企业家也应借助创新创业,学习如何寻找创新源泉并遵守创新规则,为了“创新型国家”与“创业型社会”的存续,始终保持创业精神与创造力,并将创新付诸创业实践,最终落实整个国家经济的转型升级,实现创新驱动战略。

第三节 创新创业管理的意义

一、创新创业的时代特征

改革开放以来,我国经历了几次创新创业浪潮:第一次是 1978 年党的十一届三中全会以后,以创办乡镇企业、城镇个体户和私营企业为特征的“草根创新创业”;第二次是 1992 年邓小平南方谈话以后,以下海经商为特征的创新创业浪潮;第三次就是进入新世纪后,伴随着互联网技术、风险投资以及资本市场的发展,以互联网新经济为特征的创新创业。当前我国正在形成新一轮创业创新浪潮。调查表明:新一轮创新创业浪潮具有以下 5 个特征。

(一)国家重视与支持

随着“大众创业,万众创新”的提出,商事制度改革不断深化,支持小微企业的多项政策陆续出台,政府自上而下主动作为,改革成为推动新一轮创业浪潮的主要动力。2014 年 9 月,李克强总理在第八届夏季达沃斯论坛上致辞时表示,借改革创新的“东风”,在我国 960 多万平方千米的土地上掀起一个“大众创业”“草根创业”的新浪潮。“大众创业,万众创新”被写入 2017 年的《政府工作报告》,并提升到中国经济转型和稳增长的“双引擎”之一的高度。围绕着大众创业,万众创新的新政策,政府自上而下,通过简政放权的“减法”,调动社会创新创造热情。通过取消部分行政审批事项、规范审批行为,以持续不断的自我革命,为创业兴业开路、为企业发展松绑、为扩大就业助力。据统计,目前国务院已取消或下放了近 800 项行政审批事项,涉及投资、经营、就业等多个领域。同时,政府颁布税收、财政等多项政策法规,解决中小企业创业的困境,优化初创企业的生存发展环境。例如,政府大力扶持和发展草根金融、互联网金融,解决中小企业融资难的问题。政府、企业和高校合作开展了大量的员工技能培训,解决中小企业用工难问题。

(二)国际化趋势明显

国际金融危机使大量“洋海归”回国创业,科技公司管理与技术精英离职创业，返乡农民工掀起“农海归”草根创业潮，政府力推大学生创业，新一轮创新创业浪潮呈现主体多元化的特点。

与前几次创业浪潮相比，新一轮创业浪潮的突出特点是主体多元化，新一轮创业创新的主体可分为4类：一是2008年爆发的国际金融危机导致大批海归回国创业。2008年年底，中央决定实施引进海外高层次人才的“千人计划”，随后各地方政府也相继推出人才引进政策，如无锡“530计划”、宁波“3315计划”、武汉“3551计划”等，致力于为海归群体的创业活动营造良好的政策环境。据统计，截至2014年年底，中国有近300家留学人员创业园，有超过5万名留学人员在园内创业。二是有技术、懂市场的技术人员和管理精英离职创业或是在企业内部创业。美的、万科、海尔等传统大公司纷纷开始“裂变创业”的尝试，鼓励员工内部创业，形成良好的竞合共赢关系，激发员工创新积极性，实现公司业务和管理模式的创新，充分发挥出企业和市场的活力。三是因就业压力而形成的“倒逼机制”、因产业转移而形成的创业机遇，以及一些政府扶持政策的陆续出台，使得越来越多的农民工选择回家创业。国家统计局发布的《2014年全国农民工监测调查报告》显示，自营就业的农民工所占比重为17%，较上年提高0.5个百分点。四是有创造力与创业激情的大学生创业。教育部统计显示，2014年高校毕业生总数达到727万人，比号称“最难就业季”的2013年还多28万人，巨大的就业压力迫使大学生以创业形式实现就业。一份针对大学生就业选择的调查显示，21.44%的大学生表示“有可能选择自主创业”，另有近5%的学生表示“将创业作为主要的就业方式”。国务院也出台相关政策，提出实施弹性学制，允许保留学籍休学创新创业。政府支持大学生创新创业，扶持力度可见一斑。

（三）网络化趋势明显

新一轮创新创业浪潮涌现了一大批“互联网+”的新业态和新商业模式，互联网与传统行业的融合创新不断显现，创新创业的形式呈现高度互联网化。互联网产业已成为中国经济最大的新增长极和创业空间。研究显示，中国互联网经济正以每年30%的速度递增。互联网创业已经进入新时代，拥有更年轻的创业者、更广阔的创业平台、更活跃的风险投资、更公平的创业环境以及更年轻的创业者，互联网领域成为新一轮创新创业的主阵地。2015年3月，李克强总理在《政府工作报告》中首次提出，制定“互联网+”行动计划，推动移动互联网、云计算、大数据、物联网等与现代制造业结合，促进电子商务、工业互联网和互联网金融健康发展，引导互联网企业拓展国际市场。一方面，“互联网+”与“大众创业，万众创新”理念的融合催生了一大批新产业和新业态，产生了新的消费点。根据国家工商总局发布的数据，2015年5月中国信息传输、软件和信息技术服务业新登记注册公司2万户，同比增长48.0%。互联网和传统行业的二次创新，以“互联网+”的形式发展出了“互联网金融”“互联网教育”“互联网旅游”“互联网诊疗”等新的经济形态。另一方面，“互联网+”对传统产业进行了技术化、智能化、高效化改造。此外，互联网与农业、制造业、生活性服务业的联系日益紧密，产业间的融合也使得更多就业机会被创造出来。

（四）创新创业出现发展的新模式

新一轮创业创新浪潮由创业、创新和创投组成的“铁三角”联合驱动，“众创”“众包”“众筹”等新的商业模式、投资模式、管理机制等多方面创新相互交织。当前，“大众创业，万众创新”的创业浪潮正表现出创业、创新、创投之间紧密结合的新格局。一方面，创新与创业密不可分。成功的创业要能使创新投入产生经济效益，创新成果转化成产品。在互联网时代，市场竞争越来越激烈，企业只有根据市场的变化，不断创新商业模式、管理机制，不断提升技术研发水平，才能获得利润，得以生存。例如，小米科技采用多元合伙的创业模式，即“天使投资 + 研发团队 + 外包生产 + 物流销售团队”。我国依托高新技术开发区、经济技术开发区和大学科技园，建立大批创业“孵化器”，促进企业与高校、科研机构的产学研合作，促进科技成果转化，鼓励各类科技人员以技术转让、技术入股等形式转化科技创新成果，进行科技创业。另一方面，创业创新的联动离不开创投的支持。创业创新过程具有资金投入高、市场风险高等特征，这与创业投资者的风险偏好相匹配，新一轮创业浪潮使创业与创新、创投形成“铁三角”。创业投资具有要素集成功能、筛选发现功能、企业培育功能、风险分散功能、资金放大功能，能够在企业成长的不同阶段支持企业创新创业，发掘有价值的科技成果并加快推动技术的产业化。国家建立了新兴产业创业投资引导基金和国家中小企业发展基金，利用政府资金的杠杆作用，撬动社会资本参与新兴产业发展，有效引导创业投资向创业企业的初期延伸。同时，创业投资机构也开始全程参与创业公司的发展，逐步承担从种子期的天使投资到早期的风险投资（VC）、成熟期及后期的股权投资（PE）的工作，创业投资从投机化向“天使化”逐渐发展。

（五）创新创业体系生态化

随着具有产、学、研、用、金、介、政齐备的协同创新创业体系的出现，一些地方成为创业创新人才的栖息地。创新创业生态系统是由创新创业者、创新创业企业、创新创业政府、创新创业相关组织等多种参与主体及其所处的制度、市场、文化和政策等环境所构成的有机整体。新一轮创业创新浪潮中各市场主体、各类要素、各种环境相互促进，共同构成一个完整的生态系统。以中关村为例，联想、百度、华为、小米、京东等行业领军企业不仅拥有较强的创新活力，而且也推动产生了一大批上下游企业，形成了一系列“创业系”“人才圈”，如联想系、百度系、华为系等，为区域输出大量的创业人才。中关村附近有 32 所高等院校、206 个国家及省市级科研院所，高校和科研机构提供了大量技术创新成果。天使投资是新创企业出生和成长的“沃土”，中关村 260 家上市公司的创始人和成功的企业家成为天使投资人队伍重要的人才来源。创业服务体系为早期项目和初创企业提供开放办公、早期投资、产业链孵化等服务。由市场环境、法治环境构成的创新创业环境是生态系统中不可或缺的一部分。政府需通过简化商事制度改革、减免中小企业的税费,以及逐步完善知识产权与电子金融等方面的法律等举措,优化创新创业环境,促进和保障创新要素资源有效配置和有序流动,实现创业生态的进一步完善。

二、创新视角:创新创业管理的意义

21 世纪,创新创业管理被提升到了一个相当高的层面。创新视角下,创新创业管理的意义如下。

(一)适应科技发展和互联网时代的需要

进入 21 世纪以来,互联网飞速发展。过去只有大学等单位才拥有上网资源,如今,互联网已进入千家万户,人们的生活也越来越离不开互联网。网速越来越快,从过去拨号上网的 Kb 到现在光纤的 Mb。互联网的应用越来越广泛,从过去的上网浏览网页到现在的网上购物、交流、娱乐。现代社会,信息高速公路、工业机器人、数控机床、程序式传输设备和监控仪器组成了一种全新的生产力体系,自动化生产线、计算机辅助设计、管理自动化已成为企业的主旋律,自动柜员机、家庭影院、国际互联网络已成为生活中不可缺少的工具,家庭办公视频会议、遥控医疗和电子商务已成为议论的热门话题。网络使我们的生活方式逐渐发生改变。凭借在信息传播速度、规模、影响范围和表现形式上无与伦比的优势,网络完全盖过了传统大众媒体的风头。网络以超链接的方式将存储信息的容量无限放大,在传播过程中可把文字、声音、图像等融为一体,最大限度地满足受众需要。大到国家大事,小到生活琐事,均可即时更新、同步反映。信息技术的日新月异,使人们的生产生活方式和价值观念发生着深刻的变革。发达国家已率先进入互联网时代,对发展中国家形成了巨大压力。面对互联网经济的发展,我国企业只有适时做出管理变革和创新,才能抓住机遇,迎接挑战,适应不断变化与发展的新形势。

(二)建设创新型国家的需要

建设创新型国家是事关社会主义现代化建设全局的重大战略决策,必将对我国综合国力的提升产生积极而深远的影响。建设创新型国家是一项系统工程,涉及社会的方方面面。大力推进企业创新创业管理,努力形成具有中国特色的企业管理体系,是增强我国自主创新能力,建设创新型国家的重要保证。创新型国家将科技创新作为基本战略,以技术创新为经济社会发展的核心驱动力。其主要表现为:整个社会对创新活动的投入较高,重要产业的国际技术竞争力较强,投入产出的绩效较高,科技进步和技术创新在产业发展与国家财富的增长中起到关键作用。

建设创新型国家需要一大批符合创新型国家所需的人才来承担起"创新型国家"建设的重任。然而我国现行的应试教育模式重理论而轻实践,并不能满足建设创新型国家的人才需求。因此,要想建设创新型国家,首先必须尽快建立创新创业教育模式,培养符合创新型国家需要的人才。

(三)实现自身发展的需要

经济全球化是当今世界经济发展的特征,各国经济通过商贸往来相互联系、相互依存、相互融合。推动大众创业、万众创新是中央在新形势下促进经济平稳发展的重大战略部署,也是优化产业结构,加快经济转型升级的必然要求。加快推进创新创业和人才工作的安排部署,需要进一步统一思想、提高认识,切实增强思想自觉和行动自觉,在创新创业上做文章、下功夫,不断向创新创业事业要效益。

我们应站在全球的高度,具备前瞻性思维能力,正确决策,团结一致,顽强拼搏,坚持以持续改进为中心,狠抓提升效率与降低成本,紧紧围绕"技术创新、管控手段创新、组织结构创新"的发展思路,着眼于抓住市场和技术制高点,大力实施技术创新、产业升级、节能降耗,克服一切困难进行管理变革、技术变革、生产控制变革和业务流程再造,解决好企业当前面临的主要矛盾,即企业提高效益、员工提高收入的需要与落后的工艺装备、管控手段、组织结构和高耗能低效率的生产之间的矛盾。总之,创新创业是一项可以满足自身需要的事业。

三、创业视角:创新创业管理的意义

创业视角下,创新创业管理的意义如下。

(一)以生存与发展为管理目标

新事业的首要任务是从无到有,把自己的产品或服务卖出去,掘到第一桶金,从而在市场上找到立足点,使自己生存下来。企业的创业能否成功突破瓶颈,这不仅与企业自身息息相关,也关系到国民经济稳定、健康和持续发展。

在企业管理实践中,创新创业管理就是要把创新创业过程作为关键控制点,实现日常的、基础性的管理目标。在创业管理的过程中,创新创业管理的一项重要工作就是努力去除工作中的 7 大浪费,即生产过剩的浪费、多余加工的浪费、无效搬运的浪费、等待的浪费、多余库存的浪费、无用动作的浪费和返工的浪费,将创新性的想法形成可以具体实现的项目,将各项工艺指标和工作流程先细化,再固化,后优化,实现标准化,实现创新创业管理制度化、流程化的管理模式,最终实现创新创业的价值。同时,不断学习借鉴国内外先进的管理经验,在创新创业管理理念、创新创业管理手段与创新创业管理模式的基础上大胆创新,不断强化创新创业管理实践,提高创新创业管理水平,向创新创业管理要效益,打牢企业快速发展的根基。

(二)促进资金的融通

对任何项目来说,资金就像是血液,没有资金,任何项目都做不好。现金流一旦出现问题,企业将发生偿债危机,可能导致破产。创新创业融资条件较差,依靠自有资金运作,失败的风险很大。因此,创新创业管理要求创业者千方百计增收节支、获得投资,不断发展已有项目。

创新创业公司获取资金的方式之一是争取入驻具有优越政策支撑的产业园区。一些新兴的产业园区都有相对完备的资金融通体系。目前,国内金融类众创空间也已出现,可以很好地支撑创新创业项目。孵化器成为各产业园重点打造的资金投融资主体。入驻产业园区,可以缓解创新创业主体的资金压力,是较好的融资和获取支持的途径。

创新创业也需要对现金进行严格管理,尽早并尽可能准确地了解存在的资金问题,这是创新创业的前提。创新创业可以促进企业对现金的关注,提升资金的使用效率。因此,创新创业对于资金的融通有很好的促进作用。

(三)充分调动人的积极性

创新创业管理可以概括为以环境的动态性与不确定性以及环境要素的复杂性与异质性为假设,以发现和识别机会为起点,以创新创业、超前行动、勇于承担风险和团队合作等为主要特征,以创造新事业的活动为研究对象,研究创新创业活动内在规律的学说体系。新创企业实际上是一种高度有序的状态。每个创新创业者都清楚组织的目标和自己的角色,只有角色的划分,没有职位的区别,有利于充分调动人的积极性。这种运作方式能够培养员工的团队精神、奉献精神,提高员工的忠诚度。事业发展与组织规范化不会磨灭创新创业精神,反而会沉淀为企业文化。在创业阶段,创新创业管理需要做到物尽其用、人尽其才。

创新创业管理要求充分调动所有的人做所有的事。具体来说,创新创业管理要求企业通过开展精准化的理论培训、政策培训、科技培训、管理培训、法规培训,加强企业员工对战略性新兴产业、先进制造业、现代服务业、新型城镇化、农业现代化等方面知识的学习和对新技术、新产品和新业态的了解,使其具有专业思维、提升专业素养、掌握专业方法,增强适应新常态、贯彻新理念的素质和能力,充分发挥积极性。

本章小结

本章从熊彼特与德鲁克的创新与创业理论、蒂蒙斯的创业过程理论以及爱迪思的企业成长理论回顾开始,深入探究创新与创业及其关系。在此基础上,进一步讨论了创新与创业的内涵及其关系和创新创业研究整合框架,并提出创新与创业研究建议及对中国创新创业政策的启示与展望。

复习思考题

1. 如何理解熊彼特的创新创业理论？
2. 如何理解德鲁克的创新与企业家精神？
3. 蒂蒙斯的创业过程理论的主要内容有哪些？
4. 请简述爱迪思的企业生命周期理论。
5. 创新与创业研究对中国创新创业政策的启示有哪些？

第三章

创造性思维与创新创业能力

学习目标

通过对本章内容的学习,你应了解和掌握如下问题:

- 创新创业的来源
- 创造性思维的理论与特征
- 创造性思维的形式与方法
- 创新的原则和过程
- 创新与创业的关系

引　例

美国艾士隆公司董事长布希耐一次在郊外散步，偶然看到几个小孩在玩一只肮脏且异常丑陋的昆虫，爱不释手。布希耐顿时联想到：市面上销售的玩具一般都是形象美观的，假若生产一些丑陋玩具，又将如何？于是，在他的建议和指导下，公司研制出一套"丑陋玩具"，迅速向市场推出。这一炮果然打响，"丑陋玩具"给艾士隆公司带来了收益，使同行羡慕不已。于是"丑陋玩具"接踵而来，如："疯球"就是在一串小球上面，印上许多丑陋不堪的面孔；橡皮做的"粗鲁陋夫"，长着枯黄的头发、绿色的皮肤和一双鼓胀而带血丝的眼睛，眨眼时又会发出非常难听的声音。这些丑陋玩具的售价超过正常玩具，但一直畅销不衰，而且在美国掀起了行销"丑陋玩具"的热潮。这"丑陋"的灵感获得了商业成功，正是这种创新思维，为艾士隆公司广开财源。

第一节　创造性思维的基本概念

创造性思维是人类大脑的特有属性。从古至今，人们虽然一直崇拜科学家，敬仰发明者，也总是赞美他们的发明成果，但是对人类自身所特有的创造性思维却知之甚少，对于创造性思维的基本特征及其基本过程也是了解甚微。迄今为止，人们尚未对创造性思维做出统一的定义。理解创造性思维，要从理解思维的概念入手。

一、思维的含义

思维是一种极为复杂的心理现象，具有许多重要的属性或性质。遗憾的是，人们对于思维的定义，至今还没有形成完全一致的看法。不仅不同门类学者从不同学科角度出发对思维有不同的认识，而且同学科的研究者如果站在不同角度也会对思维产生不同的看法。例如，英国著名的创造学家迪博诺认为思维是为了某一目的对经验进行有意识的探究。我国有的心理学家则认为，思维是大脑机能对于客观环境的反映，是在社会实践中或感觉经验的基础上产生的理智认识。当前心理学界的专家一般认为，思维是人脑对客观事物的概括的、间接的反映。

从字面上考察，思维中的"思"可理解为思考或想；"维"可理解为方向或序。因此，思维就是沿着一定方向的思考，也就是有一定顺序的想。这种对于思维概念原义上的理解，至少对于创造行为而言是很有意义的。

二、思维的分类

由于人们对思维概念理解角度不同，对思维的分类也不相同，这就产生了不同的分类方法。从认识阶段和认识水平角度来看，可将思维分成以下5类。

（一）直观行动思维

直观行动思维又叫动作思维，是指通过直接的动作或操作过程而进行的思维。例如，儿童玩积木，就是在玩的过程中思考，在思考中进行游戏。在发明创造过程中的一些实验、操作或制作阶段，均含有一定的动作思维。

（二）形象思维

形象思维是借助具体形象从整体上综合反映和认识客观世界而进行的思维。形象思维经常会表现出较高的创造性。

（三）逻辑思维

逻辑思维又叫抽象思维，是以概念、判断、推理的方式抽象地、从某方面条理清晰地、符号式地反映和认识客观世界而进行的思维。

（四）辩证思维

辩证思维是指按照辩证规律而进行的思维。辩证思维注重从矛盾性、发展性、过程性考察对象和从多样性、统一性把握对象。

（五）灵感思维

灵感思维是指凭借直觉而进行的快速顿悟性的思维。思维分类还有其他方式，例如，按思维主体角度，可将思维分为个体思维、群体思维和社会思维；从其产生的效应，可分为先进的思维和落后的思维；从其他角度可将思维分为发散性思维与收敛性思维、横向思维与纵向思维等思维方式。创造性思维可能就蕴藏在各类思维中。

三、创造性思维

每一个正常的人都可以进行创造性思维活动，这种活动既可表现在重大的科学发明中，也可存在于日常具体问题的处理过程中。这种活动具有狭义和广义之分，所以可以从狭义与广义两方面探讨创造性思维。

狭义的创造性思维是指在人类认识史上首次产生的、前所未有的、具有较大社会意义的高级思维活动。大多数对创造性思维这个词不太熟悉的人，都会把它和任何一个领域中杰出人物联系在一起。通常来讲，贝多芬、凡·高都被公认为典型的具有创造性思维的艺术家，爱因斯坦和爱迪生等著名科学家也被认为具有创造性思维。然而，一个具有多项才能的人，像达·芬奇，作为意大利的书画家、雕刻家、建筑家及工程师，却可能被认为是一个没有正式创造力资格的人。严格地说，达·芬奇是在多方面都具有创造性思维的。所以说，创造性思维有时容易被混淆或者被忽视，也可能对某些特殊个体表现的界定存在争议。总的来讲，狭义的创造性思维可以被认为是杰出与独创的概念联结在一起的产物。

广义的创造性思维可以被界定为:凡是对某一具体的思维主体而言,具有新颖、独到意义的任何思维。这种观点强调的是新颖、独到,创造性思维被放大为想到别人没有想到的观念。在这种定义下,所有手艺精巧的工匠、建筑师、艺术家都是具有创造性思维的人。吉尔福德认为,创造性思维发挥得淋漓尽致时,就会产生实体的结果,如一个计划、一篇乐曲、一首诗抑或一幅画。但大多数创造性思维可能并未产生实际的改变效果,甚至可能没有合适的产品产生。

综合上述分析,创造性思维可以被认为是能产生新颖性思维结果的思维。它主要强调的是新颖性,其新颖性程度越高,思维的创造性越强。所以,创造性思维是相对于传统思维而言的一种思维方式。这种思维方式有两个特性:一是它体现出的鲜明的创造性。因为创造性思维相对传统思维而言,对同一客体的思考会体现出其特有的创造特质,这一点与传统思维形成鲜明的对比。这种创造性在思维活动中的体现是广泛的、多方面的,既可表现在论证方式上,又可表现在思考角度、运用材料的方法和思维成果等方面。二是从思维运行的过程来看,创造性思维是一个由各种思维要素、思维能力相互作用、协同进行的系统化思维过程,它具有思维的整体性。有些学者认为,创造性思维是一种单一的思维活动形式或几种思维形式的简单叠加。其实不然,创造性思维活动存在于人脑这种极其复杂的特殊物质系统内,是一种高度复杂的活动过程,各种思维活动形式及其思维活动的各因素之间在不同程度上会产生相互作用、相互制约的联系。所以说,创造性思维是人脑的各种思维活动形式和思维活动的各个要素之间相互协同进行的有机结合的高级整体过程。

第二节　创造性思维的理论与特征

一、创造性思维的理论源起

创造性思维是一种具有开创意义的思维活动,即开拓人类认识新领域、开创人类认识新成果的思维活动。创造性思维是以感知、记忆、思考、联想、理解等能力为基础,以综合性、探索性和求新性为特征的高级心理活动,同时也是需要人们付出艰苦的脑力劳动。一项创造性思维成果的取得,往往要经过长期的探索、刻苦的钻研,甚至经历多次挫折。而创造性思维能力的形成也要经过长期的知识积累和素质磨砺。创造性思维形成的过程离不开繁多的推理、想象、联想、直觉等思维活动。

创造性思维的早期研究主要涉及想象、灵感这些思维形式问题。自美国心理学家吉尔福特提出发散思维的概念、英国认知科学家德·波诺倡导横向思维以后，人类开始关注思维方向问题。思维视角的不同，决定了思维前进方向的不同。思维方向与创造过程的关系，比思维形式更重要。思维形式有助于人们在微观上把握创造过程，而思维方向则关系到战略大局。

创造性思维产生的关键是要打破通常的逻辑思维。因此，创造思维训练的要点是解决非逻辑通道的问题。创造性思维训练包括发散性思维训练、横向思维训练和逆向思维训练，这些思维训练可以帮助人们打开思路，走出思维的僵化状态，告别循规蹈矩的行为方式。

创造性思维是指能提供新颖独特的、具有社会价值的产品的思维。创造性思维是一种具有开创意义的思维活动，即开拓人类认识新领域，开创人类认识新成果的思维活动，它往往表现为发明新技术、形成新观念、提出新方案和决策、创建新理论。创造性思维广泛存在于政治、军事决策和生产、教育、艺术及科学研究活动中。例如，在领导工作实践中，具有创造性思维的职业经理可以想别人所未想、见别人所未见、做别人所未做的事，敢于突破原有的框架，或是从多种原有规范的交叉处着手，或是反向思考问题，从而取得创造性、突破性的成就。

总之，创造性思维的结果是实现了知识，即信息的增值，它或者是以新的知识（如观点、理论、发现）来增加知识的积累，从而增加知识的数量，即信息量；或者是在方法上实现突破，对已有知识进行新的分解与组合，实现知识即信息的新的功能，由此便实现了知识，即信息的结构量的增加。所以，从信息活动的角度看，创造性思维是一种实现了知识，即信息量增值的思维活动。

二、创造性思维的特征

人们对于自身创造性思维的了解甚少且不尽相同，因此对创造性思维的特征也有不同的看法。然而，就其基本特征，相对一般思维方式而言，创造性思维具有否定性、自变性。

（一）创造性思维的否定性

创造性思维的否定性是指从反面或对立面来思考一个事物，把事物中落后的、过时的、没有价值的东西排除，对其中进步的、先进的、有价值的东西加以肯定，并在此基础上创造出新的事物或形成新的观念。

创造性思维的否定性主要表现在两个方面，或者说，创造性思维包含两个方面的否定因素：一方面是对现存事物的否定，另一方面是对反映过去的或现存的事物的思想的否定。对现存事物的否定是希望一种新的事物出现，而对其思想的否定则体现了创造性思维取代传统观念的过程。前者的否定在某种程度上依赖于后者的存在，尽管新事物代替旧事物要比新思维代替旧思维容易得多，甚至可能会走在观念更替的前面，但是，如果没有一定的对思维本身的否定，那对事物的否定便是盲目的。

任何事物内部都有肯定和否定两个方面、两种因素，但这两方面并不矛盾。创造性思维的否定性本身就包含着肯定的因素，从逻辑关系上看，它在否定了传统观念和旧事物的同时，也就肯定了自身的价值，肯定了新事物。

创造性思维的否定性首先表现在对已经产生并且已过时的现存思维的否定。思维本身具有继承性，但这种继承是批判地继承，也就是先用其否定性过滤后再继承。

链接：

新旧交替，新思想、新观念的产生几乎都有一个否定前人的过程，这在西方思想史上更是屡见不鲜。例如，德国古典哲学发展的过程就是费希特批判康德、谢林批判费希特、黑格尔批判谢林的过程。康德摧毁了莱布尼茨的“形而上学”，开始了哲学革命。但是，康德在批判“形而上学”独断论时却走向了另一个极端，陷入不可知论，导致思维和存在的分裂。费希特、谢林和黑格尔相继发挥辩证法思想，在唯心主义的基础上论证了思维和存在的同一性。德国古典哲学家之间的这种批判和斗争，乃是德国资产阶级的自我批判和自我否定。费尔巴哈对德国唯心主义的批判，同样也是德国资产阶级思想的自我否定，直到马克思、恩格斯辩证地否定了黑格尔辩证法中的唯心主义成分和费尔巴哈唯物主义中的形而上学成分，才真正完成了辩证唯物主义的革命。同样，在中国思想史上这种后人否定前人的思想，不断创造出新的思想的情况也比比皆是，这反映了思维发展的一般规律。

创造性思维的否定性主要表现在对现存的落后事物的否定。虽然这种否定首先以观念的形态出现，但否定的主要目的在于新旧事物的更替，在于推动社会的进步。产生于社会存在的创造性思维往往经过主体的加工与提炼之后反过来否定现有的社会存在，这是创造性思维的否定特征的突出表现。存在决定意识，这一点毫无疑问，但意识绝不仅仅是存在的消极反映。有些意识一旦在社会实践的基础上产生，便以批判的方式出现，否定产生它的社会现实。这并非说社会意识可以脱离社会存在，而是说社会意识是深层次、规律性、本质性反映社会存在的一种表现。任何事物都有其发生、发展和灭亡的历史，不存在一成不变的、永久的事物。创造性思维正是在这个意义上不断地否定旧的观念与旧的事物，进而推动社会向前发展。

（二）创造性思维的自变性

世界上的万事万物都像川流不息的河流一样，永远处在不停地运动之中。因为世界上的一切事物都是在不断变化的，所以人的思维只有不断变化才能适应这种发展。只有这种思维的变革发生在事物的变革之前，才能引导或促进事物的发展变化。这种发生在事物变革之前的思维，就是我们所说的创造性思维的一种形式。

创造性思维产生于社会变革的要求，发展于社会变革之中，又消亡于社会变革之后，正是这种循环形成了社会的进步。这种思维的变革和社会的变革是密不可分的。思维的变革源于社会变革的要求，却又先于社会变革。

中华民族的发展史同样是在社会变革和思维变革的交替前进中形成的。每当社会转折的关键时期或国家危难的紧急关头，总会出现一些改革者用他们的创造性思维呼唤或影响改革。改革者们顺应了时代的要求，肩负起了历史的重任，促进了社会向前发展。例如，春秋战国时期，生产力水平以及与旧有的生产力水平相适应的奴隶制生产关系已成为社会发展的障碍。此时，管仲在齐国实行了"相地而衰征"的改革，子产在郑国进行了"作封恤""作丘赋"的改革，李俚在魏国实行"尽地力之教"的改革，秦国的商鞅进行了"废井田开阡陌"的改革，等等。在这些改革思想的指导下，各国建立起新的土地制度和赋税制度，这与当时的生产力水平相适应，从而促进了生产的迅速发展，逐步完成了从奴隶制度到封建制度的社会变革。商鞅等人的改革思想实际上反映了变革的要求，适应了变革的趋势，也体现了创造性思维。创造性思维引导着一批先进人物从社会发展的客观规律出发，不断发现社会自身不合理的东西，并力图改变、完善它们。在一种创造性思维的变革主张被绝大多数人所接受并经过一定的过程之后，这种思维的内部就会开始孕育并分化。其中，一部分会转变为传统的观念而保留下来，另一部分则随着自身的消亡转变成新的意识。因此，创造性思维的更替也就在自身的变革中完成。这种自变使得创造性思维得以升华，也体现了创造性思维发展的内在机制。

第三节　创造性思维的形式与方法

一、创造性思维的基本形式

（一）直觉思维

直觉思维就是指人们不经过逐步分析而迅速对问题的答案做出合理的猜测、设想或顿悟的一种跃迁式思维。从上述爱迪生考查阿普顿的故事中我们可以知道，直觉思维是宏观地把注意力放在事物的整体上的一种思维，它与逻辑思维微观地把注意力放在事物的各个部分上是不同的。直觉思维有利于人们从一些偶然的整体事件中抓住问题的实质。例如，阿基米德在澡盆里沐浴时，看到自己身体入水后，水面上升并缓缓向外溢出的现象，通过直觉思维，想到揭穿"金冠之谜"的方法，继而深入问题的实质后提出了著名的浮力定律。对于难以预料的偶然现象，是很难用逻辑思维来解释与判断的。但是，直觉思维却可以发挥作用，其结果往往会产生突破,形成飞跃,直至发明创造。直觉思维虽然能在发明创造中起很大的作用,但由于它是一种跃迁思维,其整体思维过程只是在极短的时间内完成,以致难以用逻辑思维的语言加以分析与表述。因此,直觉思维就往往带有一定的局限性与虚假性,由于这个原因,直觉思维也经常导致一些错误的结论产生。例如,19 世纪初,人们为解释光在真空中的传播,凭直觉思维,假设在真空中有一种传光介质"以太",经过几十年的查找与实验,这种介质都不能被证明是存在的,可见这个假设是错误的。与此相反的是,法拉第受"偏振光的振动面受磁场的作用而改变"现象的启发,凭直觉思维得到"光现象应和电磁现象联系起来研究"的正确结论,从而导致了光的电磁说的产生。

链接:

与爱迪生合作的青年数学家阿普顿刚到爱迪生的研究所时,爱迪生想考考他的能力,于是给他一只实验用的灯泡,叫他计算它的容积。一个小时后,爱迪生回来检查,发觉阿普顿正忙着测量计算。爱迪生说:"要是我,就往灯泡里灌水,将水倒入量杯,就知道灯泡的容积了。"阿普顿的计算才能和逻辑思维能力无疑是令人钦佩的,然而在这个问题上他所缺少的恰恰是像爱迪生那样的直觉思维能力。

(二)联想思维

联想思维就是人们通过一件事情而想到另一些事情的思维。联想能够克服两个不同的概念在一种意义上的差距,并在另一种意义上把它们联结起来,由此可产生一些新颖的思想。因此联想思维是创造思维的一种重要表现形式,创造技法中的联想构思发明法就是利用联想思维进行创造的一种发明创造方法。科学技术上的许多发明创造都曾产生于人脑联想。当人的思想受到某种刺激,或在某种特定的环境下通过回忆可产生 4 种类型的联想,即相似联想、对比联想、接近联想以及定向联想。

1. 相似联想。相似联想指人脑中出现同某一刺激物或环境相似的经验、事物的联想,即联想物与刺激物之间存在某种共同的性质或特征。例如,看到鸟联想到飞机,看到蜡烛联想到电灯等。

链接:

特种医用纱布就是相似联想的结果。有人从含硅的物体表面光滑、粘结剂对硅不起作用的特点出发,联想到如果纱布上浸入硅,可使患者手术后包裹的纱布与皮肤不粘连而减轻痛苦,由此发明了特种医用纱布。

2. 对比联想。对比联想指与某一刺激物或环境产生相反性质事物的联想。例如，看到白颜色便自然联想到黑颜色，看到小物体便联想到大物体，遇到热的刺激马上联想到冷的滋味，等等。

链接：

> 山东省青岛市寿光小学朱洪同学发明的"开水降温桶"，可迅速使开水冷却，以供下课急等喝水的同学们饮用。这项发明就是以热水为联想的源头，率先想到冷水，利用冷却水吸收从开水桶水管流出热水热量的原理，进而取得成功。

3. 接近联想。接近联想指头脑中联想与某一刺激有关联的事物。这里联想与刺激物之间只是有关联，两者并没有较为明显的共同特征。例如，看到运动员，联想到运动场、练功房、裁判、记分牌、发令枪、起跑线等。

4. 定向联想。研究表明，对任何两个毫不相干的概念，一般最多只需要经过4~5步的联想即可将它们建立起联系。例如，"木质"与"足球"这两个离得很远的概念，可以联想为：木质—树林—田野—足球场—足球。事实上，上述的"木质—足球"之所以能在4步内达到，是因为这个联想的最后一环"足球"已作为这个联想程序的终点，是预先给定了的。这种事先给定了目标的联想即为定向联想。定向联想在创造发明中具有重要特殊的意义。

事实上，古往今来，人类一直是在无意、有意中通过各种联想，不断从自然界中得到启迪，从而创造了无数的工具，取得了很好的成果，为自己的生存与发展创造条件。当然，联想能力的大小，决定于一个人的知识积累和经验的丰富程度。通常来讲，知识越多、见识越广的人联想的可能性也越大。

链接：

> 一个生长在海边的人就经常会联想到大海，而一个出生在平原上从未见过高山的人，一般与"山"有关的联想能力就会很弱或者没有。在青少年的发明中，这种事例屡见不鲜。例如，农村青少年的发明联想多数且易与农业生产或农村生活有关，发明作品如"简易肥水耧""拖拉机高效照明器""氨水点施器""多功能两用喷杆""无火育秧温床"等；城市的青少年的发明联想多与工业生产或城市生活有关，发明作品如"废水冲便器""流动售货车""节水水箱""便携式微孔电钻""液化气显示器"等；牧区的青少年的发明联想多与牧业生产或牧区生产有关，发明作品如"风动酥油分离器""磁性拌草棍""奶油捞毛机""蜜蜂群体观察盒"等。

其次，联想能力的大小还与一个人是否具有良好的思考习惯有关。有的人虽然见多识广,然而整天无所事事,不肯多动脑筋,也不产生丰富的联想。因此,养成良好的思考问题的习惯,是培养联想能力、提高创造能力的重要措施之一。

(三)幻想思维

幻想思维是指与某种愿望相结合并且指向未来的一种想象。幻想在人们的创造活动中起着重要作用。在发明创造活动中,我们应鼓励人们对事物进行各种各样的幻想。苏联就专门为学生开设"幻想课",其目的就是引导和培养学生进行各种形式的幻想,以提高学生的创造素质。

1.幻想思维的重要性。幻想思维,由于暂时脱离现实,因此一般不被人们所重视。有的人甚至把幻想作为贬义词。事实证明,幻想思维并非没有益处。列宁曾讲过:"有人认为,只有诗人才需要幻想,这是没有理由的,这是愚蠢的偏见!甚至在数学上也是需要幻想的,甚至没有它就不可能发明微积分。幻想是极其可贵的品质……"由此可见,作为一个青少年,要学习改造世界、创造世界的本领,是应该具有幻想思维的。大量的事实表明,幻想思维可以使人产生创造的欲望,可以激发人们奋发向上,为人类做出贡献。古人的幻想,如上天入地、千里眼、顺风耳等,经过人们世世代代的努力,已经变为事实。因此,幻想思维与创造活动紧密相关,创造活动一般也无法离开幻想。

2.幻想思维的特点。幻想思维最主要的特点是它脱离社会的现实性。幻想思维是从人们美好的目的或希望出发而进行的与现实脱离的一种想象。有人认为,幻想虽然是必要的,但必须本着实事求是的精神,必须用科学的态度对待它。但幻想的实践表明,既是幻想,就不该过分地强调其实事求是与科学态度。此外,对所谓的实事求是和科学态度的衡量,在不同时期完全受人们的认识深度与科学发展水平的制约,因此,过分强调实事求是和科学态度,很难真正发挥幻想的重要作用。

以前所谓的具有一定科学根据的科学幻想"火星人",现已基本证明不存在;而过去被认为纯粹脱离实际、毫无科学根据的科学幻想"飞机"却成了当今的现实。飞机的发明过程的确能说明过分地强调科学态度会给发明创造活动带来危害。最初,著名法国天文学家勒让德就认为,要制造一种比空气重的装置去进行飞行是不可能的,稍后,德国大发明家西门子也提出了类似的看法。他们的崇高威望极大地妨碍了飞机发明思想的发展。之后,能量守恒定律发现者之一的著名德国物理学家赫尔姆霍茨,从物理学的科学角度论证了机械装置要飞上天的设想纯属空想。他的这一结论使得德国的金融界和工业集团撤销了原先对飞机研制事业的支持。最后,美国天文学家纽康又根据各种数据做了大量计算,从而论证了飞机无法离开地面。然而,1903 年,首先把飞机送上天空的却是当时名不见经传的美国人莱特兄弟。他俩没有上过大学,但他们思想活跃、富于幻想。他们凭着自学成才、勇于探索未知领域的大无畏精神,获得了巨大的成功。

由此可知,在没有深入研究的情况下,我们应该鼓励大胆运用幻想思维,而不能简单地扣以“毫无根据”“胡思乱想”的帽子。其实,“胡思乱想”中的幻想思维并非丝毫没有逻辑,或者说也可能具有合理性。我们应该看到,历来就有不少人总是以实事求是、科学态度的大帽子,压制不同的观点与学派,特别是以此来压制充满好奇心与幻想的、敢说、敢干的青年人。这不利于科学的发展,不利人们的创造性思维的启动,完全违背了科学技术发展的客观规律。

幻想具有“脱离实际”的重要特点,因此,幻想思维可以在人脑中驰骋纵横,它可以在毫无现实干扰的理想状态下,进行任意方向的发展,它是创造性思维的重要组成部分。

与幻想思维最为接近的是空想。日本发明家高桥浩认为空想是人们思想的宝库,他认为天才的一大特点是空想思维发达。他在《怎样进行创造性思维》一书中写道:“不论是天才还是凡人,他们同样都有着空想力。只不过凡人是以现实道理去思考问题,因而空想力便会萎缩。反之,天才却乐于运用空想力,在他思考事物时,首先求之于空想。”

总之,幻想思维可以使人们思想开阔、思维奔放,因此它在创造中的作用是显而易见的。尤其在创新创业初期,人们更需要各种各样的幻想。创新创业的重大变革,更多以奇异思想作为开路先锋。幻想思维,这种从现实出发而又超越现实的思维活动,在科学探索和发明创造中起着极为重要的作用。德国学者莱辛提出:“缺乏幻想的学者只能是一个好的流动图书馆和活的参考书,他只会掌握知识,但不会创造。”

(四)灵感思维

灵感思维是创造性思维的又一基本形式,它是人们在创造过程中达到高潮阶段后出现的一种富有创造性的思维突破。灵感思维常常以“一闪念”的形式出现,并往往使人们的创造活动发生质的转变。大量的研究表明,灵感思维是由人们的潜意识思维与意识思维多次叠加形成的,是人们进行长期创造性思维活动达到的一个必然阶段。很多创造性成果都是借助灵感思维而取得的。

1. 灵感思维的特点。

(1)引发的随机性,又叫引发的偶然性。灵感引发的随机性就是说灵感不能像具有必然性的逻辑思维那样有可能自觉地进行思考,而是由创造者完全想不到的原因诱发而产生的一种思维。灵感显得难以预料、难以捉摸,即使创造者本人也根本不可能自觉地意识到在何时、何地会产生什么样的灵感。灵感出现的这种随机性,往往给灵感蒙上了神秘的色彩,也就使得人们研究它时容易陷入不可知论中。

(2)出现的瞬时性。出现的瞬时性是指灵感往往以“一闪念”的形式出现,瞬息即逝。

我国宋代苏轼的“作诗火急追亡逋,清景一失后难摹”即是对灵感这一特点的写照。因此,灵感一旦出现就要立即抓住。据不少青少年反映,他们对灵感的这一特性了解甚少,所以当灵感到来之际仍然听之任之,没有采取任何有效的方法捕捉灵感,致使事后头脑依然空空如也,这是值得惋惜的。

链接:

英国著名女作家艾米丽·勃朗特年轻时经常在厨房里劳动,她每次都带着纸和笔,随时把脑子里涌出来的思想(灵感)记下来。因此,随身携带笔和小本子,是捕捉灵感的一个普遍适用的好方法。著名的发明泰斗爱迪生的衣兜里总是装着一个小本子,不论何时何地,每当脑际蹦出思想的火花时,就立刻记在本子上。奥地利著名作曲家施特劳斯也十分珍惜灵感思维,他一生创作圆舞曲400余首。一次,他站在河边,望着碧波掠岸、浪花盛开的优美景象,感情洋溢,不知不觉地同乐曲联系起来……突然来了灵感,产生了一个妙不可言的音乐旋律。他拿出笔欲记时却没有带纸,于是毫不犹豫地脱下衬衣,在衣袖上及时记下了这个旋律。后来的不朽之作《蓝色多瑙河》就是在这个旋律的基础上完成的。再看科学巨人牛顿,有一天,他在街上走着,猛然悟出一个公式,正好路旁停着一辆马车,他随即走过去扒在车厢后板上聚精会神地推算起这个公式,马车往前走,他也往前走,直到他跟不上了才反应过来,原来他竟把车厢当成了黑板。

(3)灵感的专一性。所谓灵感的专一性,是指任何灵感都是针对某一问题的某一方面而产生的,即专一的问题引发专一的灵感。同一个灵感不可能解决多方面的问题。

链接:

长期研究缝纫机械化问题的埃里亚斯·毫,成天沉醉于各种机械的思考之中,可是如何实现缝纫机械化的这个关键技术问题总是得不到解决,这使他一筹莫展。一天夜里,他做了一场噩梦,梦见自己被一群原始人抓住,对他下了最后通牒,要他发明能够缝纫的机器,否则就处死他。原始人见他交不出来发明,便一起举着长矛刺过来,当长矛逼近的时候,他看到每个矛头都有眼睛样的孔。他醒来还想着这些位置奇特的孔,想着想着,又想到了自己一直在研究缝纫机械化问题,茅塞顿开,得出了创造性的设想:把缝纫机的针眼设在针尖处,而不是在针的根部。

如果你沉迷于一个问题的思考中,就会将许许多多的事物同这个问题有意无意地联系起来,外因(如某一现象、某种东西、某人的讲话等)就有可能向你提供有益的启迪，一下子打开你的思路，你就会产生专一的灵感思维。所以，专一的灵感思维必然是来自以前对某一专门问题的过量思考，不少青少年都有这种体会。

(4)灵感的新颖性。关于灵感的新颖性这个特点，是从灵感思维的功能和作用上考察得来的。思维的复旧性、重复性与逻辑性没有突破的话，就不会形成灵感。古往今来的重大科学发现与技术发明，无不与灵感的新颖性有关。诗人和文学家的神来之笔、军事指挥家的"出奇制胜"、思想战略家的"豁然贯通"、科学家与发明家的"顿开茅塞"等，都说明灵感具有新颖性的特点。

(5)灵感的模糊性。灵感往往出现在醒与睡的中间状态下，或是显意识与潜意识的交叉过程中，这就决定了灵感的模糊性特征。灵感的模糊性说明，灵感所产生的新线索、新结论、新成果往往并不是很清晰，还需要加以梳理。因此，灵感产生以后，就要认真地进行有逻辑的思考，方能得出明确答案，这是创造过程中极为重要的一步。例如，德国化学家凯库勒在睡梦中产生灵感，发现苯的分子式呈环状。后来经过多次修正，他才把这模糊的结果上升为清晰的结构图。

2. 灵感产生的条件和过程。灵感产生的条件及过程大致可以分为以下几步：

(1)头脑中要有一个亟待解决的问题。这是由灵感的专一性所决定的，它是产生灵感的前提或必要条件。

(2)要有必要的知识储备及足够的观察、信息资料的积累。这是产生灵感的另一必要条件。灵感思维是要以一定结构的知识积累或经验为先决条件的。

(3)对中心问题，要反复地、紧张地、艰苦地、长时间地思考，也就是说，要进行超出常规的过量思考。这种过量思考是促使灵感到来的必经阶段。

(4)搁置。人们进行过量思考，使思路进入僵局之后，便可把要解决的问题暂时放一放，使大脑放松，也可以从事一些其他性质的工作，或者去玩一玩，散散步，改换一下环境，释放一下紧张的情绪，使大脑不受压抑，促进头脑中的潜意识活动。

(5)灵感的产生。人脑的"一闪念"，即顿悟一旦形成，表示灵感已经到来。这一阶段，往往需要及时将灵感记录下来，否则稍有放松，灵感就可能从脑海中消逝。

对于灵感产生的条件及过程，清朝末期学者王国维在《人间词话》里有极生动的描述。他说："古之成大事业大学问者，必经过三种境界：昨夜西风凋碧树，独上高楼，望尽天涯路，此第一境也；衣带渐宽终不悔，为伊消得人憔悴，此第二境也；众里寻他千百度，蓦然回首，那人却在灯火阑珊处，此第三境也。"

当然，灵感的产生并非一定要经过以上几个过程。例如，有的人不需要经过搁置阶段，而可以通过追捕"热线"直接产生灵感。

3. 诱发灵感的基本形式。了解诱发灵感的基本形式，在关键时刻主动去诱发灵感，从而进行有效的创造。诱发灵感的基本形式大致有以下几种：

(1)联想式。当人的思维发展到"过量思考"阶段以后，在久思不得其结果的情况下，很可能会因为某一偶然事件的刺激而顿时产生各种联想，从而使得问题豁然开朗、迎刃而解。

链接：

> 人们早已知道，为了保证内燃机的有效工作，就必须使油与空气均匀混合后进行燃烧，但油和空气怎样才能均匀混合呢？美国工程师杜里埃曾为此大伤脑筋，考虑很久，未想到解决方案。1891 年的一天，他偶然看到了妻子向头上喷洒香水，顿时便从这个简单的化妆器联想到油的气化，最后试验成功，发明了内燃机的汽化器。画家莫尔斯在航行的邮船上观看了科学家杰克逊的电子实验，只见衔铁一会儿被电磁铁吸起，一会儿掉下，从中产生联想，于是当晚就画出了收发报机的草图。

因此，要产生联想，就要特别注意周围的事物，即使是毫不相干的信息也不要轻易放过。

(2)触发式。触发式是指人在受到某种刺激后，直接迸发出灵感的一种形式。这时，最容易触发灵感的因素是展开讨论或争论、辩论，在讨论和争辩中往往可以产生一系列灵感。

链接：

> 爱因斯坦组织的所谓的“奥林匹亚科学院”，就是几个人共进晚餐，边吃边谈边讨论问题，过程中产生的争议对爱因斯坦的创造起了很大的作用。与其类似，物理学家劳厄也常去一个小小的“卢茨咖啡馆”，与一群青年物理学家讨论问题，最终有了“X 射线对晶体的衍射现象”这一重大发现。控制论的创始者维纳也经常以举行“午餐会”等形式发起讨论，从大家海阔天空的交谈中捕捉新思想的火花。可见，在诱发灵感中，争论是一种重要的形式。

(3)省悟式。这种灵感形式的产生不是借助于外界信息的刺激，而是通过头脑内在的省悟和内部思想的“闪光”而实现。

链接：

> 法国物理学家皮埃皮·属里认为在森林中容易产生激情；费米喜欢躺在寂静的草地上想问题；康川秀树习惯于夜间躺在床上思考；法国数学家阿马达则常在喧哗中产生灵感；剧作家贝克认为产生灵感的最理想时刻是躺在澡盆中的时候；而赫尔姆霍茨则认为一大早或天气晴朗登山时容易产生灵感。还有人在酒意冲击下会产生灵感，法国军乐家德·利尔就是这样写下了著名的《马赛曲》；我国李白更有“斗酒诗百篇”的豪兴。

因此,每个人应根据自己的情况,找出诱发灵感的最佳方式与最好时机,从而更好地进行创造。

总之,虽然灵感的闪现是扑朔迷离、难以捉摸的,但是灵感并不神秘,它也是可以控制的一种思维活动。

二、创造性思维的方法

创造性思维是人类的高级心理活动。创造性思维是政治家、教育家、科学家、艺术家等各种出类拔萃的人才所必须具备的基本素质。创造性思维是在一般思维的基础上发展起来的,它是后天培养与训练的结果,可以有意识地从几个方面培养自己的创造性思维。

(一)激发潜意识法

激发潜意识法也被称为"调动潜意识法"或"用显意识调动潜意识法"。这个方法是通过研究如何诱发灵感而得到的,是根据人脑中显意识与潜意识的相互作用的功能特征提出来的,是人们通过有意识、有目的地用显意识去刺激、诱发潜意识活动,从而实现发明创造的一种有效的方法。思路产生的过程如图 3－1 所示。

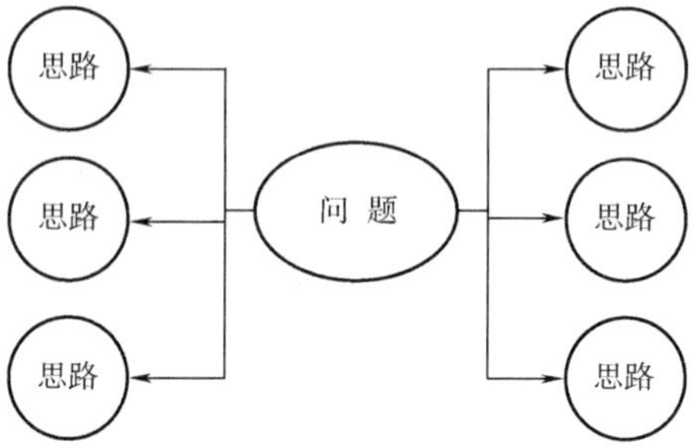

图 3－1 研究思路的产生

在运用激发潜意识法时,应注意几个问题。首先,目标要准确。就是要有意识地收集、筛选信息,在可行性论证的基础上,确定思维目标。其次,信息密度要大。在相关信息中要特别注意多种信息的交叉,在交叉点上做文章。再次,要科学地运用联想。联想是调动潜意识的好方法,通过联想举一反三,通过联想发现问题,通过联想进行选择。最后,要善于捕捉偶然因素。调动潜意识的重要环节在于捕捉偶然因素。以偶然因素作为诱因,是调动潜意识、活跃潜意识的实在因素。

(二)强化记忆法

到目前为止,记忆问题仍是个谜,但记忆作为人脑的高级思维功能,已是科学定论。记忆也是由大脑皮层中的神经细胞运动来实现的。这就是说,当客观信息被反映到大脑时,就使神经元电位立即发生变化,每个神经元都可以通过这种电位变化把信息编译成密码进行储存、加工和处理。强化记忆是潜意识通向显意识的一个重要途径。我们说潜意识形成中有显意识的沉积，因此所谓强化记忆法，就是在有意识增强记忆的同时，又有意识地调动记忆以提高创造服务的方法。

现代脑生理学和脑神经化学研究还认为，当神经元发生电位变化的时候，伴随着各种化学反应，结果又重新产生了一些新的分子，如核糖核酸（RNP）和新蛋白质分子。现在世界上已研制成功了有关记忆的药物，可以促进人脑记忆能力的提高或使记忆得到恢复和增强。

另外，记忆是一个意识过程，记忆作为人脑实现接收、熟记、保持和再现客观信息这一系列过程的能力，与认识客观信息、规律有关，又同记忆载体——人脑这个前提物质基础的功能有关，这样就为我们摸清记忆规律提供了先决条件。

（三）相似诱导法

“相似”理论是一种揭示形象思维运动规律的理论。从人类的认识发展史看，人类最早的思维形式就是形象思维，这同认识论研究的结果相同。开发人脑的潜在智能自然也离不开形象思维的激发作用。由于这里研究的潜在功能的开发，受诱发灵感思维的影响，因此，我们主张多采取“相似诱导法”。

相似诱导法就是采用与追求目标相关的因子反复刺激大脑，使大脑信息做“相似”集中，并在联想过程中受到启迪，最后实现目标最优的方法。因为大脑在思索和追踪某一课题时，一方面要利用已储存的信息，另一方面要输入新的相关信息，这两方面信息都有一个重新组合的问题。

大量科学发现、科学决策、技术发明的事例都揭示了这个道理。那么如何将相关信息重新定向地组合起来，朝着预测目标发展，其中诱导因素关系重大，特别是“相似诱导”因素更为重要。“相似诱导”的刺激，最易引起注意力、情绪、情感等因素的变化，进而促进原信息与新输入信息相容。新旧信息交叉相容的过程，极有利于激发大脑的潜在智能。因此，“相似诱导法”是一种具有宏观方法和微观方法的共性特点，有助于开发大脑思维智能的好方法。

（四）移植发明法

通过对国内外许多成功的发明进行研究和分析归类，我们发现了这样的现象：许多物品原理相似，功能不同；结构相似，材料不同；方法相似，应用范畴不同；形状相似，用途不同。这就产生了移植发明法。移植发明法是指将某一个领域中的原理、方法、结构、材料、用途等移植到另一个领域中，从而创造发明出新的产品的方法。有一位发明家曾经这样说过：“移植发明是科学研究中最有效、最简单的方法，也是应用研究最多的方法之一，重要的科学研究成果，有时来自移植。”移植发明法可以通过原理、结构、方法、材料的移植实现最终的目的。

1. 方法的移植。方法的移植有较多种类，有工作方法的移植、学习方法的移植、加工工艺方法的移植、思维方法的移植、行为习惯的移植和训练方法的移植等。方法的移植主要从具体产品出发，研究它制作中的思维方法，了解其运行环境，再移植到需要发明的物品上。

方法移植的另一个思路就是从亟待解决的问题出发,研究同类已解决的问题,看它的思维方法能否借鉴和移植,从而受到启发来解决目前未解决的问题(见图3-2)。在创造性思维方法及其创造发明中,许多人的思路是好的,原理是可行的,结构设计是合理的,选用的材料也是适当的,但就是苦于无法制作。那么,如何将设想变成实物或模型,不妨去看看哪些方法可以拿来试用。利用方法的移植,你会很很快获得成功。

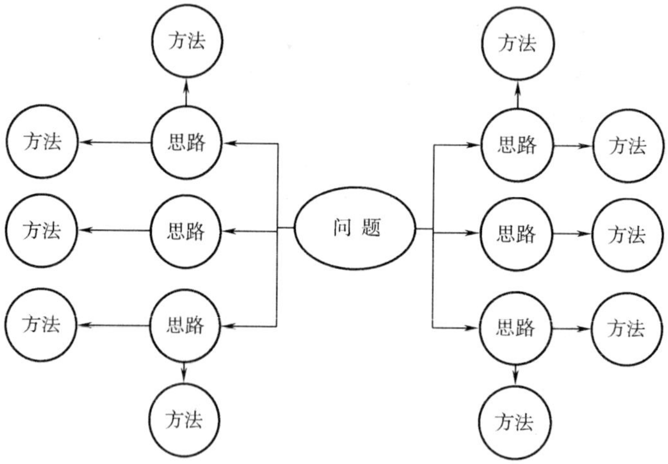

图3-2 方法的移植

2. 原理的移植。原理的移植是指研究分析已有的各种原理,并把它移植到别的产品上去。原理移植法既可以创造新产品,也可以增加原有物品的使用价值。

链接:

> 太阳能炊具酷似倒放着的雨伞。太阳能专家采用镀制条状铬发光层,制成了十分轻巧的平面。雨天,用它挡雨,同普通伞毫无两样;晴天在阳光下把伞倒放,伞柄指向太阳,这时,伞的聚焦点会产生500℃的高温。再配上一个能放置锅或壶的支架,便可以烧水、煮饭。

那么,怎样才能应用好原理移植的思维方法呢?首先要从问题出发,寻找科学原理,进行移植,解决实际问题。其次是从原理出发,根据新领域、新用途和新的技术要求,创造出与原型完全不同的新产品。

3. 材料的移植。材料的移植是指将一种物品上的材料移到另一物品中,从而产生新的产品。采用材料移植法,可以起到更新产品、改变性能、节约材料、降低成本的目的。随着材料科学的不断发展,新材料的不断出现,通过材料移植的思维方法进行创造发明的前景更加绚丽多彩。

链接：

过去用金属制造的物品造价高、材料紧缺，而现在改换成全塑料型的，大大降低了成本，用途并未因此而减少。渡河，过去是用竹排或木船，现在可以用橡皮艇，用时充气，不用时还可以折叠在旅行包中，大大方便了旅游、探险和军事行动。洗衣机的外壳过去用钢板制造，容易触电，而且易锈蚀，现在改用硬塑料外壳，提高了综合性能。过去一直用丝绸、棉纺织布制作衣服，现在从煤和石油中提炼出原料，用化学纤维制作衣服，更进一步发展到用特种纸张制作衣服。

4. 结构的移植。结构的移植是指人们利用大自然中植物和动物的良好结构，把它们移植于创造性活动中。总之，一是要广泛地研究各种物品的结构，开发它的应用领域，去进行创造性思维方法的探索和创造发明。二是从需要解决的问题出发，寻求应用合理的结构，实施结构移植，从而解决问题。

链接：

结构移植在生活中的应用随处可见。例如，人们将动物骨骼结构用于桥梁设计上，于是创造出平直桥、吊形桥、悬臂形桥等许多新颖桥梁。再如，“家用蚊帐”一直没有把开口的形式设计好，人们在使用中很容易使开口敞开而导致蚊子进入。现在把拉链移植到蚊帐开口上，就基本上解决了“容易使开口敞开”的问题。

本章小结

本章从创新创业的来源开始，深入探索创造性思维的内涵与概念，并系统地讨论了创造性思维的理论与具体特征，明确了创造性思维否定性与自变性的基本特征。创造性思维具体可以分为直觉思维、联想思维、幻想思维、灵感思维等。创造性思维是创新创业的基础与根本，人们可以通过激发潜意识法、强化记忆法、相似诱导法、移植发明法来有意识地培养自己的创造性思维。

复习思考题

1. 应如何理解创造性思维的概念，请举例说明。

2. 请写出三种你掌握的创新性思维方法。

案例分析题

以前医生诊断病人是否得了贲门癌，主要是借助听诊器听病人吞水的时候从食道下部的贲门处发出的声音，根据其是否正常判断食道有无癌变。不同的医生在使用这种诊断方法时往往由于听觉和分辨能力存在差异而做出不同的判断，严重的会造成误诊。为了提高诊断的准确性，山东医学院的两位医生向山东大学电子系求助，希望能研制出一种能将病人吞水的声音信号图形化的仪器。山东大学几位科研人员接受这一任务后，将实现的目标分解成录音、声电转换和热笔描图3个功能组块。录音有现成的磁记录技术可以采用，声电转换和热笔描图也有现成技术可以借鉴。他们通过想象，采用磁记录技术，利用快录慢放的方法，将1 000赫音频变为100赫，通过声电转换装置，将吞水声音信号变为电信号，再用心电图仪上的热笔描绘出音图。就这样，根据既定的目标，他们将磁记录、声电转换、热笔描记等已有技术加以重新组合装配，便发明了“吞水音图描记仪”。它不仅获得了国家的新型发明专利，还在第14届日内瓦国际发明博览会上一举捧回金奖。所以，爱因斯坦说：“找出已知装备的新组合的人，就是发明家。”

讨论题：

请说明科研人员使用了哪种创造性思维方法并进行分析。

第四章

创新创业的方法与过程

学习目标

通过对本章内容的学习,你应了解和掌握如下问题:

- 创新创业的基本方法
- 创新创业的过程

引 例

从20世纪50年代开始,日本松下电器公司生产的电熨斗几十年来畅销不衰,但是到了20世纪80年代出现了滞销的现象。为了改进电熨斗的生产,扩大它的销路,1984年4月的一天,被称为“熨斗博士”的年仅29岁的松下公司电熨斗事业部部长岩见宪一请来数十名不同年龄的家庭主妇,请她们对松下公司生产的电熨斗提意见。座谈会开始后好长一段时间都没人发言,后来一位中年妇女突然大声说了一句:“使用熨斗时电线拉来拉去太麻烦了,要是后面不拖一根电线就好了,那样熨起来会更方便。”这话立即引起了一阵哄笑。电熨斗嘛,就是要用电的熨斗。没了电线,这电从哪儿来? 会上的家庭主妇们,听了都觉得好笑。座谈会的主持人岩见宪一听了可没有笑,他的神经仿佛被重重地刺了一下,心中豁然开朗,他情不自禁地将桌子一拍,大声叫了起来:“妙! 好主意! 不要电线的电熨斗。”不久,松下公司成立了研制无线电熨斗的攻关小组。他们很快便想到可以采用蓄电的办法来取消电线。攻关小组将主妇熨烫衣服的全过程拍成了视频,反复地观察和分析她们是怎样使用电熨斗的。结果发现,她们并非一直都是拿着电熨斗在熨衣服,而是熨几下就停一停,整理一下衣服又再熨,电熨斗会多次被竖立在一边。据计算,熨烫一次,持续时间最长的为237秒,平均为15秒,停下来将电熨斗竖立起的时间约为8秒。取得了这样的数据后,攻关小组改变了原来的蓄电方法。新设计了一种蓄电槽,只要将电熨斗放在蓄电槽上,8秒可以把电充足,蓄电槽带有自动断电系统。就这样,电熨斗的重量便大大减轻了,不仅使用起来更方便,同时也更安全。就这样,一种新型无线电熨斗产生了。它成为日本很长一段时间的畅销产品。

第一节　创新创业基本方法

创新创业是以创新为基础的,所以创新创业方法也以创新方法为基础。创新创业方法可以界定为创新创业活动中具有规律性的、促使创新创业活动完成的方法和技巧。这类方法是人们在长期大量的实践中总结出来的,是科学思维、科学方法和科学工具的总称。创新创业方法不仅是解决发明创造问题强有力的理论工具,还是加快创新创业进程,缩短产品研发时间,减少创新成本的有效手段。创新创业方法要因地制宜、因人而异,以创新为核心。常见的创新的基本方法有尝试法、模仿创新法、创意列举法、类比创新法、头脑风暴法、组合创新法、逆向转换法等。

一、尝试法

尝试法是人类产生创新创业想法最原始的方法。尝试法是在生产实践中为满足某种需求或某种需要，通过不断地实践或实验实现创新创业目的的过程。这也是最为常见的创新创业方法。

链接：

我国历史上的名医李时珍，出生于医学世家，他的父亲和爷爷都是名医，李时珍从小就对医学耳濡目染。后来他在父亲的指导下阅读了大量医学书籍，加上他一直给人看病积累了不少临床经验。他发现，医药书籍中记载的很多药材能够医治疾病，但是也有很多药材记载资料不全，从而不能有效治疗病痛，甚至还会加重病情。他还发现，即使是同一种药物，在不同医书中的表述或者不同学医者中的说法也不一样，存在各种药物记载的缺陷和错误。这使李时珍开始对药物研究产生兴趣，并决定编修一本完整的本草书籍，供他人参考，减少用药错误。为了不再犯前人的错误，李时珍决定四处游历，进行实地考察。他不畏艰险，长途跋涉。他不惧生命之危，为试药性亲尝百草。最终，李时珍写出了《本草纲目》。

二、模仿法

模仿法是通过模仿而进行的创新创业方法，是人们通过模仿旧事物而创造出与旧事物相类似的新事物的创造方法。模仿法依据创造的程度分为 3 种：机械式模仿、启发式模仿、突破式模仿。

（1）机械式模仿。机械式模仿是指吸收和借用别人成功的经验或者运用已有的方式来创新。机械式模仿的前提是模仿对象与被模仿者之间具有相同的条件、相同的要求。在模仿之前，首先确定要创新的事物存在的问题，找到问题的成因，然后确定被模仿对象值得模仿的地方，进行优化选择。

（2）启发式模仿。永发式模仿是指在别的对象的启发下，运用别人的启发来创新。

（3）突破式模仿。突破式模仿是指吸收模仿事物长处并进一步形成特有创新的方式。突破式模仿虽然存在一定的模仿痕迹，但却是一种全新的创造，形成了独有的创新。

链接：

第二次世界大战期间，德军包围了列宁格勒，企图用轰炸机摧毁其军事目标和其他防御设施。苏联昆虫学家施万维奇根据当时人们对伪装缺乏认识的情况，利用蝴蝶的色彩在花丛中不易被发现的道理，提出在军事设施上覆盖蝴蝶花纹进行伪装。因此，尽管德军费尽心机，但列宁格勒的军事基地仍安然无恙，为赢得最后的胜利奠定了坚实的基础。根据同样的原理，人们生产出了迷彩服，大大减少了战斗中的伤亡。

三、创意列举法

创意列举法是在美国内布拉斯加大学教授克劳福特创造的属性列举法基础上形成的，是克服思维定式并运用发散性思维的一种创造技法。首先，列举法采用了系统分析的方法，重视需求的分析，使创造过程系统化、程序化。其次，列举法运用了分解和分析的方法，在详尽分析的基础上进行列举。再次，列举法简单实用，是一种较为直接的创造技法，特别适用于新产品开发、旧产品改造的创造性发明过程。最后，列举法不仅是创造性发明的主要技法，而且为创造性解决问题提供了方向和思路。创意列举法分为缺点列举法、属性列举法、希望列举法、成对列举法、综合列举法。

链接：

日本狮王牙刷公司的职员加藤信三，每天早晨一刷牙，牙龈就出血。他想了许多种解决牙龈出血的方法：牙刷改为较柔软的毛；使用前，先把牙刷泡在牙水里，让它变得柔软一些；多用一些牙膏；慢慢刷牙。这些方法都不管用。于是，加藤信三进一步动了脑筋：如果把毛的顶端磨成圆形，那么用起来一定不会再出血了吧。试验结果相当理想。加藤信三因为对牙刷不满意而提出了一个相当有价值的创意，于是，他就把新创意向公司提出来，公司欣然采用。改善后的狮王牌牙刷销售极佳，而且经久不衰。

四、类比法

所谓类比，就是由两个对象的某些相同或相似的性质，推断它们在其他性质上也有可能相同或相似的一种推理形式。类比创新法就是将要发明创造的对象与别的事物进行比较，通过比较，异中求同或者同中求异，找出两个事物的类似之处，从而加以吸收和利用。

链接：

> 在第一次世界大战中，德方为了扭转不利的战局，向英法军队集结的阵地上施放氯气，使5 000名联军官兵在战场中毒死亡。不久，英法两国派出科学家，到曾被德方用氯气熏袭过的地段进行考察。他们发现，阵地上的绝大部分野生动物都相继中毒死亡，唯独野猪安然无恙地活下来。科学家经实验研究发现，当野猪嗅到强烈的刺激气味时，会用强有力的长嘴巴拱地来躲避。当德军施放毒气突袭联军时，野猪把嘴鼻拱进泥土里，躲过了灾祸。经进一步分析，科学家们得出结论：野猪用嘴拱地，松软的土壤颗粒吸附、过滤了毒气，野猪幸免于难。科学家从中得到启示，设计制造出首批野猪嘴形状的防毒面具。

五、头脑风暴法

头脑风暴法又称智力激励法，是由美国创造学家奥斯本于1939年首次提出，是一种创造能力的集体训练法。它把一个组的全体成员都组织在一起，使每个成员都毫无顾忌地发表自己的看法，既不怕别人的讥讽，也不怕别人的批评和指责。头脑风暴法分为直接头脑风暴法和质疑头脑风暴法。

（1）直接头脑风暴法。直接头脑风暴法是指按照头脑风暴法的规则，通过一组专家会议，对所预测的问题进行创造性思维活动，从而得出满意方案的一种方法。

（2）质疑头脑风暴法。质疑头脑风暴法是指同时召开由两组专家参加的两个会议，分别在两个会场进行集体讨论，其中一个专家组会议按直接头脑风暴法提出设想，另一个专家组会议则是对第一个专家组会议的各种设想进行质疑，从而形成一个更科学、更可行的预测方案的一种方法。

六、组合法

组合法是以2个或3个事物为基础，按照一定的原理或目的，进行有效组合的创新活动的方法。组合创新法分为意义组合、功能组合、成分组合、构造组合、原理组合和材料组合。

（1）意义组合。意义组合的组合功能不变，但经过组合之后就具有了新的意义。例如，在一件普通的白衬衫上有了某位明星的签字，这件白衬衫就有了某种意义。

（2）功能组合。功能组合法又称“强行关系法”，是将使用范围相同但功能各异的两种或多种现有产品作为组合项，根据各组合项结构上的可共用性，按其不同的功能形成一种新的结构，从而创造多功能新技术、新产品的方法。例如，按摩椅就是按摩功能和椅子功能的结合体。

（3）成分组合。成分组合是指把两种成分不相同的物品组合在一起，产生一种新的产品。例如，西药就是用各种不同成分的药品组合在一起制成的。

（4）构造组合。构造组合是把两种东西组合在一起，使其有新的结构并带来新的实用功能。例如，房车就是房屋与汽车的组合，它不仅可以作为交通工具，还可以作为居住的场所。电脑桌也是一种构造组合的结果。

（5）原理组合。原理组合是指把两种原理相同的物品组合在一起，产生一种新产品。例如，日本松下公司总裁松下幸之助，早年曾把原来人们使用的电源单插头插座改为双头插座、三头插座，获得成功，取得了巨额的利润。

（6）材料组合。材料组合是指把不同材料组合在一起。这种组合方式不仅可以改善原物品的功能，还能带来新的经济效益。例如，现在电力工业使用的远距离电缆，其芯是用铁制造的，而外层则用铜制造，由两种材料组合制成的新电缆，不仅保持了原有材料的优质（铜的导电性能好，铁硬不下垂），还大大降低了输电成本。

七、逆向转换法

逆向转换法是人在创新过程中从与常规思路相反的方向寻找问题解决方法的一种思维原理，可以是方向、过程、功能、原因、结果、优缺点、破立矛盾的两个方面等诸方面的逆转。逆向转换法分别有原理逆向、功能逆向、过程逆向、因果逆向、结构或位置逆向和观念逆向。

（1）原理逆向。原理逆向是从事物原理的相反方向进行的思考。例如，电动机的基本原理是利用带电导体和磁场间的相互作用而把电能变为机械能，而发电机则利用导线切割磁力线感应出电势的电磁感应原理将电动机的机械能变为电能输出。

（2）功能逆向。功能逆向是指按事物或产品现有的功能进行相反的思考。功能逆向有两种：一种是功能对立；另一种是功能对应或互补。

（3）过程逆向。过程逆向是对事物的过程进行逆向思考。英国物理学家法拉第反向思考问题，设计了新的实验，把一块条形磁铁插入一只缠着导线的空心圆筒里，结果电流产生了。

（4）因果逆向。因果逆向是指原因与结果互相反转，即由果到因，就像数学运算中用倒推的方法来检查已知条件或运算过程是否准确一样。

（5）结构或位置逆向。结构或位置逆向是从已有事物的结构和位置出发所进行的反向思考，如结构位置的颠倒、置换等。

（6）观念逆向。一般情况下，观念不同、行为不同，收获就可能不同。例如，我国工业生产部门把大而全的观念转变到专门化生产，因此大大提高了生产效率和产品质量；产品从以产定销变为以销定产，这样就可以减少库存，提高资金利用率。

第二节　从创新到创业的过程

在 2014 年夏季的达沃斯论坛上，李克强发出“大众创业，万众创新”的号召，当时他提出,要在960万平方千米土地上掀起“大众创业”“草根创业”的新浪潮,形成“万众创新”“人人创新”的新势态。在这一背景下,创新是创业的前提,明确从创新过程到创业过程的创新创业全周期是必要的工作。

一、创新过程

创新过程是一个探索性很强、风险性很高的控制过程。在逻辑上创新过程分为6个阶段。

(1)产生创新构思。创新构思可能来自科学家或从事某项技术活动的工程师的推测或发现,也可能来自市场营销人员及用户对环境或市场需求机会的感受。

(2)评价创新构思,提出实现新构思的设计原型。根据技术、商业、组织等方面可能的条件对创新构思进行评价,综合已有的科学知识与技术经验扩充创新构思,提出实现创新构思的设计原型。

(3)开发实验模型。这是指在实验室中将设计原型转变为实验原型,以验证设计原型的可实现性。

(4)开发工业原型。按商业化规模要求进行工业原型开发,制定完整的技术规范,进行现场工艺试验和新产品试生产,并进行市场测试和营销研究。

(5)投入市场。投入市场是指创新技术的初步实际应用或创新产品的初次商业化生产。

(6)创新技术扩散。创新技术的广泛采用或创新产品的大规模生产,使创新产品有显著的商业效果或社会效果。

二、创业过程

在早期的创业研究中,创业过程通常与组织这一要素紧密联系。通过最初的机会识别、产品生产线建设、组织创建、市场交易以及顾客反馈等活动,创新形成了创业机会。创业是围绕机会的识别、开发、利用的一系列过程。创业者不是发明家,但必须是能够发现潜在利润、敢于冒风险并具备组织能力的企业家。创新之初,创新者可能不是创业者或者企业家,但创新的成果若需要进一步转化为生产力,发明者必须转变为创业者,或者由其他创业者将发明者的创新成果商业化。如果发明者不能将创新升格为创业,创新就成为发明,这是技术领域的研究活动,而不是我们所关注的创业活动。我们所说的创新联结了技术与经济,是将技术创新转化为生产力的过程。创业之后的创新是一个综合化的系统工程,需要企业中多个部门的参与、合作,此时的创新又多了一些技术研究和管理的因素。创新必须与管理相结合,从而产生持续的创新和转化。回顾历史,每次划时代的创新成果都催生一个或几个超级大企业,都为社会、企业和创业者个人带来巨额财富。例如:1876年电话的发明,成就了美国贝尔公司;汽车发明于1885年,继而福特、通用等一批汽车企业巨头崛起;1903年发明飞机,波音公司、空中客车公司几乎垄断了全球的飞机制造;1946年,第一台计算机被制造出来，万国商业机器公司（IBM）和英特尔成了 IT 界霸主；个人 PC 机诞生于 1981 年，微软、戴尔（DEll）公司成了后起之秀，比尔·盖茨连续多年被列入世界富豪榜首；因特网（Internet）在 1992 年出现，雅虎（Yahoo）公司创建了网上虚拟世界；1995 年后，电子商务投入具体实践，亚马逊网络书店应运而生。从以上例子可见，创业往往稍滞后于创新，但创业的先机却是稍纵即逝的。

在创业环境良好、创业资源具备的条件下，创新者向创业者转化，创新最终落实为创业的过程就是创新到创业的过程。这个过程往往包括一系列活动：设计创新构思到研究开发，再到技术管理与组织，然后到工程设计与制造，直至用户参与市场营销，等等。在创新过程中，这些活动相互联系、相互连接，有时又形成交叉或并行的操作。这些活动以不同的方式连接起来，就形成了创新到创业的过程。

作为一个创业者，要创建一个新的企业或者发展一个新的经营方向，通常将经历 4 个阶段。

（一）发现和评估市场机会

识别与评估市场机会是创业过程的起点，也是创业过程中一个具有关键意义的阶段。许多很好的商业机会并不是突然出现的，而是对于“一个有准备的头脑”的一种回报。一般来说，发现和评估市场机会需要了解与把握市场以及竞争者。

1. 对市场的了解与把握。企业要生存，要在市场中占据一定的地位，要保持一定的市场优势，就必须把握市场的消费形态、市场特征等。特别是在产品研究方面，应及时了解消费者和市场的反应，经常进行与产品有关的各种调查研究等来为产品技术与销售服务注入新的元素。对市场的了解与把握分 6 个层次：①市场定位；②市场结构；③市场规模；④市场渗透力；⑤市场占有率；⑥产品的成本结构。

链接：

23 岁的英国女孩丽贝卡创办了英国首家个性化报社——“你上报了”有限公司。在这张“私人报纸”上，刊登的不再是其他报纸上所登的那些肩负着社会道义的传统新闻，而是纯粹属于个人的消息。客户可以把名字等个人信息刊登在报纸上。目前，该公司每周印刷一万份报纸，月营业额达到 45 000 英镑。该报还能把个人的新闻故事、照片刊登在头版头条。除了有圣诞节、生日庆祝等普通主题，更多的是年轻人喜欢的搞怪内容。这种“帮普通人轻松实现明星梦想”的方式受到了越来越多的年轻人的青睐。

2. 对竞争者的了解与分析。企业要想发现市场机会，必须要知道谁是竞争对手。那些已经在市场上开展业务的竞争者是竞争对手，潜在的竞争对手，即在未来有可能与你竞争的人，也需要重视。对竞争对手的了解及应对策略分为 6 个层次：①找出谁是竞争对手；②描述竞争对手的状况；③分析竞争对手的状况；④掌握竞争对手的方向；⑤洞悉竞争对手的战略意图；⑥引导竞争对手的行动和战略。

（二）准备与撰写创业计划书

如何撰写创业计划书呢？要依创新创业目的而有所不同。依据不同的目的来写，计划书的重点也会有所不同。就像盖房子之前要画一个蓝图一样，需要明确第一步要做什么，第二步要做什么，或是同步要做些什么。大环境和创业的条件会变动，事业经营也不只两三年，计划书可以考虑项目目的与环境变动的影响。当环境变动时，就可以逐项修改，不断更新。创业计划书通常包括以下内容：

1. 想法。想法指的是在计划里面核心的想法与创新创业目的。这需要清楚地对外表达，让目标顾客、创新创业者等相关利益者清楚地了解项目的核心内容。

2. 顾客。清楚了创新创业想法以后，产品将满足谁的需要是需要界定的。谁是顾客？顾客的基本特征和购物习惯都是需要明确的，这不仅需要计划，也需要进行详细的调研。

3. 竞争者。竞争者一般是指那些与本企业提供的产品或服务相似，并且所服务的目标顾客也相似的其他企业。分析竞争者的目的是准确判断竞争对手的战略定位和发展方向，并在此基础上预测竞争对手未来的战略，准确评价竞争对手对本组织的战略行为的反应，估计竞争对手在实现可持续竞争优势方面的能力。对竞争对手进行分析是确定组织在行业中战略地位的重要方法。

4. 核心能力。核心能力是指创新创业的主要能力，即初创公司在竞争中处于优势地位的强项，是其他对手很难达到或者无法具备的一种能力。企业核心能力关乎各种技术和对应组织之间的协调和配合，可以给企业带来长期竞争优势和超额利润。

5. 资本。创新创业资本是指创新创业者进行创新创业时的资本投入。资本投入可能用于资本投入者能力提高的创新实验、就业培训、店铺租赁、店面装修、店面商品展示等。创新创业资本来源于两方面：一是自筹资金，包括自己的储蓄或者向亲属朋友借贷所得资金；二是社会筹资，即通过提供高价值的固定抵押物，向银行等金融机构贷款，或者通过熟人或网络向非正式金融机构借贷。后者比前者利率高，风险更大。

6. 经营计划。当事业发展得不错时，企业将来的计划是什么？企业制订经营计划，需要明确未来的发展方向，明确组织的经营方式和经营策略，可以根据市场需求和企业内外环境和条件变化并结合当前和长远的发展需要，合理地利用人力、物力和财力资源，组织筹划企业的全部经营活动，以达到预期的目标和提高经济效益。

创业计划书是说服自己，更是创新创业事业的重要文件。制订创业计划书，可以更好地将创新想法变成具体可操作的实践过程，也将使创业者深入地分析目标市场的各种影响因素，并能够得到基本客观的认识和评价。创业计划使创新创业者在创业之前，能够对整个创新创业过程进行有效的把握，对市场机会的变化有所预警，从而降低进入新领域所面临的各种风险，提高创新创业成功的可能性。

（三）确定并获取创业所需要的各种资源

创业的企业需要对创业资源区别对待，对于创业十分关键的资源要严格地控制使用，使其发挥最大价值。而且对于创业企业来说，掌握尽可能多的资源有益无害。创业是创造具有“更多价值”的新事物的过程。创业需要贡献必要的时间，付出极大的努力，也需要承担必然存在的风险。创业报酬体现在金钱、独立自主、个人满足等方面。

如何在适当的时机获得适当的所需资源，也是需要考虑的问题。创业者组织交易，总是期待以最低的成本和最少的控制来获取所需的资源。涉及成本方面的问题是创业初期需要着重考虑的。

（四）管理新创事业

从企业发展的生命周期来说，新创企业需要经过初创期、早期成长期、快速成长期和成熟期。在不同的阶段，企业的工作重心不同。新创事业管理是创新创业的阶段性终点，也是新的发展阶段的开端。

第三节　创新创业过程中的要素

一、创新创业的周期与发展阶段

创新创业管理是指白手起家，依靠自有资金或风险投资，使新事业开始赚钱并进入良性循环的管理方式。创新创业管理不同于传统管理，它主要研究企业管理层的创新创业行为，研究企业管理层如何连续注入创业精神和创新活力，增强企业的战略管理柔性和竞争优势。创新创业管理体现了企业在创业初期的管理特点和业务运作规律，它是企业处于孵化时期所进行的管理。

从企业发展的生命周期来说，新创企业需要经过初创期、早期成长期、快速成长期和成熟期。在不同的阶段，企业的工作重心有所不同。因此，创新创业者需要根据企业成长时期的不同采取不同的管理方式和方法，以有效地控制企业成长，保持企业健康的发展。例如，在初创时期和早期成长期，创业者的管理方式直接影响着创业企业的命运，在这一时期，集权的管理方式灵活而富有效率，而到快速成长期和成熟期，分权的管理方式才能使企业获得稳步的发展。

第一阶段，企业创建阶段。这涉及创业团队的管理、商业计划书、商业模式选择等要素。

第二阶段，企业成长阶段。新企业创建之后，如何在市场经济环境下存活，这里涉及营销、策略等方面的要素。

第三阶段，创建的新企业在市场生存下来以后，就转向一个靠组织制度化的措施促进其健康成长的阶段。这时,企业就面临制度化建设等相关问题。

二、创新商业模式

(一)商业模式的含义

在所有创新之中,商业模式的创新是企业最本源的创新,它是企业管理创新、技术创新的基础。离开商业模式的创新,其他创新将失去可持续发展的可能和盈利的基础。好的商业模式是企业生存的根本,但商业模式却不能保证企业永远盈利。随着时代的发展、市场的变化,商业模式的创新成为企业长远发展的必然选择。阿里巴巴集团开创了中国电子商务市场成功的商业模式,为中国电商企业的发展提供了借鉴,也为商业模式的创新开辟了一条道路。

从宏观角度来讲,如今经济全球化迅猛发展,各国、各地区之间的经济联系更加复杂与密切,在商业机会增多的同时,企业间的竞争更加激烈,例如,2008 年爆发的国际性金融危机给我国企业带来严重的影响,欧盟对我国光伏等产业的反倾销措施对我国企业的出口,甚至国家经济政策造成消极影响,因此,在这样的国际大背景下,我国企业想要拥有生存空间并能够持续盈利,就必须不断创新现有的商业模式。另外,互联网的高速发展支持了电子商务的流行与迅猛发展,在电子商务背景下,学术界与商业界产生了研究商业模式的浓厚兴趣。

从微观角度来讲,商业模式关系企业的生死存亡,企业要想在如今如此激烈的市场竞争中获得成功,商业模式的创新是企业发展的必然选择。现代管理学家彼得·德鲁克曾说过:"当今企业之间的竞争,不是产品之间的竞争,而是商业模式之间的竞争。"另外,在技术、服务、制度等创新之中,商业模式的创新是企业最本源的创新,它是企业管理创新、技术创新等的基础。

(二)商业模式创新研究的目的

商业模式已经成为挂在创新创业者、风险投资者、企业家、学者嘴边的一个名词,几乎每一个人都确信,有了好的商业模式,成功就有了一半的保证。寻找商业模式的过程就是创新的过程,如何降低创新的不确定因素,走正确的商业模式创新路径,是每个企业切实关心的问题,也是关系企业能否可持续发展的核心问题,例如:如果某企业开发了一项新的具有市场潜力的技术,但是由于自身企业没有好的商业模式来保证此项技术在本公司的应用,那么此项技术的经济价值就不会在这个公司中实现。对于中小企业来说更是如此。中小企业资金少,客户资源少,在行业中并没有话语权,如果没有好的商业模式作为支撑的话,自己的技术、资源会渐渐被行业中的大企业所吞并,不会长久发展下去。从这个角度讲,商业模式的创新关系到了企业特别是中小企业的命脉。

另外,企业创新商业模式会促进企业从传统向现代化转型,特别是在电子商务的背景下,企业将传统的实物交易变为现代的网上虚拟交易,这是一种创新的商业模式,同时电子商务的发展也带动了快递等物流行业的发展,这种商业模式的创新同样会促进物流的现代化发展。

因此,企业应重视商业模式的创新,从实践上探索创新商业模式的方法与途径,找到商业模式创新的突破口。特别是在当前的经济形势下,对商业模式创新的研究将具有更大的现实价值。另外,商业模式的创新在保证企业长远发展、健康成长的同时促进了我国经济的转型和现代化发展。一旦企业带动行业变革,整个国家的经济系统就必然会改进,必然会发展。

(三)商业模式的组成

1. 定位。一个企业要想在市场中赢得胜利,首先必须明确自身的定位。定位就是企业应该做什么,它决定了企业应该提供什么特征的产品和服务来实现客户的价值。定位是企业战略选择的结果,也是商业模式体系中其他有机部分的起点。

商业模式中的定位更多地可以用来帮助理解企业的状态,这个状态包括提供什么样的产品和服务,进入什么样的市场,深入行业价值链的哪些环节,选择哪些经营活动,与哪些合作伙伴建立合作关系,怎么分配利益等。在商业模式的定位中,选择不做什么与选择做什么同样重要,同时,这也关系到企业如何构建业务系统、确定盈利模式、分布资源能力、设计现金流结构等商业模式体系中的其他部分。

2. 业务系统。业务系统是指企业达成定位所需要的业务环节、各合作伙伴扮演的角色以及利益相关者合作与交易的方式和内容。我们可以从行业价值链和企业内部价值链以及合作伙伴的角色层面来理解业务系统的构造。

业务系统是商业模式的核心。高效运营的业务系统不仅仅是企业赢得竞争优势的必要条件,同时也有可能成为企业竞争优势本身。一个高效的业务系统需要根据企业的定位识别相关的活动并将其加以整合,然后再根据企业的资源能力分配利益相关者的角色,确定与企业相关的价值链活动的关系和结构。围绕企业定位所建立起来的这样一个内外部各方利益相关者相互合作的业务系统将形成一个价值网络,该价值网络明确了客户、供应商和其他合作伙伴在影响企业通过商业模式而获得价值的过程中所扮演的角色。

3. 关键资源能力。业务系统决定了企业所要进行的活动,而要完成这些活动,企业需要掌握和使用一整套复杂的有形和无形资产、技术和能力,我们称之为“关键资源和能力”。关键资源和能力是让业务系统运转所需要的重要资源和能力。任何一种商业模式构建的重点工作之一就是明确企业商业模式有效运作所需的资源和能力,如何才能获取和建立这些资源和能力,详见图 4-1。任何一种商业模式构建的重点工作之一就是了解企业所需要的重要资源和能力有哪些,它们是如何分布的以及如何才能获取这些资源和能力。不是所有的资源和能力都是同等珍贵,也不是每一种资源和能力都是企业所需要的,只有和定位、业务系统、盈利模式、现金流结构相契合,能互相强化的资源能力才是企业真正需要的。

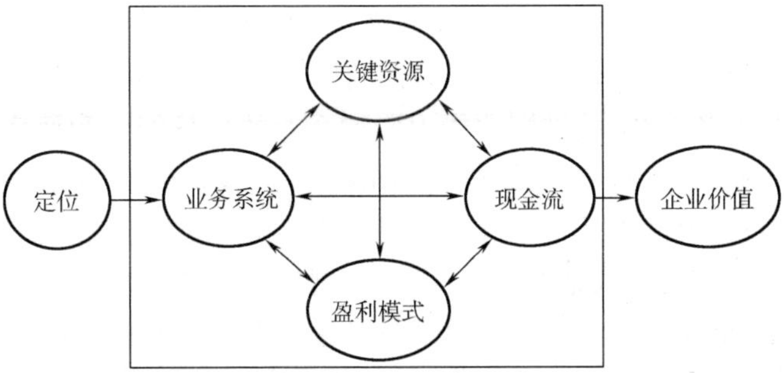

图 4－1　业务系统

4. 盈利模式。盈利模式是指企业如何获得收入、分配成本、赚取利润。盈利模式是在给定业务系统中各价值链所有权和价值链结构已确定的前提下，企业利益相关者之间利益分配格局中企业利益的表现。良好的盈利模式不仅能够为企业带来利益，更能为企业编制一张稳定共赢的价值网。各种客户怎样支付、支付多少，所创造的价值应当在企业、客户、供应商、合作伙伴之间如何分配，是企业收入结构所要回答的问题。

一个企业可以使用多种收益和成本分配机制。例如，同样是新闻媒体，电视台与报纸对于客户的收费方式就不完全一样。电视台的收入主要是向广告客户收取的广告费、赞助费等，而报纸则除了向广告客户收费外，还可以从读者客户中收取报纸费用。一个好的盈利模式往往可以产生多种收入来源。在传统的盈利模式中，往往是企业提供什么样的产品和服务，就针对这种产品和服务向客户收费，现代企业的盈利模式则变化极大，经常出现企业提供产品和服务不收费并且永远不收费的情况，吸引来的顾客产生的价值由其他利益相关者支付。

成本结构是和企业提供的产品和服务、业务系统及其资源能力分布紧密相关的。传统盈利模式的成本结构往往和收入结构一一对应，而现代盈利模式中的成本结构和收入结构则不一定完全对应。例如，同样是制造、销售手机，那些通过专卖店、零售终端销售手机的企业，其销售成本结构主要是销售部门的办公与管理费用、销售人员的工资、奖金等，而通过与运营商提供的服务捆绑，直接给用户送手机的制造商的销售成本结构则完全不一样。

5. 自由现金流结构。自由现金流结构是企业经营过程中产生的现金收入扣除现金投资后的状况，其贴现值反映了采用该商业模式的企业的投资价值。不同的现金流结构反映企业在定位、业务系统、关键资源能力以及盈利模式等方面的差异，体现企业商业模式的不同特征，并影响企业成长速度的快慢，决定企业投资价值的高低、企业投资价值递增速度以及受资本市场青睐程度。

6. 企业价值。企业价值，即企业的投资价值，是企业预期未来可以产生的自由现金流的贴现值。如果说定位是商业模式的起点，那么企业的投资价值就是商业模式的归宿，是评判商业模式优劣的标准。企业的投资价值由其成长空间、成长能力、成长效率和成长速度决定。好的商业模式可以做到事半功倍，即投入产出效率高、效果好，包括投资少、运营成本低、收入的持续成长能力强。企业的定位影响企业的成长空间，业务系统、关键资源能力影响企业的成长能力和效率，加上盈利模式，就会影响企业的自由现金流结构，即影响企业的投资规模、运营成本等指标，进而影响企业的投资价值以及企业价值实现的效率和速度。投资价值实现的效率可以用企业价值/资产规模或企业价值/净资产规模来评价；投资价值实现的速度可以用企业价值递增速度和达到更大规模层次所花费的时间来评价。

商业模式的这6个要素是互相作用、互相决定的。相同的企业定位可以通过不一样的业务系统实现；同样的业务系统也可以有不同的关键资源和能力、不同的盈利模式和不一样的现金流结构。例如：业务系统相同的家电企业，有些企业可能擅长制造，有些可能擅长研发，有些则可能更擅长渠道建设；同样是门户网站，有些是收费的，而有些则不直接收费；等等。商业模式的构成要素中只要有一个要素不同，就意味着商业模式不同。一个能对企业各个利益相关者有贡献的商业模式是在企业家反复推敲、实验、调整和实践中产生的。

（四）创新创业模式的影响要素

创新创业模式选择是创新创业过程中重要的一环。创新创业包括产品技术创新和商业模式创新，并表现出4大重要特征。

一是创新创业强调不断创新，要求善于把握和利用机会。创新创业与传统创业最根本的差异就在于创新，正因为创新，为市场提供的产品或服务的附加价值更高，具有更大的市场成长性。但是，创新是永无止境的，新的技术、新的管理模式、新的商业模式的优势会不断诞生、不断升级换代。所以，通过创新创业实现事业的不断壮大，必须不断跨越已有的范式，转换思维模式，要善于把握和利用各个维度的变迁机会。

二是创新创业不仅要注重技术创新，更要关注非技术创新的商业模式变迁。新的历史时期，新的业态不断诞生，这些新的业态的诞生不仅仅缘于技术的进步，人类社会文明的进步和财富的积累创造的新的需求起到更为关键的助推作用。新的需求可能是对已有技术、产品和服务的组合需求。创新创业成功要求创业者具有全新的思维模式和资源整合能力，只有符合要求的创业者才能实现开辟全新“蓝海”的梦想。

三是“各司其职”的团队管理。新企业在初创时，尽管建立了正式的部门机构，但很少有按正式组织方式运作的，典型的情况是，虽然有名义上的分工，但运作起来是哪急、哪紧、哪需要，就往哪里去。这种状态看似“混乱”，实际上是高度“有序”的。

四是创新创业项目选择是创新创业成功的基础。成功的创新型企业，所选择的创新创业项目千差万别。决定项目选择成败的通常不是项目的行业属性，也不是产品的技术工艺成熟程度。归纳总结调研中成功的创新创业企业，在项目选择方面有几个主要共同点：①项目所属行业最好是竞争还不是很充分的行业，这些行业有很大的成长空间，会给创业者提供更多的腾挪空间。②项目切忌大而空，一定要落脚在一个点位或局部的创新上面。从调研数据来看，有八九成的创业者选择将有限的经验和资源用于一个点位上的突破，这样往往较易成功。如果一开始就把项目定位过高，战线拉得过长，往往会分散兵力，难以取得实质性进展。③超过80% 的创新创业者是从现有产业中取得改进性技术或在工艺创新时形成创业目标的。真正全新的发明或创造基础上的创业，不但数量很少，且鲜有成功的。④即使没有实质性的发明或突破，发现原有行业生产经营或商业模式中的明显弱点，进而发现完善和弥补弱点的方式方法，也是创业项目选择的一个很重要的方法，调研中，这个比例也占到了一半。

本章小结

创新是以新思维、新发明和新描述为特征的一种概念化过程。创业的本质在于把握机会，创造性的资源整合、创新和快速行动。创业的本质是创新，创新是创业的灵魂，两者之间存在密切的内在联系。本章对创新和创业的内涵分别做了详细的介绍。创新的方法有很多种，不同的方法适应不同的场景，要因地制宜地根据自身情况来分析。只有进行有效的创新，把创新运用到创业中，对创业管理运用有效、合适的方法，才能实现成功创业。

复习思考题

1. 常见的创新创业的基本方法有哪些？
2. 从创新到创业的过程中，需要掌握哪些关键要素？
3. 请介绍一下商业模式的组成部分。

案例分析题

美特斯邦威和谭木匠是我国近年来选择了独特商业模式而获得快速发展的创业企业。

美特斯邦威逐步发展，成为国内颇具影响和特色的休闲服饰企业，年销售额达30 亿元。谭木匠集团则由董事长谭传华创办，创业之初主要生产民间传统的木制梳子，创立品牌“谭木匠”。

美特斯邦威抓住服装企业经营中的关键环节，精心营造品牌，先后重金聘请郭富城、周杰伦作为企业品牌形象代言人；同时，聘请具有国际水准的顶级设计师根据市场状况，设计各种款式，以休闲服饰迎合市场需求，并在这一过程中提升了设计水平。企业还与广东、江苏、浙江等地的100多家服装加工企业建立长期合作关系，这些为美特斯邦威定牌生产提供了强大产能。

谭木匠用一把木梳打天下。1997年，企业发展遇到资金瓶颈。谭木匠面对困难，在《重庆商报》上刊登“企业招聘银行”的广告。企业通过全力打造“谭木匠”品牌，塑造了高品质的具有中国传统文化内涵的木梳产品形象，成为该行业的“隐形冠军”。

国外理论界在20世纪末提出的虚拟经营的企业发展理论，被美特斯邦威和谭木匠很好地运用于企业实践。通过虚拟经营，企业整合和充分利用了外部资源，从而把有限的资金用在企业发展的关键环节，有效培育和打造了企业的核心竞争力。

讨论题：

(1)谈谈你从本案例中受到的启发。

(2)结合案例，说说创新创业成功的过程。

第五章

创新创业机会的识别

学习目标

通过对本章内容的学习,你应了解和掌握如下问题:

- 什么是市场
- 如何划分市场
- 创业机会的识别与市场的关系
- 如何识别创业机会

引 例

2007年被评为全美30岁以下最佳女性创业者的是凯瑟琳·科里甘。

凯瑟琳·科里甘个子较高,从小就穿男款运动鞋。她父亲曾带她跑遍方圆30千米的超市,却无法给她买到合适的舞鞋。

当她选择读MBA后却发现,她能穿的都是平淡无奇的鞋子。MBA课程有拟订一份商业计划书的任务,她就在她的商业计划书中写道:她要创建一家时尚女鞋公司并专门设计、销售大码女鞋。

她在鞋类协会查找资料,发现压根没人生产超大女鞋。毕业后,她把几份商业计划书带到银行,科里甘的准备以及她对鞋类市场的了解让她最终得到了3.5万美元的创业资金。目前欧美国家随处都可以看到她的产品。

第一节　创新创业机会的识别概述

有了具体的创业想法与创业产品后,市场机会的识别尤为重要。最初,市场是古时人类在固定时段或地点进行交易的场所,即买卖双方进行交易的场所。所有产权发生转移和交换的关系都可以称为市场。市场是由供给方、需求方、交易设施等硬件要素和交易的结算、评估、信息服务等软件要素构成的商务活动平台。市场机会指的是市场上存在的尚未满足或尚未完全满足的需求,它存在于社会生活的各个方面,是多种多样的。但对某一个企业来说,众多的市场机会中仅有很少一部分具有实际意义,所以市场机会的识别尤为重要。

一、创新创业机会识别内涵的提出

创新创业机会识别是创新创业领域的关键问题之一。从创新的角度来讲,创新创业机会识别是创新的导向;从创业过程的角度来说,它是创业的起点。创业过程就是围绕着创业机会进行识别、开发、利用的过程。识别创新创业机会是创业者应当具备的重要技能。

创新创业机会以不同的形式出现。虽然创新创业机会的研究多集中在产品的市场机会,但是在生产要素市场上也同样存在机会,如新材料的发现与应用等。商业机会并不是突然出现,而是对于"一个有准备的头脑"的"回报"。在机会识别阶段,创新创业者需要弄清楚机会在哪里与怎样寻找市场机会。对创新创业者来说,在现有的市场中发现创业机会是很自然和较经济的选择。一方面,它与我们的生活息息相关,能真实地感受到市场机会的存在;另一方面,由于总有尚未全部满足的需求,在现有市场中创业,能减少创新创业机会的搜寻成本,降低创业风险,有利于创业成功。

现有的创新创业机会存在于:不完全竞争下的市场缝隙、规模经济下的市场空间、企业集群下的市场空缺等。

(1)不完全竞争下的市场缝隙。不完全竞争理论或不完全市场理论认为,企业之间或者产业内部的不完全竞争状态,导致市场存在各种现实需求,大企业不可能完全满足市场需求,必然使中小企业具有市场生存空间。因此,中小企业可以与大企业互补,满足市场上不同的需求。市场对产品差异化的需求是大中小企业并存的理由,细分市场以及系列化生产使得小企业的存在更有价值。

(2)规模经济下的市场空间。规模经济理论认为,任何行业都存在企业的最佳规模或者最适度规模的问题,超越这个规模,必然带来效率低下和管理成本的提升。产业不同,企业所需要的最经济、最优成本的规模也不同,企业从事的行业决定了企业的最佳规模,大中小企业必须适应这一规律,发展适合自身的产业。

(3)企业集群下的市场空缺。企业集群主要是指地方企业集群,是一组在地理上靠近的相互联系的公司,同处在一个特定的产业领域的企业,由于具有共性和互补性而联系在一起。集群内中小企业彼此间发展高效的竞争与合作关系,形成高度灵活的专业化的生产协作网络,具有极强的内生发展动力,依靠不竭的创新能力保持地方产业的竞争优势。

可见,创新创业机会的识别与了解市场是无法分割开来的。

二、创新创业机会的识别与细分

面对具有相同期望值的创新创业机会,并非所有潜在创新创业者都能把握。成功的创新创业机会识别是创新创业愿望、创新创业能力和创新创业环境等多因素综合作用的结果。

首先,创新创业愿望是机会识别的前提。创新创业愿望是创新创业的原动力,它推动创新创业者去发现和识别市场机会。没有创新创业意愿,再好的创新创业机会也不会被有效识别。

其次,创新创业能力是机会识别的基础。识别创新创业机会很大程度上取决于创新创业者个人(团队)的能力,这一点在《当代中国社会流动报告》中得到了部分佐证。该报告通过对1993年以后私营企业主阶层变迁的分析,发现私营企业主的社会来源越来越以各领域精英为主,经济精英的转化尤为明显,而普通百姓转化为私营企业主的机会越来越少。国内外研究和调查显示,与创新创业机会识别相关的能力主要有远见与洞察能力、信息获取能力、技术发展趋势预测能力、模仿与创新能力、建立各种关系的能力等。

最后,创新创业环境的支持是机会识别的关键。创新创业环境是创新创业过程中多种因素的组合,包括政府政策、社会经济条件、创新创业管理技能、创新创业资金和非资金支持等方面。一般来说,如果社会对创新创业失败比较宽容,那么,创新创业氛围就会很浓厚;如果国家对个人财富创造比较推崇,那么,企业将获得各种渠道的金融支持并拥有完善的创新创业服务体系;如果产业有公平、公正的竞争环境,那么,就会鼓励更多的人创新创业。

下面将分别针对市场缝隙、新兴市场和细分企业对创新创业机会的识别进行分析。

(一)市场缝隙

市场缝隙是指向那些被市场中的统治者(有绝对优势的企业)忽略的某些细分市场。缝隙市场是指意识到自己有未满足需要的存在而又没有发现能充分满足自己这种需要品牌的消费群落。缝隙市场是领导者品牌创建的基础,开发缝隙市场是领导者品牌创建的首要任务。市场缝隙理论是由日本经济学家长岛总一郎在20世纪90年代通过对几百家企业的管理诊断率先提出来的。该理论认为,在现代市场中总会存在盲点。中小企业生产经营活动要围绕着"寻找市场缝隙"展开,并以新产品的开发作为实施市场缝隙战略的核心。

从本质上讲,市场缝隙战略是一种企业开拓市场的个性化战略,是一种能够充分反映小企业特性的企业经营与发展战略。凡是能够在竞争激烈的市场经济中生存与发展的小企业,除了靠政府扶持之外,一定都具有与其他中小企业不同的地方,即只有创造商品的差异性,才能产生核心竞争能力,从而带来市场的繁荣。能成就领导者品牌的细分市场必然是市场缝隙,即缺乏市场缝隙,无法创建领导品牌。心理学家认为,主观知觉与客观事实常常相佐,消费者会抵制接受那些与已有知识或经验不符的信念。领导者品牌是细分市场消费者群体对品牌的一种主观质量认同,并非品牌客观质量的忠实反映。在细分市场上,消费者已认同某个品牌是最好品牌后,这种观念会导致他们本能地抵触后来接收到的相反信息,即后来品牌即使质量更好,也难以说服消费者改变认识。由此可见,成为领导品牌的最好办法就是率先找到市场缝隙,成为缝隙市场上的领导品牌。

市场缝隙理论客观上为我国中小企业进行全球营销提供了帮助。例如,温州打火机能够占据全球90%以上的市场份额,浙江中小企业能够在巴西里约热内卢繁华的圣保罗商业区设立占地4 000平方米的中华小商品城就属于这种情况。

(二)新兴市场

新兴市场是指人均年收入处于中下等水平、资本市场不发达、股票市场价值只占国内生产总值(GDP)很小部分、工业化程度不高的国家或地区。新兴市场是一个相对概念,泛指相对于成熟或发达市场而言目前正处于发展中的国家、地区或某一经济体,如被称为"金砖五国"的中国、印度、俄罗斯、巴西和南非以及后来兴起的"薄荷四国"——印度尼西亚、尼日利亚、土耳其和墨西哥等。

新兴市场具有6大特征:一是高成长与高回报。新兴市场公司常常比西方同类市场增长要快,新兴市场的股票定价效率低,为高回报提供了可能。定价效率低是由监管阻碍(如禁止保险公司入市)、缺乏严格受训的证券分析师和投机者占多数等原因造成的。二是分散化投资带来的好处。新兴市场的出现拓宽了可选择投资品种的范围,这使得投资组合进行全球性分散化经营成为可能。三是反经济周期的特性。由于新兴市场国家所实行的财政政策和货币政策与西方发达国家迥然不同,新兴市场国家的经济和公司盈利循环周期与西方国家的股票指数相关度很低,有的甚至是负相关,因此,在欧美国家出现不利的经济循环时,对新兴市场的投资可以有效对冲掉上述不利影响。四是市场规模普遍偏小。例如,整个菲律宾股票市场的市值还没有美国杜邦公司的市值大。五是投机者和追涨杀跌的投资者占多数,这种投资者结构产生的一个直接后果就是西方经典的股票估值技术在新兴市场国家常常不适用,股票的定价通常取决于投资者的情绪。六是新兴市场的投资者普遍不成熟。例如,在巴西,投资者把好的公司和好的股票混为一谈,不考虑价格因素;而在我国,有许多投资者认为越便宜的股票越有价值:这些都是不成熟的表现。

(三)细分市场

市场细分是指营销者通过市场调研,依据消费者的需要和欲望、购买行为和购买习惯等方面的差异,把某一产品的市场整体划分为若干消费者群的市场分类过程。每一个消费者群就是一个细分市场,每一个细分市场都是具有类似需求倾向的消费者构成的群体。细分消费者市场的基础包括:①地理细分,如国家、地区、城市、农村、气候、地形;②人口细分,如年龄、性别、职业、收入、教育、家庭人口、家庭类型、家庭生命周期、国籍、民族、宗教、社会阶层;③心理细分,如社会阶层、生活方式、个性;④行为细分,如时机、追求利益、使用者地位、产品使用率、忠诚程度、购买准备阶段、态度。

如何进行市场细分?在进行市场细分之前,需要先把市场进行区隔。共性需求产品一般从年龄上直接区隔就可以了,但是市场上的产品不仅是共性需求产品,还有满足其他方面需求的产品,有满足爱好的、满足娱乐的,还有满足欲望的。不同的产品针对的人群不一样,只要把产品对应的人群分开,就会形成一个个区隔的人群范围。区隔市场与市场细分不同,区隔是区隔出一个大的市场人群,也叫"市场区隔"。一个大产品类别对应的市场的一类人群就叫区隔市场。在区隔市场中,还可以把已经区隔的人群进行细分,此即细分市场。在产品的共性利益基础上加上个性利益,然后将关注点放在某一年龄段不同个性特点的人所要求的个性利益点上,就是细分。例如,将产品的特点对应于25~35岁的人群中每一种个性化的利益需求人群,就叫"细分"。随着市场的成熟,市场的划分会越来越细。随着市场竞争的加剧,在大的细分市场下还出现了更细的细分市场。例如,服装可以从职业上划分,可以从生活方式上划分,还可以从早上、中午、晚上等时段来划分。另外,还可以依靠调研考量市场的成熟程度进行细分。一个需求满足之后,人们会追求更高层次的需求，消费者的认识是逐步发展的，企业要根据市场的调研结果来考虑产品的市场处于什么阶段，只有到了相对成熟的状态下，才可以用产品去细分。用产品细分的目的也是对应市场的需求，所以说，市场细分是在市场成熟的条件下产生的。

三、机会发现的成功要素

许多企业遭受失败不是因为创建者没有努力工作，而是因为没有真正的机会去开始。创意与机会并不等同，创意是一种思想、概念或想法，创意可能不会符合机会的标准。而机会窗口是一种隐喻，描述企业实际进入市场的时间期限。创新创业者利用机会时，机会窗口必须是敞开的，一旦新产品市场建立起来，机会窗口就打开了。而机会窗口关闭后，新建企业想要成功，就会十分困难，除非专注细分市场，随着市场成长，企业进入市场并设法占据有利可图的地位。另外，某个节点市场成熟后机会窗口也会关闭。因此，创新创业者在因商业创意而激动兴奋时，要了解创意是否填补了某种需要，是否符合机会的标准，这是至关重要的。机会的识别首先要观察趋势，看创意是否填补了某种需求。其次要进行分析，看创意是否符合机会的标准。如果全部都满足，说明已经发现了市场的缝隙。

创新创业的根本目的是满足顾客需求，而顾客需求在没有得到满足前就是问题。寻找创新创业机会的一个重要途径是善于发现和体会自己与他人在需求方面的问题或生活中的难处。创新创业的机会大都产生于不断变化的市场环境中，环境变化了，市场需求、市场结构必然发生变化。彼得·德鲁克将创新创业者定义为那些能“寻找变化，并积极反应，把它当作机会充分利用起来的人”。这种变化主要来自产业结构的变动、消费结构升级、城市化加速、人口思想观念的变化、政府政策的变化、人口结构的变化、居民收入水平的提高、全球化趋势等诸多方面。

链接：

大家都知道牛仔裤的发明人是美国人李维斯。当初他跟着一大批人去西部淘金，途中一条大河拦住了去路，许多人感到愤怒，但李维斯却说：“棒极了！”他设法租了一条船给想过河的人摆渡，结果赚了不少钱。不久，摆渡的生意被人抢走了，李维斯又说：“棒极了！”因为采矿工人出汗很多，饮用水很紧张，于是别人采矿他卖水，又赚了不少钱。后来卖水的生意又被抢走了，李维斯又说：“棒极了！”因为采矿时工人跪在地上，裤子的膝盖部分特别容易磨破，而矿区却有许多被人丢弃的帆布帐篷，李维斯就把这些旧帐篷收集起来洗干净，做成裤子，销量很好，“牛仔裤”就是这样诞生的。李维斯将问题当作机会，最终实现了致富梦想。他的成功得益于他乐观、开朗的积极心态。创业者要善于发现身边的创业机会。

（一）把握创业机会的特征

创新创业者要善于发现身边的创新创业机会。例如，居民收入水平提高，私人轿车的拥有量将不断增加，这就会派生出汽车销售、修理、配件、清洁、装潢、二手车交易、陪驾等诸多创新创业机会。

创造发明提供了新产品、新服务，更好地满足了顾客需求，同时也带来了创新创业机会。例如，随着电脑的诞生，电脑维修、软件开发、电脑操作培训、图文制作、信息服务、网上开店等创新创业机会随之而来，即使你不发明新的东西，你也能成为销售和推广新产品的人，从而获得商机。

有的创新创业者认为自己有很好的想法和点子，对创新创业充满信心。有想法和点子固然重要，但并不是每个大胆的想法和新异的点子都能转化为创新创业机会的。许多创新创业者因为仅仅凭想法去创新创业而失败了。那么，如何识别一个好的商业机会呢？《21 世纪创业》的作者杰夫里·A. 第莫斯教授提出：好的商业机会有 4 个特征：①它很能吸引顾客；②它在你的商业环境中能行得通；③它必须在机会窗口存在的期间被实施；④必须有资源（人、财、物、信息、时间）和技能才能创立业务。

（二）培养发现创新创业机会的能力

发现创新创业机会不是一件容易的事情，但也不是高不可攀的。创新创业者可以在日常生活中有意识地加强实践，培养和提高这种能力。

1. 要有良好的市场调研习惯。发现创新创业机会最根本的一点是深入市场进行调研，创新创业者要善于发现身边的创新创业机会，投资创新创业。要了解市场供求状况及其变化趋势，了解顾客的需求是否得到了满足，了解竞争对手的长处与不足。

2. 要多看、多听、多想。我们常说："见多识广，识多路广。"我们每个人的知识、经验、思维以及对市场的了解不可能面面俱到。多看、多听、多想能使我们广泛获取信息，及时从别人的知识、经验、想法中汲取有益的东西，从而提高发现机会的可能性和概率。

3. 要有独特的思维。机会往往是被少数人抓住的。我们要克服从众心理和传统习惯思维的束缚，敢于相信自己，有独立见解，不人云亦云，不为别人的评头论足、闲言碎语所左右。只有这样，才能发现和抓住被别人忽视或遗忘的机会。

第二节 市场规模

一、市场规模的内涵

市场规模，即市场容量。市场规模主要是指目标产品或行业的整体规模，可能包括目标产品或行业在指定时间内的产量、产值等，具体根据人口数量、人们的需求、年龄分布、地区的贫富度调查所得。市场规模大小与竞争性可能直接决定对新产品设计开发的投资规模。需求的市场预测直接决定企业是不是要对该产品进行创新实验和投资，而确定市场规模是需求测量的目标。市场需求是市场规模的推动力，两者相辅相成，通过用户确定的标量来反映市场的需求，从而确定市场规模。但是市场需求不是一个固定的数字，而是一组条件下的函数，因此也被称为“市场需求函数”。市场最低量和市场潜量之间的差距表示全部的营销需求敏感性。我们测量当前总市场潜量的方法是用估算的潜在用户数量乘以上一个购买者的平均购买数量，再乘以每一平均单位的价格。这个价格一般通过用户使用该产品获得收益并愿意支付产品的最大合理平均价格来决定，很多时候是通过用户研究来确定这个标量的。

市场规模的主要研究方法较多，常用几种方法如下：

(1)从供应端那里得到信息和数据，并以此进行市场推估。这个方法比较适用于下游应用领域众多、消费不集中的情况。

(2)从消费端进行分层抽样，再进行数据汇总。适用于下游市场比较单一、应用领域相对集中的市场。

(3)同时采集供应端和消费端数据，并进行数据交叉验证。适用于产品或行业相对垄断，供应和消费行业都较为集中的产品或行业。

二、市场规模的度量与预测

推断企业的产品所进入市场的整体规模，对生产计划、资金计划、雇用计划等计划的制订来说是必要的。

一般来说，对产品或服务市场规模的估计可以从以下角度进行考虑分析：

(1)出货量。公司产品的出货量可以从公司的内部资料取得，但是竞争对手的出货量必须根据同业情报等资料进行推测。

(2)销售量。零售商的销售量可由零售商固定样本调查推测得知。根据零售商固定样本调查，除了可推知整体市场、公司本身以及竞争对手的产品销售量以外，也可以推测出市场占有率、商店及经销商的数量或比率等信息。

(3)购买量。用户的购买量可由用户固定样本调查得知。跟零售商固定样本调查一样，也可以推测出自己公司及竞争对手公司产品的购买量以及市场占有率。此外，从用户固定样本调查也可以得知家庭购买率、使用者等重要指标。

(4)潜在的市场规模。这是指目前以及未来某段时间内特定商品可能的销售量是多少。衡量潜在市场规模的方法有：①最大值，即产业整体的最大可能销售量；②最小值，即有可能购买的潜在顾客。

三、市场规模的预测方法

(一)专家座谈会法

专家座谈会法又称“德尔菲法”,是20世纪60年代初美国兰德公司的专家为避免集体讨论存在的屈从于权威或盲目服从多数的缺陷而提出的一种定性预测方法。为消除专家成员间的相互影响,座谈会邀请参加的专家一般是互不相识的,它运用匿名方式反复多次征询意见和进行背靠背的交流,以充分利用专家的智慧、知识与经验,最后汇总得出一个能比较反映群体意志的预测结果。

该方法的步骤包括:由调查者拟定调查表,按照既定程序,以函件的方式分别向专家组成员进行征询;专家组成员又以匿名的方式(函件)提交意见;经过几次反复意见征询和反馈,专家组成员的意见逐步趋于集中,最后获得具有高准确率的集体判断结果。

(二)时间序列分析

时间序列是指同一种现象在不同时间上的相继观察值排列而成的一组数字序列,时间序列预测方法的基本思想是:预测一个现象的未来变化是用该现象的过去行为预测未来,即通过时间序列的历史数据揭示现象随时间变化的规律,将这种规律延伸到未来,从而对该现象的未来做出预测。时间序列分析的方法之一是把一个时间序列的数值变动分解为几个组成部分,通常为:①倾向变动,亦称长期趋势变动;②循环变动,亦称周期变动;③季节变动,即每年有规则的反复进行变动;④不规则变动,亦称随机变动。把这4个组成部分综合在一起,即可得出预测结果。

时间序列分析是一种重要的预测方法,比预测模型简单,它对资料的要求比较单一,只需获取变量本身的历史数据,因此,在实践中有着广泛的适用性。

(三)Logit模型

Logit模型是离散选择法模型之一,属于多重变量分析范畴,是社会学、生物统计学、临床、数量心理学、计量经济学、市场营销等统计实证分析的常用方法。Logit模型假设事件发生概率服从标准Logistic的累积概率分布函数,其基本形式和一般的线性回归形式相同,但因变量Y不像线性回归中所要求的那样是连续变量且服从正态分布。评定模型的因变量或为二分类变量,如事件发生与否、是否属于某类范畴等,其模型称为二项Logit模型;或为多分类变量,如属于哪一类范畴、定序尺度等,其模型为多项Logit模型。Logit模型应用的方便性是其他模型所不具备的,也是该模型应用广泛的主要原因之一。

Logit模型的求解速度快,应用方便。当模型选择集没有发生变化,而仅仅是各变量的水平发生变化时,可以方便地求解各选择枝在新环境下被选中的概率。根据Logit模型的IIA特性,选择枝的减少或者增加不影响其他各选择枝之间被选概率的比值,因此,可以直接将需要去掉的选择枝从模型中去除,也可将新加入的选择枝添加到模型中直接用于预测。

第三节　市场机会的识别

一、机会的识别

机会具有吸引力、持久性、时效性以及依附性等特点(见图 5－1),依附于为用户创造或增加价值的产品、服务或业务。机会可以营造对新产品、新服务或新业务需求的有利环境。多数新创企业通过抓住机会创建起来。从本质上讲,创新创业者需要识别机会,并将其转化为成功的要素。

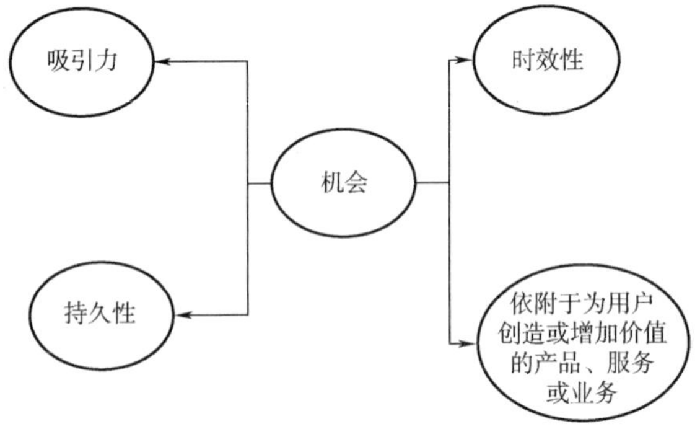

图 5－1　机会的主要特征

二、机会形成的途径

(一)趋势观察

识别机会需要观察趋势,具体可以观察社会发展的经济趋势、社会趋势、技术进步、政治活动以及制度变革。这些发展趋势是创新创业者需要明确的内容。敏锐的观察能力与引领变革潮流的意愿是成功创新创业者的关键特征。

经济力量决定了社会发展的经济状况,也能在一定程度上反映社会的可支配收入。首先,理解经济趋势有助于确定商业创意出现的是适宜领域还是回避领域。我们可以尝试自问:经济发展强劲或低迷时,谁更适宜投资？青少年加入劳动大军时,应该开什么店？燃油价上涨时,不适宜开什么公司？等等。理解经济趋势,有助于确定是否要将创新转化为创新创业;研究与分析经济影响,可以了解哪个顾客群体更有消费能力;了解经济趋势,有助于识别创新创业的风险与回避地段;研究经济因素,可以看清企业压力成本,有助于判断该领域是否应该进入。

社会趋势最终会改变个人与社会的行为方式，理解社会趋势的影响是识别机会的组成部分。社会力量的变迁最终会决定人的选择方式。社会力量也决定了社会的变化。通常情况下，产品或服务存在的原因主要是满足了社会需求。影响个体行为和优先顺序设定的社会趋势包括二孩政策、农民工进城、对健康和绿色食品的追求、日益关注医疗保健以及重视能源的可替代形式等。这些趋势都是新商业创意的推动力，如早教、幼儿教育、留守儿童、绿色食品、谷歌眼镜、保健品等。

技术进步能够反映社会新兴技术或者开发出旧技术的新用途，是社会机会的重要来源。技术进步常与变化相结合，例如，苹果手机和平板电脑的出现代表技术的进步与发展。但是，技术进步并非识别商机的关键，重要的是识别技术如何被用来满足人们变化的需求。例如，苹果手机热销造就了富士康等厂商的发展。

政治活动以及制度变革需要明确政治领域的变化以及法律法规的修订。通过对趋势的观察，明确业务、产品或服务的机会空隙，进而形成新业务、产品和服务创意。通过了解与分析政治活动以及制度变革的发展趋势，可以解答几个问题：①哪些企业或产业依赖政府支持性规定而存在？②政治变革带来哪些新的业务和产品机会？③新法律的出台为创新创业者提供了哪些机会？④政府规章变化会引起企业哪些创意变化？

（二）解决问题

解决问题是产生市场机会的重要途径。通常情况下，我们可以采取以下方式，在解决问题的同时发现市场机会。

1. 寻找问题。意识到问题并找到解决方法是常见的发现机会的途径。顾客的抱怨行为是由对产品或服务的不满意引起的，所以抱怨行为是不满意的具体的行为反应。一方面，顾客有抱怨行为，意味着经营者提供的产品或服务没达到他的期望，没有满足他的需求。另一方面，也表示顾客仍旧对经营者抱有期待，希望经营者能改善服务质量。顾客的目的是挽回经济上的损失，恢复自我形象。所以，解决问题既是解决顾客抱怨的途径，也是发现顾客需求的有效渠道。

链接：

> 4 名来自欧洲的学员到美国菲尼克斯参加会议。他们想在离开酒店的当天晚上到酒店游泳池放松一下。但是，当他们下午来到游泳池时，被礼貌地告知游泳池已经关闭了。招待员将此情况告知了管理人员。酒店很快安排了一辆豪华轿车，将他们连同行李运到另一家酒店，告知他们可以到那里游泳，相关的费用全部由酒店承担。这 4 名学生感到非常高兴。这家酒店给他们留下了非常深刻的印象，也使他们乐于到处传诵这段服务佳话。

2. 新技术推广。每个问题都是被精巧掩饰的机会，这个机会极可能是未来创业的机会,也可能是树立公司品牌的机会。技术进步也会带来新的机会。区域产业面临转型升级,要求应用新技术。在我国,人口红利逐渐消失,随之而来的是产业转型升级阵痛,尤其是制造业空洞化后的转型升级和创新驱动,区域产业都在探索“工业4.0”和“中国制造2025”概念下如何实现“机器换人”和“电商换市”,劳动密集型企业面临如何实现向自动化和智能化转变的难题。技术推广也是服务区域产业转型升级的重要力量,政府需要肩负起助推区域产业转型升级的使命,培养一批新技术应用的创新创业人才,孵化一批具有科技含量的服务业企业。

链接:

> 智能手机极大便利了我们的生活。Owasys22C是奥瓦(Owasys)公司专门推出的一款盲人及视力缺欠人士专用手机。手机没有液晶(LCD)显示屏,所有的功能都由语音提示完成。通过语音提示,用户可以知道有来电、短信或未接电话等消息,还可知道手机的各种状态,如电池电量情况等。另外,用户也可以编辑短信,并能够在发送短信前通过语音检查短信编辑是否正确。总之,所有普通手机屏幕上显示的信息都可通过语音告诉用户,使盲人用起来很方便。另外,它的键盘也是专为盲残人士设计的,有更好的感应性及快捷方式。

(三)发现市场缝隙

有些商业创意产生于市场分析中遇到的问题,具体有以下几方面的问题。

第一,经由分析产业与市场结构变迁的趋势来发掘创新创业机会。例如,在国营事业民营化与公共部门产业开放、市场自由竞争、市场热度不高时,我们可以在交通、电信、能源产业中发掘较多的创新创业机会。在政府刚推出的知识经济方案中,也可以积极宣传、宣讲知识经济体系,从中发掘创新创业机会。

第二,经由分析人口统计资料的变化趋势找到相关的问题,发掘创新创业机会。例如,单亲家庭快速增加、妇女就业的风潮、老年化社会现象、教育程度的变化、青少年国际观的扩展等,必然提供了许多新的市场机会。

第三,经由价值观与认知的变化来发掘创新创业机会。例如,人们对饮食需求认知的改变催生了美食市场、健康食品市场等新兴市场。虽然大量的创新创业机会可以经由有系统的研究来发掘,不过,最好的点子还是来自创新创业者的长期观察与生活体验。

第四节　市场细分

市场细分是指营销者通过市场调研,依据消费者的需要和欲望、购买行为和购买习惯等方面的差异，把某一产品的市场整体划分为若干消费者群体的市场分类过程。每一个消费者群就是一个细分市场，每一个细分市场都是具有类似需求倾向的消费者构成的群体。在这一过程中，我们需要考虑客户获取成本和生命周期价值、消费群体与消费心理，以及消费行为。

一、客户获取成本和生命周期价值

（一）客户获取成本

客户获取成本是指企业为了实现客户的价值而消耗的所有成本与费用。客户成本分为客户获取成本和客户保留成本两类。狭义的客户成本是指企业的客户关系成本，研究仅关注于企业的关键客户服务成本投入。而广义的客户成本是指基于客户对象的全部企业资源消耗和投入。所以，客户获取成本是企业获取一个新客户所支出的费用的平均成本。

客户获取成本易受企业获取目标的影响。实施新客户获取战略，或是为了扩大客户基数，或是为了取代流失客户。拥有确定客户获取成本的能力将辅助决策制定者识别更有效的客户获取目标。计算客户获取成本，可以应用以下公式：

$$\text{总的客户获取成本} = \frac{\text{所有的营销投入}}{\text{营销活动带来的新客户注册量}}$$

式中的营销投入不仅是直接广告投入、营销活动投入，还包括奖品的采购等费用，更包括营销人员的工资和差旅费等，如果可能，分摊的房租和办公费用也要算入。

对于制造型企业，具体包括产品的设计和研发成本、生产成本、销售成本、促销成本、售后服务成本、物流配送成本、管理成本以及留存成本等。客户留存率非常重要，直接影响到企业是否盈利。

链接：

> 某店花了300块钱买了个广告位置，带来了60个新用户，3个月后，最终稳定留存12人，即3个月留存率达到了20%，把这300元赚回来，就得指望从每个留存用户身上赚到25元。而用户在该店点一次餐，平均毛利率5元。这需要每个用户下5单，才能保证该店能赚到25元。假设一个用户2周下单一次，2.5个月就能赚回25元。稳定留存的用户一般每2周不止下单一次。也就是说，2.5个月回本的时间是稳妥的，且小于稳定留存率的时间，这事值得干。

（二）生命周期价值

生命周期总价值，即客户终生价值，是企业从与用户所有的互动中得到的全部经济收益的总和。生命周期总价值通常被应用于市场营销领域，用于衡量企业客户对企业所产生的价值,是企业能否取得高利润的重要参考指标。

终身价值是计算客户满意度“货币数据”的办法。终身价值的计算涉及顾客保持率、顾客消费率、变动成本、获得成本、贴现率等信息的正确取得。

对绝大多数商业行为而言,要正确理解与顾客关系的终身价值,需要考虑以下因素。

1. 关系的长短。企业的客户关系平均能保持多久?这代表企业未来将发生多少笔交易。

2. 回头率。企业更注重寻找新的潜在顾客还是倾向于关注现有顾客?企业回访新顾客的比率是多少?新客户成为回头客的百分比有多少?

3. 重复销售价值。回头客的平均价值如何?企业使用什么附加产品来进行交叉销售或进一步销售给现有顾客。

4. 规模经济。企业能否通过将销售提升到某个水平而形成规模经济?达到一定进货量时,企业能否与供应商谈判争取更优惠的条件?

5. 更改产品或服务组合。后续服务是否涉及更多可获利润的较低服务层次?潜在产品的销售是否比原有的销售行为产生更高的边际利润。

6. 推介业务。顾客考虑额外业务的可能性如何?推介的价值如何?

二、消费群体与消费心理

(一)消费群体

群体是指一定数量以上的人通过一定的社会关系结合起来进行共同活动而产生相互作用的集体。消费群体是指有消费行为且具有一种或多种相同的特性或关系的集体。消费是人通过消费品满足自身欲望的一种经济行为,消费群体的形成对市场有重要的影响。

消费群体的形成能够为市场提供明确的目标。通过对不同消费群体的划分,可以准确地细分市场,从而减少经营的盲目性,降低经营风险。明确了为其服务的消费群体,就可以根据其消费心理制定出正确的营销策略,提高企业的经济效益。

消费群体的形成对消费活动的意义在于,调节、控制消费,使消费活动向健康的方向发展。消费由个人活动变为群体活动的同时,将使消费活动的社会化程度大大提高,而消费的社会化又将推动社会整体消费水平的提高。

明确企业应为哪一类用户服务,满足他们的哪一种需求,是企业在营销活动中的一项重要工作。这其实就是消费群体定位的问题。消费群体定位是指直接以某类消费群体为诉求对象,突出产品专为该类消费群体服务来获得目标消费群的认同。把品牌与消费者结合起来,有利于增进消费者的归属感,使其产生“我自己的品牌”的感觉。

链接：

> 广东的"客家娘酒"定位为"女人自己的酒"，这对女性消费者来说就很具有吸引力，因为一般名酒酒精度都较高，女士们多数无口福享受，客家娘酒宣称为"女人自己的酒"，就塑造了一个相当于"XO是男士之酒"的强烈形象。在女士们心目中留下了深刻的印象。此外，金利来定位为"男人的世界"，哈药的护彤定位为"儿童感冒药"，百事可乐定位为"青年一代的可乐"，等等，都是消费群体定位策略的运用。

消费群体定位的过程也就是目标市场细分的过程。消费群体定位的一般策略也就是细分市场的一般方法。运用市场细分法，可以确定企业的目标市场，集中力量为目标市场服务，开发适销对路的产品，采用适当的市场营销策略，以适应和满足目标市场的需求。在细分方法上，它主要分为消费者导向细分和产品导向细分两大类。消费者导向细分主要是对消费者的需求和行为特征进行统计分类，进而得出细分市场。这种细分方法以消费者总体特征为细分标准，同时运用分析解剖的研究方法，主要从个体认知（包括感知、认知、学习、态度、动机、需要、个性）、社会文化环境（包括人口统计、家庭、相关团体、亚文化、文化）以及行为决策过程3个不同侧面进行分析。对消费者心理特征与行为进行细分，其最终目的是试图理解不同类型消费者心理行为的内在根据。产品导向细分是营销人员常用的一种市场细分方法。通常，营销人员依据不同营销决策目标（产品定位、定价、广告定位等），围绕具体产品或品牌，在特定情境下从消费者特征的角度对消费者进行细分。具体细分标准包括产品和品牌使用率、购买方式、对产品或品牌的态度、从产品中所寻求的利益，对产品概念或广告等营销变量的态度反应等，其目的是了解市场上消费者在特定情境下对某类产品或品牌的心理需求和消费行为差异，以选择最有力的目标顾客群及适宜的营销策略。

（二）消费心理

消费心理是指消费者进行消费活动时所表现出的心理特征与心理活动的过程。一般而言，任何一种消费心理，都是既包含消费者的心理活动，又包含消费者的消费行为。准确把握消费者的心理活动，是准确理解消费行为的前提；而消费行为是消费心理的外在表现，消费行为比消费心理更具有现实性。消费心理大致有4种，分别是：从众心理、求异心理、攀比心理、求实心理（见表5－1）。

表5－1　消费心理类型

	特点	评价
从众心理	具有仿效性、盲目性	消费是否该从众，要具体分析，盲目从众不可取
求异心理	追求标新立异、与众不同	求异心理可以推动新工艺与新产品出现，但其在强调展示个性的同时，不但要考虑社会认可，也要考虑代价，为显示与众不同而过分标新立异是不值得提倡的

续表

	特点	评价
攀比心理	面子消费	这种消费心理不可取
求实心理	消费者在选择商品时往往考虑很多因素	讲求实惠,根据自己的需要选择商品,是一种理智的消费方式

三、消费行为

消费行为是指从市场流通角度观察的、人作为消费者时对商品或服务的消费需要,以及使商品或服务从市场上转移到消费者手里的活动。消费行为主要包括以下要素。

(一)购买时机

根据消费者提出需要、购买和使用产品的不同时机,将他们划分成不同的群体。例如,城市公共汽车运输公司可根据上下班高峰时期和非高峰时期乘客的需求特点划分不同的细分市场,并制定不同的营销策略;生产果珍之类清凉解暑饮料的企业可以根据消费者在一年四季对果珍饮料口味的不同需求,将果珍饮料市场的消费者划分为不同的子市场。

(二)追求利益

消费者购买某种产品总是为了解决某类问题,满足某种需要。然而,产品提供的利益往往并不是单一的,而是多方面的。消费者对这些利益的追求有侧重,例如,在购买手表的消费者中,有的追求经济实惠、价格低廉,有的追求耐用可靠和使用、维修的方便,还有的偏向于显示社会地位,等等,不一而足。

(三)使用者状况

根据顾客是否使用和使用程度,通常将消费群体细分为经常购买者、首次购买者、潜在购买者、非购买者。大公司往往注重将潜在使用者变为实际使用者,较小的公司则注重保持现有使用者,并设法吸引使用竞争对手产品的顾客转而使用本公司产品。

(四)使用数量

根据消费者使用某一产品的数量的不同,可将消费群体细分为大量使用者、中度使用者和轻度使用者。大量使用者人数可能并不是很多,但他们的消费量在全部消费量中占很大的比重。

链接:

美国一家啤酒公司发现,美国啤酒的80%是被50%的顾客消费掉的,另一半顾客的消耗量只占消耗总量的12%。因此,啤酒公司宁愿吸引重度饮用啤酒者,

> 而放弃轻度饮用啤酒者，并把重度饮用啤酒者作为目标市场。该公司还进一步了解到，大量喝啤酒的人多是工人，年龄在25～50岁，喜欢观看体育节目，每天看电视的时间不少于3～5小时。显然，根据这些信息，该公司可以大大改进其在定价、广告传播等方面的策略。

（五）品牌忠诚度

企业还可根据消费者对产品的忠诚度细分市场。有些消费者经常变换品牌，另外一些消费者则在较长时期内专注于某一或少数几个品牌。通过了解消费者品牌忠诚情况和品牌忠诚者与品牌转换者的各种行为与心理特征，不仅可为企业细分市场提供依据，也有助于企业了解为什么有些消费者忠诚于本企业的产品，而另外一些消费者则忠诚于竞争企业的产品，从而为企业选择目标市场提供参考。

（六）购买的准备阶段

消费者对各种产品的了解程度往往因人而异。有的消费者可能对某一产品的确有需要，但并不知道该产品的存在；有的消费者虽已知道产品的存在，但对产品的价值、稳定性等还存在疑虑；另外一些消费者则可能正在考虑购买。针对处于不同购买阶段的消费群体，企业有必要进行市场细分并采用不同的营销策略。

（七）态度

企业还可根据消费者对产品的热心程度来细分市场。不同消费者对同一产品的态度可能有很大差异，例如，有的持肯定态度，有的持否定态度，还有的则持既不肯定也不否定的无所谓态度。企业应针对持不同态度的消费群体进行市场细分，并在广告、促销等方面采取不同策略。

本章小结

本章重点讨论创新创业机会的识别，深入探索创新创业机会的内涵与概念，并系统地分析了创新创业机会的识别与细分，明确了市场缝隙、新兴市场等概念，在此基础上识别了机会发现的成功要素。之后对市场机会的识别途径与市场细分的影响要素，即用户获取成本和生命周期价值、消费者人群与消费心理，以及消费行为等，都进行了相应的讨论。

复习思考题

1. 如何识别创新创业机会？
2. 如何度量创新创业的市场规模？

3. 如何寻找创新创业的机会?

案例分析题

钱卫洁读大二时,母亲手术住院,她到医院照顾母亲。她想给母亲炖只鸡,却被医生拒绝了,因为病人吃鸡肉容易使伤口发炎。

当地有一种说法,一只老鸭一棵参。经过医生的认可,钱卫洁开始到处买老鸭,但市场上的老鸭并不好找。养了3年的老鸭就是稀缺商品,卖价在200元左右。

母亲出院了,但买老鸭的事却让钱卫洁很长时间忘不掉。如果养鸭,前两年卖鸭蛋赚钱,养到3年的老鸭又能卖个好价钱,再三盘算后,钱卫洁决定利用课余时间养鸭。

钱卫洁执意要养鸭,钱从哪儿来呢?眼看就要错过进鸭苗的时间。为了筹钱,钱卫洁决定卖掉家里的一套房子。

产品不怕贵,就怕不好。钱卫洁从饲料入手,实验出了一套最优化配方。喂了三四个月的鸭子进入产蛋期。可钱卫洁还没来得及高兴,就遭遇了百年不遇的冰灾。正赶上春节学校放假,钱卫洁和母亲整天都在鸭棚里忙。父亲终于忍不住也来到鸭棚帮忙。

现在,钱卫洁养殖了7 000只蛋鸭,第一批老鸭也即将出栏,每只售价220元。钱卫洁养殖鸭子获得了初步成功。

讨论题:

钱卫洁是怎样创业成功的呢?

第六章

创新创业团队

学习目标

通过对本章内容的学习,你应了解和掌握如下问题:

- 掌握创业团队的含义及其重要性
- 分析理解创业团队的优劣势
- 了解团队成员的选择标准以及不同角色对团队的贡献
- 掌握创业团队的组建原则和程序
- 了解创业团队发展各阶段的特征及其建设重点
- 了解领导创业者的角色与行为策略

引 例

微软:比尔·盖茨和保罗·艾伦

比尔·盖茨和保罗·艾伦从中学开始就是好朋友。他们喜欢电脑,中学时就当过黑客。盖茨去哈佛上大学,艾伦就跟随他一起前往波士顿地区,开始谋划创业。1975 年,在艾伦的鼓励下,盖茨退学,一起创建了微软。有研究者认为,盖茨擅长思考和创新,艾伦擅长人际沟通和经营管理,二者的合作相得益彰。

苹果:史蒂夫·乔布斯和史蒂夫·沃兹尼亚克

史蒂夫·乔布斯和史蒂夫·活兹尼亚克在 1970 年暑期打工时相识。沃兹尼亚克当时正忙于开发一种电脑,乔布斯很快看到了这种电脑的商业潜力,二人一见如故,最终成为商业合伙人,于 1976 年创建了苹果公司。苹果的奇迹是沃兹尼亚克的技术和乔布斯的商业远见相结合创造的。

雅虎:杨致远和大卫·费罗

杨致远和大卫·费罗相识在斯坦福大学读博士学位时。最初二人都研究电脑芯片,他们把喜欢的网站保留起来,并按照主题加以编排组织(最后成为现在的雅虎)。1995 年,他们从红杉资本获得融资,并找到了另一个合伙人——蒂姆·库格,创办了雅虎公司。开始,库格担任总经理,负责管理事务,费罗和杨致远专注于研究。后来,费罗一个人负责技术开发,而杨致远负责对外公关。

第一节 创新创业团队概述

影片《中国合伙人》向我们讲述了 3 个青年人各自发挥所长,共同创业,最终取得巨大成就的故事。它的原型就是新东方创立的故事。这个故事在展示创业的艰辛、快乐的同时,也向我们展示了一个优秀创业团队是如何带领员工实现创业理想的。曾有人做过一个市场调查,创业能否取得成功,创业团队的重要性是第一位的。没有一个好的创业团队,整个创业就没有一个好的基础,注定会失败。

一、创新创业团队的含义及其重要性

(一)创新创业团队的含义

有一些企业是由创新创业者独自创立且拥有的,也有不少企业是由两个或两个以上的人共同创立的。虽然不乏独立创新创业成功的案例,不过一般而言,独立创新创业者创办的企业成长较为缓慢,因此,风险投资者通常对它们不太关注。当然也并非采取团队创新创业方式就一定会获得成功,但人们普遍相信,纵然创新创业团队成功的概率不一定高,但创新创业团队成功后所产生的价值一定相对较高。

不同的学者从不同的角度界定了团队的含义。刘易斯认为,团队是由一群认同并致力于去达成共同目标的人所组成的,这一群人相处愉快并乐于一起工作,共同为达成高品质的结果而努力。盖兹贝克和史密斯认为,一个团队是由少数具有"技能互补"的人所组成的,他们认同一个共同目标和有一个能使他们彼此担负责任的程序。钱德勒和汉克斯认为,创新创业团队是指当企业成立时执掌企业的人或是在新创企业运营的前两年加入的成员,对于公司没有所有权的雇员并不算在内。

由此可见,创新创业团队是指由两个或两个以上具有一定利益关系的才能互补、责任共担、愿为共同的创新创业目标而努力奋斗的人共同组建形成的工作团体,他们在新创企业中往往处在高层主管位置。狭义的创新创业团队是指为了一个共同目的、共享创新创业权益、共担创新创业风险的一群创建新创企业的人。广义的创新创业团队则不仅包括狭义的创新创业团队,还包括与创新创业过程密切相关的各种利益相关者,如风险投资者、董事会、出资人、专家顾问团等。

(二)创新创业团队在创新创业中发挥的重要作用

在当今激烈的市场竞争中,仅凭单个创新创业者的力量很难取得成功。很多创新创业成功的范例通常是由拥有不同专长、优势互补的创新创业团队创造的。一个好的创新创业团队对企业的成功起着重要的作用,主要体现在以下几个方面:

1. 满足创新创业的需要。在创新创业的过程中,可能会涉及资金运转、客户来源、技术攻关和产品销售渠道等诸多问题。想要一个人独立完成这一系列的工作,客观来说压力是巨大的。而创新创业团队的存在能够发挥成员各自所长,将这些创新创业相关事宜高效率、高质量地完成。

创新创业要成功,就要具有专业技能、经营管理、处理人际关系等不同方面能力,但一个人很难拥有全部能力。因此,只有组建创新创业团队,让具有不同知识结构和专业背景的人共同创新创业,才能满足创新创业项目运行的需要。

链接:

李义河正在酝酿建立自己的团队。

现在的情况是:王天明可以负责财务管理,赵小勇可以做营销策划,李义河可以负责开发市场,现在就缺一个做行政管理的人。在李义问心中有个很合适的人选,那就是席月生。

经过交谈,席月生表示愿意加入他们的创业团队,李义河一颗悬着的心终于放了下来,有了这个创新创业团队,创新创业时遇到的各种问题都会有专人负责,完全可以满足公司对于创新创业的需要。一个月后,他们创办的药品销售公司正式成立。

2. 获取外界投资。简单来说,个人独自创新创业的创新创业者去寻找投资者,投资者很可能兴趣不大。但如果告诉投资者自己有一支高水平的创新创业队伍,那么投资者很有可能给这位创新创业者一个机会。因为客观上,团队比个人更有创造价值的潜力。

创新创业者对于资金的渴求,就像大旱时盼望雨水一样,但投资者并不糊涂,没有好的项目,没有好的管理团队,他们宁肯把钱放在腰包里也不愿投资。在这样的情形下,创新创业团队的作用就至关重要,好的创新创业团队,往往会用管理能力、运营能力征服投资者,获得投资,开创事业。

链接:

来自四川的小王,大学期间看到了餐饮业经营利润的丰厚。即将毕业的他和几位同学准备创办一家眉州菜馆,定位为中档餐馆,专门做地道的眉州菜。缺少资金成为主要的困难。

小王和同学们并没有被吓倒。经过商讨,他们形成了一致意见:没有投资,我们可以吸引投资。于是,小王和同学们不分昼夜地奋战,制作了详细的项目策划书,力图去说服投资者。通过多次的沟通与协调,一位有投资想法的老师认可了他们的方案,并答应投资。由于菜肴味道纯正,餐厅服务周道,餐馆回头客很多,生意日渐兴隆。

3. 激发创新创业者的斗志和灵感。创新创业团队的存在,一方面无形中给创新创业领导者一种压力,因为创新创业领导者在考虑自己的同时,也要为团队成员的未来考虑。因此,领导者必须时刻保持高昂的斗志,这样才能带动整个团队的氛围。另一方面,在团队遭遇困难时,团队成员之间群策群力,产生灵感火花,并通过互相鼓励和支持,迅速摆脱困境,实现新创企业的快速成长。

链接:

大学毕业的王峥和同学们创办了一家拓展训练公司。

公司成立之初,在1个月的时间内他们只做了一个客户的业务,连基本的办公开支都不够。第2个月、第3个月,情况依然如此。“我们选择了这个行业,就要坚持做下去,只要我们认真做,总会有成功的一天。”王峥对他的同学说。后来,团队中其他几位比较乐观的同学也站出来说话,经过几个小时的陈述、辩论,大家的情绪越来越激昂,创新创业之初的雄心壮志似乎又回到了他们身上。

这种经营的颓势终于在第7个月改变了,客户越来越多。为了继续向客户提供优质服务,王峥和他的团队决定扩大公司规模。

4. 缓解创新创业初期的矛盾。在创新创业的初期，往往存在人员紧张、组织结构不完善、职能划分不清等问题，而创新创业团队可以有效地解决这些问题。团队成员各尽其能，以别人的长处弥补自己的短处，从而提高自身的创新创业效率，可以帮助创新创业团队少走弯路。

链接：

在北京某大学就读的葛荟和冯胜南是来自云南的老乡，她们对家乡的米线百吃不厌。于是，葛芸产生了创办米线店的想法，同伴着实吃了一惊："这怎么可能，咱们还上学呢。""我们可以找一个云南厨师，然后在同学里多找几个老乡，大家一起做。"做事风风火火的葛芸说。第二天，她就开始筹办米线店的事，经过一番努力，她先租下了店面，然后又找到了两个老乡和她们一起经营这家米线店。

开始时，创新创业团队经过商讨，决定将买原材料、运输、洗菜、刷碗等工作进行明确分工，这样，她们就都亲自动手参与经营，几个在家里娇生惯养的大学生在自己的店里倒是忙得不亦乐乎。两个月以后，米线店步入了正轨，创新创业团队的人数也从 4 人增加到 7 人。

二、创新创业团队的类型和特点

一般来说，创新创业团队类型大体上可以分为 3 种：星状创新创业团队，网状创新创业团队，虚拟星状创新创业团队。这和网络拓扑结构极其相似。

（一）星状创新创业团队

一般在星状创新创业团队中有一个主导人充当领军的角色。这种团队在形成之前，一般是主导人有了创新创业的想法，然后根据自己的设想进行创新创业团队的组建。因此，在团队形成之前，主导人已经就团队组成进行过仔细思考，根据自己的想法选择合伙人，这些合伙人也许是主导人以前熟悉的人，也有可能是不熟悉的人，但其他的团队成员在企业中更多时候是支持者角色。

这种类型的创新创业团队具有以下特点：

1. 组织结构紧密，向心力强，主导人物在组织中的行为对其他个体影响较大。

2. 决策程序相对简单，组织效率较高。

3. 容易形成权力过分集中的局面，从而使决策失误的风险加大。

4. 当主导人物和其他团队成员发生冲突时，主导人物的特殊权威使其他团队成员往往处于被动地位，在冲突较严重时，一些团队成员会选择离开团队，因而对团队的影响较大。

链接：

> 星状创新创业团队很多，例如，太阳微系统公司创新创业当初就是由维诺德·科尔斯勒确立了多用途开放工作站的概念，接着他找了软件方面的专家乔伊(Joy)和硬件方面的专家本其托斯民(Bechtolsheim)，以及具有实际制造经验和人际技巧的麦克尼里组成了SUN的创新创业团队。

(二)网状创新创业团队

网状创新创业团队的成员一般在创新创业之前都有密切的关系，如同学、亲友、同事、朋友等。大家一般都是在交往过程中，共同认可某一创新创业想法，并就创新创业达成共识，然后开始共同进行创新创业。在创新创业团队组成时，没有明确的核心人物，大家根据各自的特点进行自发的组织角色定位。因此，在企业初创时期，各位成员基本上扮演伙伴角色。

这种创新创业团队具有以下特点：

1. 团队没有明显的核心，整体结构较为松散。

2. 组织决策时，一般采取集体决策的方式，通过大量的沟通和讨论达成一致意见，因此组织的决策效率相对较低。

3. 由于团队成员在团队中的地位相似，因此容易在组织中形成多头领导的局面。

4. 当团队成员之间发生冲突时，一般都采取平等协商、积极解决的态度消除冲突，团队成员不会轻易离开。但是一旦团队成员间的冲突升级，使某些团队成员撤出团队，就容易导致整个团队的涣散。

链接：

> 网状创新创业团队有很多。例如，微软、惠普公司等多家知名企业的创业者都是先由于某种原因结识，基于一些互动激发出创业点子，然后合伙创业。

(三)虚拟星状创新创业团队

虚拟星状创新创业团队是从网状创新创业团队演化而来的，基本上是前两种类型的中间类型。在团队中，有一个核心人物，但是该核心人物地位的确立是团队成员协商的结果，因此，核心人物在某种意义上是整个团队的代言人，而不是主导型人物，其在团队中的行为必须充分考虑其他团队成员的意见，不像星状创新创业团队中的核心主导人物那样有权威。

链接：

> 大雁法则共有5条。第一，每只大雁在飞行中拍动翅膀，为跟随其后的同伴创造有利的上升气流，这种团队合作的成果使集体的飞行效率提高了70%。第二，所有的大雁都愿意接受团体的飞行队形，而且都实际协助队形的建立。第三，大雁的领导工作，是由群体共同分担的，虽然有一只比较大胆的大雁会出来整队，但是这只带头大雁疲倦时，便会自动后退到队伍之中，然后几乎是在难以察觉的情况下，另一只大雁马上替补领导的位置。第四，队形后边的大雁不断发出鸣叫，目的是为了给前方的伙伴打气激励。第五，不管群体遭遇的情况是好是坏，同伴们总是会相互帮忙。如果一只大雁生病或被猎人击伤，雁群中就会有两只大雁脱离队形，靠近这只遭到困难的同伴，协助它降落在地面上，然后一直等到这只大雁能够重回群体，或是直至不幸死亡后，它们才会离开。

三、成功创新创业团队的特征

一般来说，创新创业团队成员之间存在高度的互补性，但是只有在性格、能力等方面具有一定共同特质的人在一起组成的团队才能开拓出一番事业。人们往往愿意同在许多方面与自己具有相似性的人交往，觉得相互之间更加了解，而且更容易自信地对彼此未来的反应和行为加以预测，就像人们常说的“志同才能道合”“道不同，不相为谋”。

那么，优秀的创新创业团队成员在性格、能力方面以及专业水平方面均应具备哪些特征呢？有关专家对一些成功的创新创业团队成员进行调查和分析，得出结论：一般来说，一个成功的创新创业团队成员均具备以下5个特征。

（一）强烈的企图心

企图心是指一个人做成某件事情或达成既定目标的意愿。卡耐基说：“企图心是将愿望转化为坚定信念与明确目标的熔炉，将集中你所有的力量和资源带领你到达成功的彼岸。”新创企业往往会面临资金、技术、人脉等诸多问题，尤其需要创新创业团队成员有坚定的创新创业信念和不屈不挠的斗志，如果没有强烈的企图心，创新创业团队会失去发展的动力，新创企业很难在激烈的市场环境中生存和发展。团队成员强烈的企图心可以促进整个团队努力进取、克服困难。

（二）性格平和，心胸宽大，宽厚待人

新创企业在规范管理方面还处于萌芽阶段，制度和规范，尤其是对人的规范往往没有建立起来，大家所站的立场，以及个人经历、性格特点各不相同，团队内部很容易产生争议。创新创业者应该有博大的心胸，能宽厚待人，懂得如何把握“合作”带给自己的快乐、喜悦和丰收的硕果。

在选择好合伙人后，我们就需要与合作者或合伙人和睦相处，虚心听取别人的

意见,遇事要不急不躁、心态平和。如果一味地自以为是,听不进反对的声音,创新创业是不能成功的。

(三)专业能力的完美搭配

选择不同专业和技能的人加入创新创业团队,一个重要原因就在于弥补创新创业目标与自身能力间的差距。好的创新创业团队,成员间的能力通常都能形成良好的互补,而这种能力互补也会有助于强化团队成员间彼此的合作。优秀的创新创业团队中的人员各有所长,大家结合在一起,正好互相补充、相得益彰。

(四)公平合理的利益分配机制

对新创企业来说,建立起一整套公平合理的利益分配机制至关重要。在创新创业时,首先要明确创新创业团队成员是需要激励的,要尊重并认可成员为企业所创造的价值,并要及时给予他们应有的回报。在创新创业实践中,许多创新创业团队在创新创业初期还能够大家心往一处想,到了企业走向正轨时,因为利益分配问题导致创新创业团队离心离德。因此,在设计利益分配机制时,要做到合理、透明与公平,股权激励要与他们所创造的价值、贡献相匹配。

(五)坚守基本经营理念

新创企业要得到快速发展,必须坚守基本的经营理念。它主要包括顾客第一、质量至上和诚信经营的原则,在此基础上,还要做到科学管理,重视科学技术在企业中的具体应用,尊重员工,为员工的发展提供良好的平台。

第二节　创新创业团队的构成

一、创新创业团队的要素

团队就是合理利用每一个成员的知识和技能协同工作,解决问题,达到共同目标的共同体。相对而言,创新创业团队就是由少数具有技能互补的创新创业者组成,为了实现共同的创新创业目标和一个能使他们彼此担负责任的程序,共同为达成高品质的结果而努力的共同体。一般来说,创新创业团队需具备 5 个重要的团队组成要素,简称为 5P。

(一)成员

任何创新创业团队能否取得成功,成员的因素是第一位的,创新创业计划的制订、修改和实施最终还是要落到成员的身上去,成员作为创新创业团队中最关键的要素,其所拥有的知识、技能等综合素质,将直接影响到创新创业团队能否通过努力实现创新创业目标。

（二）目标

一个创新创业团队，首先要确定创新创业的目标。创新创业目标是将创新创业者的努力凝聚起来的关键要素。正是在创新创业目标的引领下，创新创业者才会明确分工，形成合力，辛勤工作。在现实中，创新创业者的目标往往通过以更好地为消费者提供满意的产品和服务来实现。

（三）定位

创新创业团队的定位包含两层意思：一是创新创业团队的定位，确定整个团队在新创企业中所处的位置、所扮演的具体角色，以及他们的权利和义务；二是个体的定位，对创新创业团队成员进行明确分工，确定他们所应当享有的基本权利以及应当承担的具体责任。

（四）权限

一是团队领导人的权力。团队领导人的权力与企业发展具体阶段息息相关，一般来说，在企业初创期，规模比较小，领导者需要集权，提高决策的效率，以便对市场做出快速反应。在企业发展过程中，领导者更需要与员工一起，群策群力，提高决策的水平和质量。

二是团队权力。要确定整个团队在组织中拥有什么决定权，这些权力在创新创业团队中如何进行合理的分配。在现实创新创业过程中，财务决定权、人事决定权、生产决定权、采购决定权、市场决定权等重要决定权，都是创新创业团队需要认真进行分配和筹划的。

（五）计划

古人云："运筹帷幄，决胜千里。"要实现创新创业者的创新创业目标，必须有一个切实可行的创新创业计划。计划是为了实现创新创业目标所做出的具体安排，是未来行动的方案。在创新创业实践中，创新创业计划一定要符合经济性和可操作性两个基本的原则。

二、创新创业团队的选择标准

创新创业的成功离不开一个优秀的团队，那么如何构成一个好的创新创业团队？创新创业团队的选择标准是尤为重要的。

（一）团队成员的选择标准

从人力资源管理的角度来看，建立优势互补的创新创业团队是保持创新创业团队稳定的关键。创新创业团队一般是由不同背景、不同技能、不同知识的人所组成的一个有着共同目标的特殊类群体，它以成员高度的互补性、知识技能的跨越性、信息的差异性为特征。在一个创新创业团队中，成员的知识结构越合理，越能够得到市场的青睐，创新创业的成功率越大。在创新创业实践中，单一由技术人员组成的企业容易过度迷恋于产品技术本身，从而使产品的研发与市场的需要相脱节；全部是市场和销售人员组成的创新创业团队往往失去对产品的创新能力，最终导致产品的研发不能及时跟上市场的需要。因此，在创新创业成员的选择上，必须充分注意人员的知识结构要涵盖技术、管理、市场、销售等，同时也要考虑个人工作经验和人脉资源。

在硅谷流传这样一个“规则”，由哈佛的工商管理硕士（MBA）和麻省理学院（MIT）的博士组成的创新创业团队，是获得风险投资人青睐的保障。当然这只是一个故事而已，但从中我们可以看到一个优势互补的团队对创新创业企业的重要性，在技术、市场、融资等各个方面都要有一流的合作伙伴，创新创业才能成功。

在创新创业实践中组建创新创业团队，创新创业者首先要分析行业性质，是技术密集型行业还是劳动密集型行业，并据此选择是依据理性还是非理性逻辑来组建创新创业团队。如果选择理性逻辑，则说明创新创业的客观要求（技能和资源）更重要，而不仅仅是关注于找到志同道合的人。之后，创新创业者要对自己进行全面的自我评估，发现自己的优势及劣势，从而找到与自己的性格以及自己已拥有的知识、技能、社交关系相似或者互补的人。

在创新创业实践中选择团队成员时，主要参考表 6－1 所示标准。

表 6－1　团队成员素质要素

选人标准	说明
能力	能力是指人们在完成活动中表现出来的各种技能。它是顺利完成某一活动所必需的主观条件，也是选择创业成员最重要的因素
专业知识背景	良好的专业知识背景有利于创业者出色地完成工作任务
工作经验	工作经验往往能够反映出个人的工作技能、工作效率以及对工作环境的适应程度，它是企业选拔招聘人员的主要参考要素之一
心理素质	心理素质包括人的认知能力、情绪和情感品质、意志品质、气质和性格等个性品质诸多方面。良好的心理素质是出色完成创业目标的坚强保证
敬业精神	敬业精神是一种基于挚爱基础上的对工作、对事业全身心忘我投入的精神境界，其本质就是奉献的精神
身体素质	良好的身体素质是能力发挥、具备顽强意志品质和拼搏精神的物质基础
用人成本	在选人时要考虑企业的实际需要和用人成本，为企业创造最大效益

创新创业者要根据自身的实际情况，广纳人才，选择那些最优秀的团队成员，建设自己的团队并创立业绩。

（二）创新创业合伙人的选择标准

“一个好汉三个帮”，一个人的能力毕竟是有限的，靠自己做不了的创新创业项目，可以找合作伙伴。“选择了正确的团队，就是完成了 80% 的工作。”这是很多风险投资专家的经验之谈。

选择合伙人的标准为“人品第一，价值观第二，工作态度第三，能力第四”，这 4 个条件缺一不可。在实践中，可以通过一个人的兴趣爱好、过去的经历、朋友圈来了解他的品格,从他的消费习惯看他对金钱的态度,从他的个人文化修养看他有没有独立做事情的决心等。

合作伙伴之间最重要的是相互信任,相互尊敬。在没有看好合伙人之前,最好不要轻易合伙。初期的创新创业伙伴最好在熟人圈子里寻找。很多人选择创新创业伙伴通常会在配偶、亲戚、同学、同事中寻找。实践证明,熟人圈子里的人心比较齐,遇到困难的时候往往能够同舟共济,即使出现争议,也能顾全大局、妥善解决问题。在创新创业实践中,合伙人最好能够在同一单位共事过一年以上的时间。首先,因为人的工作面和生活面所表现出来的行为是完全不同的,有些人可以当很好的朋友,但不可以做很好的合作伙伴;其次,以上 4 个择人标准需要时间的考验。

在选择合伙人时,也要注意团队的互补性。创新创业团队中宽泛的知识、技术和经验有利于新创企业的组建,如果一个团队成员所缺少的东西可以由另一个或者更多其他成员提供,那么整体的确大于各部分之和。不要屈从于只和那些背景、教育、经历状况与自己相似的人一起工作的诱惑,这样虽然在许多方面显得容易和令人愉悦,但它不能提供新创企业所需的丰富的人力资源储备。强调互补性在一定程度上可能是更好的策略,因为它可以提供给新创企业一种强有力的和多样化的人力资源基础。

还有一点也是很重要的,是每一个创新创业者不想去多想但又很现实的问题,那就是合作伙伴的退出机制。在创新创业初期,你就必须思考如何避免出现这些问题,以及如何处理合作伙伴的退出问题。

(三)领军人物的选择标准

联想创始人柳传志曾经说过:“领军人物好比是阿拉伯数字中的 1,有了这个 1,带上一个 0,它就是 10,两个 0 就是 100,三个 0 就是 1 000。”一个卓越的领导者是团队走向卓越的基础。如果把一个团队比作一个生命体,那么,卓越的领导者就是这个生命体的大脑,不仅是决策,更重要的是协调各个组织相互配合,完成任务。因此,一个团队是否拥有一个卓越的领导者,对这个团队的意义是非常重大的,如何选出一个团队领导者也就变得尤为重要了。

一般而言,创新创业领军人物必须具备的基本能力包括学习能力、决策能力、沟通能力、抗压能力、资源整合能力、执行能力、用人能力等。这些能力对整个团队的发展和建设都非常关键,也是非常重要的。除此之外,创新创业领军人物还应具备以下 6 个特质:

1. 有敏锐的市场分析能力和决断能力,办事不拖沓。

2. 有积极向上的心态,有较大的理想和抱负,并有较强的实践动手能力。

3. 具有坚韧性、耐心,执着,不轻言放弃,同时遇事不急不躁,在关键时刻能够起到稳定军心的作用。

4. 通晓人情,能认真倾听各种不同的声音,善于团结,能激励部属,能知人用人。

5. 乐于学习，并乐于将所学的知识运用于创新创业实践。

6. 敢于积极行动并承担责任，这意味着他们要推动企业改革，与独断专行、不按客观规律办事的官僚行为相抗争。

作为创新创业团队的领军人物，其对团队的深远影响还会延伸到整个企业文化的建立。在创新创业实践中，一个创新创业型企业的企业文化往往就是创新创业者自身的一种经营理念、一种价值观，他们的言行举止也影响着员工对企业的基本判断，也直接和间接影响着员工具体的行为和举止。

三、不同角色对团队的贡献

一个成功的创新创业团队的成员之间必然存在一种非常合理的优势互补关系。也就是说，不同的团队成员在团队中扮演着不同的角色。那么，一般来说，一个成功的创新创业团队中，需要有哪些角色呢？有学者研究过，认为主要的角色类型包括以下 9 种。

（一）创新者

创新是创新创业的灵魂。创新者的重要作用在于能够提出新颖的见解及与众不同的点子。尽管创新者不一定是这些点子的最终执行者，也不一定亲自经营管理企业，但他是创新创业中最不可或缺的角色。

（二）实干者

实干者的重要作用在于通过扎实的工作，将创新者的思路和点子落到实处，变成现实。实干者是一个企业的基石。创新创业离不开一批实干者，否则任何好的创新创业点子都只能是空想。

（三）凝聚者

凝聚者将创新创业团队凝聚在一起。没有凝聚者的创新创业团队很可能人际关系紧张，容易发生冲突，团队的寿命短。

（四）信息者

当今社会，信息是企业发展必备的重要资源之一。创新创业团队的成功时刻都需要正确、及时的信息。信息者的作用就是为创新创业团队提供信息。没有信息者，创新创业团队就不能对外界环境的变化做出及时、准确的判断和反应，从而难以成功。

（五）协调者

协调者往往是整个创新创业事业的实际领导人和管理者。在创新创业过程中随时都会出现很多问题需要处理，许多矛盾需要解决，协调者扮演的就是带领团队研究问题、解决问题的协调人员的角色。

（六）推进者

推进者的作用是促进协调者各种决策的实施，是企业进一步发展的助推器，可以把推进者理解为协调者的助手。没有推进者，企业运作的效率就不高。

（七）监督者

监督者的作用是对创新创业团队各种决策的实施情况及企业的运作过程进行监督。缺乏监督，创新创业过程中的问题就无法及时发现。可以说，监督者是创新创业团队健康成长的鞭策者。

（八）完美者

完美者即完美主义者。完美者非常注重细节，强调高标准，对创新创业的每一个细节都非常在意，力求完美。完美者的作用是促使企业走向完美。没有完美者，创新创业和企业经营可能会显得粗线条，在品质方面会打折扣。

（九）专家

专家即对创新创业所涉及的知识、理论非常精通的人。专家能给创新创业提供非常必要的指导。没有专家，企业就无法向纵深方面发展。

需说明的一点是，以上9个角色仅是一种理论分析，实际的创新创业团队，可能出现一人兼具多种角色功能的情况，也可能并不具备其中的一个或几个角色，也就是说缺乏几个角色也可能不会影响到创新创业。

链接：

在中国，腾讯公司因为它著名的产品QQ而家喻户晓，但也许很少有人知道这个公司的创业团队是怎么组建的。

1998年深秋，马化腾与他的同窗张志东合伙注册了深圳腾讯计算机系统有限公司。之后，公司又吸纳了三位股东：曾李青、许晨晔和陈一丹。

链接：

为避免彼此争夺权力，马化腾在创立腾讯之初就和4个伙伴将职责划分清楚，各展所长、各管一摊：马化腾是首席执行官（CEO），张志东是首席技术官（CTO），曾李青是首席运营官（COO），许晨晔是首席信息官（CIO），陈一丹是首席行政官（CAO）。

创业之初，这5个人一共凑了50万元，虽然主要资金都是由马化腾所出，但他却自愿把所占股份降低到一半以下，即47.5%。“要他们的总和比我多一点点，不要形成一种垄断、独裁的局面。”而同时，他自己又一定要出主要的资金，占大股。“如果没有一个主心骨，股份大家平分，到时候肯定会出问题，同样完蛋。”

可见，组建这5个人的创新创业团队，马化腾在人员选择和股权设计上着实下了一番功夫。腾讯的创新创业团队也许是民营企业中维持时间最长的。腾讯事业的成功同这个团队的成功无疑有着密切关系。

四、打造创新创业团队共同目标的步骤

团队目标是一个有意识地选择并能表达出来的方向，它运用团队成员的才能和能力，促进组织的发展，使团队成员有一种成就感。因此，团队目标表明了团队存在的理由，能够为团队运行过程中的决策提供参照物，同时能成为判断团队进步的可行标准，而且为团队成员提供一个合作和共担责任的焦点。

要打造创新创业团队共同目标，应从以下几个方面着手，如图 6－1 所示。

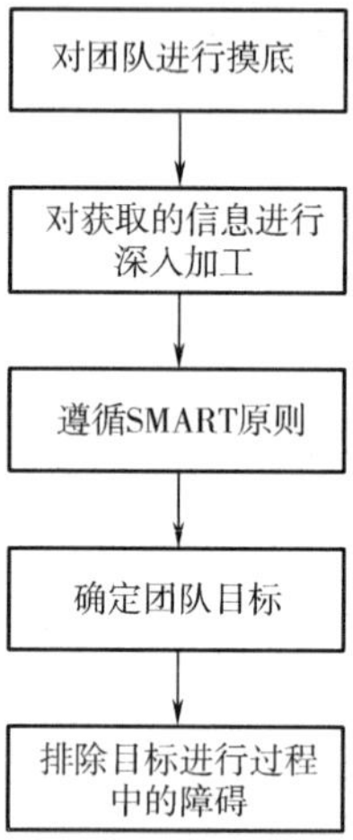

图 6－1　打造创新创业团队共同目标的步骤

（一）对团队进行摸底

对团队进行摸底就是向团队成员咨询对团队整体目标的意见。这个咨询工作非常重要，一方面可以让成员参与进来，使他们觉得这是自己的目标，而不是别人的目标；另一方面可以获取成员对目标的认识，即团队目标能为组织做出什么贡献，团队成员在未来应重点关注什么事情，团队成员能够从团队中得到什么，以及团队成员个人的特长是否在团队目标达成过程中得到有效发挥等。

（二）对获取的信息进行深入加工

在对团队进行摸底并收集到相关信息以后，不要马上确定团队目标，应就成员提出的各种观点进行思考，留点时间给团队并给自己一个机会，回头考虑提出的这些观点，以缓解匆忙决定带来的不利影响。

（三）遵循 SMART 原则

SMART 原则是管理大师彼得·德鲁克提出的目标管理理论。目标管理是使管理者的工作由被动变为主动的一个很好的管理手段，实施目标管理不仅是为了利于员工更加明确、高效地工作，更是为管理者将来对员工实施绩效考核提供了考核目标和考核标准，使考核标准更加科学化、规范化，更能保证考核的公正、公开与公平。

打造创新创业团队共同目标需要符合 SMART 原则。该原则的含义如表 6－2

所示。

表6－2　SMART原则的含义

S = specific （明确性）	明确性就是要用具体的语言清楚地说明要达成的行为标准，明确的目标几乎是所有成功的团队的一致特点，很多团队不成功的重要原因之一就是目标定得模棱两可，或没有将目标有效地传达给相关成员
M = measurable （衡量性）	衡量性就是指目标应该是明确的，而不是模糊的，应该是一组明确的数据，是作为衡量是否达成目标的依据。当然，当目标不能用数据来进行衡量时，可以考虑将目标细化，从多个角度、多个维度去确认是否达成
A = attainable （实现性）	目标是要能够被执行人所接受的，通过努力可以完成的。在上级安排工作任务时，要自己先做一些衡量，看看达成目标的标准是否可以实现
R = relevant （相关性）	目标的相关性是指实现此目标与其他目标的关联情况，如果实现了这个目标，但与其他的目标完全不相关，或者相关度很低，那这个目标即使达到了，意义也不是很大。工作目标的设定，应该与工作目的相关联，最后交付的成果，应该是可应用的、有效的
T = time－bound （时限性）	时限性是指目标是有时间限制的。要问清楚这一个目标达成的时间限制。时限不仅让自己可以把控工作目标的完成进度，同时能安排好各项工作的执行时间，做到合理的时间配置，没有明确的时间限制，同样无法确定目标是否完成

无论是确定团队的工作目标，还是个人的工作目标，无论是大项目的目标，还是小任务的目标，都应该遵循SMART原则。

（四）确定团队目标

对团队摸底、讨论及遵循SMART原则，虽然不一定让所有的成员都同意某个目标，但求同存异地形成一个成员认可的、可接受的目标是重要的，这样才能获得成员对团队目标的真实承诺。

（五）排除目标运行过程中的障碍

团队在运行过程中难免遇到一些障碍，例如，组织大环境对团队运行缺乏信任、成员对团队目标缺乏足够的信心等。在决定团队目标以后，尽可能地对团队目标进行阶段性的分解，树立一些过程中的里程碑式的目标，使团队每前进一步都能给组织以及成员带来惊喜，从而增强团队成员的成就感，为一步一步完成整体性团队目标奠定坚实的信心基础。

第三节　创新创业团队的组建与开发

一、创新创业团队的组建策略

创新创业团队可以是自然而然形成的，例如，几个好朋友有共同的创新创业愿望,对创新创业项目又都认可,于是一拍即合,共同创新创业;也可以是由一个创新创业者根据实际需要,去寻求合作者,有目的地组建而成的。但不管是以哪种途径组建,为了有利于创新创业,都应遵循以下原则。

(一)创新创业团队组建原则

1. 目标明确合理原则。明确目标,用具体的语言清楚地说明要达到的行为标准,这样才能使创新创业团队成员清楚地认识到共同的奋斗方向是什么。与此同时,目标也必须是合理的、切实可行的,这样才能真正达到激励的目的。目标明确可以使员工的工作更加明确和高效,为管理者将来对员工实施绩效考核提供考核目标和考核标准,使考核更加科学化、规范化。并且,创新创业团队的成员对企业的使命和愿景的理解应尽可能一致。目标不一致的团队,即使在短时间内取得成功,也很难持续发展。

2. 互补原则。有些创新创业者按照"相似性导致喜欢"的原则,倾向于选择在背景、教育、经验上与自己非常相似的人,他们的团队成员也来自同一行业、同一地域,这样的团队会出现"文化共振"现象,难以给企业的发展提供多样化和强有力的人力资源基础。

创新创业者寻求团队合作的目的在于弥补创新创业目标与自身能力间的差距。只有团队成员间的知识、技能、经验等方面实现互补时,才有可能通过优势互补发挥出"1 +1 >2"的协同效应。

链接:

> 姜华的创业团队创立公司 1 个月,就遇到了麻烦事。他组建创业团队时,考虑到将来以日化产品销售作为公司的主营业务,因此就在市场营销专业发掘合作伙伴。团队组建很顺利,大学毕业后,便创立了日化产品销售公司。
>
> 可是公司运行了一个月,姜华发现,他们的团队很需要一个懂财务的成员。因为银行汇票、会计账册这些财务方面的知识,团队中没有一个人懂。"早考虑到这一点就好了,团队成员的背景应当多元化一些。"姜华后悔自己当初组建团队欠缺考虑。
>
> 后来,经他的老师介绍,有一位会计专业的师妹加入了他们的团队,解决了他们的人手问题。

3. 精简高效原则。在创新创业初期,资本往往较少,因此,在保证企业能高效运作的前提下,应尽量精简创新创业团队,减少运作成本,使成员获得最大比例的成果。

精简团队时,通常会根据成员为团队所做贡献和价值的多少来选择,创新创业者可根据以下 3 个价值选择对团队进行精简。

第一，个人价值，也称“固有价值”，指的是团队个人本身所具有的价值，而且不易随着岗位的变动和服务对象的转变而变化。它主要包括学历、专业、职称、工龄、素质等方面。

第二，岗位价值，也称“使用价值”。把具有一定量的固有价值的员工安排在某些特定的岗位上是必要的。岗位的职责与特征是决定员工所能做出贡献大小的平台。从理论上讲，岗位价值是比较固定的，不会因为担任职责的成员的变更而发生变化，它是一个相对静态的价值系数。

第三，贡献价值，也称“市场价值”。例如，某个员工在自己的岗位上为企业创造了一定的价值，而他所创造的价值值得企业付出一定的代价挽留他。

4. 动态开放原则。创新创业过程充满了不确定性，创新创业者在处理创新创业团队建设上应有发展观念。团队中可能因为能力、观念等多种原因不断有人离开，同时也有人在要求加入，不要认为团队成员的离开就是对企业“不忠”。如果有些想离开团队的成员是企业紧缺的人才，创新创业者首先要文明地努力挽留。如果他们的确想走，创新创业者不应该生硬地加以阻挠。因为即使这样留下来了，他们也是“身在曹营心在汉”，造成企业的内耗。因此，在组建创新创业团队时，应坚持使团队具有动态性和开放性，把最适合团队需要的人吸收到团队中来。

链接：

1984 年 10 月 28 日，联邦集团前身——广东南海盐步联邦家具厂成立了。这个小家具厂的四名成员王润林、何友志、杜泽荣、陈国恩是从小一起长大的玩伴。他们走在一起，立志要干一番大事业。他们 4 个人都是农民出身，既没有什么教育背景，也没有显赫的家世。王润林学过设计，何友志做过藤椅师傅，杜泽荣在建筑公司干过打桩，他们因为生活所迫走上了创业的道路，却对办企业一无所知。几个月之后，家具厂因为销路不畅出现了危机，大量产品积压，他们欠下了银行近 10 万元的贷款。

雪上加霜的是，厂里的生产经理见势不妙，离开了家具厂。一筹莫展的 4 人急得团团转，这时他们突然想到了他们儿时的玩伴杜泽桦。那时的杜泽桦是一家藤器厂的厂长，是广州小有名气的管理人才。几经辗转，杜泽桦被四人说动，来到家具厂担任了总经理一职，他利用自己的管理经验，实施了一系列急救手段，让家具厂迅速摆脱了困境，扭亏为盈。后来，家具厂壮大起来，管理层人员欠缺，于是同样有着藤器厂工作背景的另一玩伴郭泳昌也被请来。这 6 个人便成了联邦最初的 6 人组合。后来，企业一步步发展成为今天的联邦集团。

（二）创新创业团队组建程序

创新创业团队的组建是一个相当复杂的过程，不同类型的创新创业项目所需的团队不一样,创建步骤也不完全相同。概括来讲,大致的组建程序如图 6 – 2 所示。

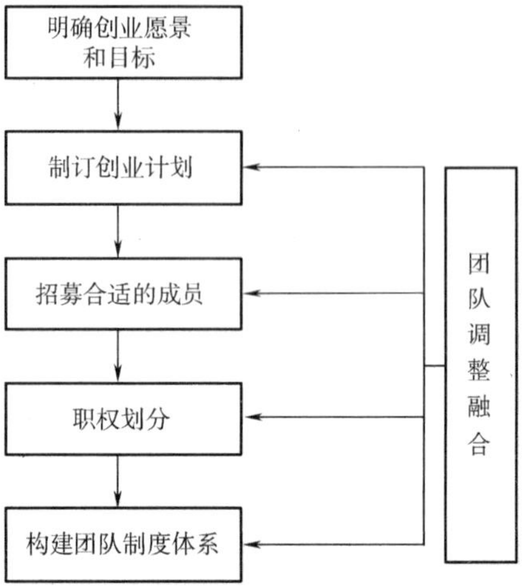

图 6 – 2　创新创业团队组建程序

创新创业团队组建的主要工作如下:

1. 明确创新创业愿景和目标。创新创业团队成员要长时期同甘共苦,完成生命中最有价值的工作,就需要强有力的驱动力,并且通过这个驱动力把团队长期凝聚在一起。这个共同驱动力就是共同的愿景。所谓创新创业团队的共同愿景,是指这个组织中所有成员共同发自内心的意愿,能够激发所有成员为实现这一共同愿望而奉献全部的精力,完成共同的任务、事业或使命。

此外,创新创业团队在目标上的准确定位至关重要。在任何类型的新创企业中,创新创业团队成员都会建立起某种心理约定和创新创业氛围。虽然这种心理约定和创新创业氛围通常是随着创新创业带头人鼓励优秀、尊重团队成员贡献等一系列措施建立起来的,但是如果能把那些目标一致的人选入创新创业团队,将大大促进创新创业氛围的营造。在成功的新创企业里,个人目标和团队成员的整体价值能很好地结合在一起,创新创业目标同样也能得到团队成员的大力支持。

2. 制订创新创业计划。在确定了一个个阶段性目标以及总目标之后,紧接着就要研究如何实现这些目标,这就需要制订周密的创新创业计划。创新创业计划是在对创新创业目标进行具体分解的基础上,以团队为整体来考虑的计划,创新创业计划确定了在不同的创新创业阶段需要完成的阶段性任务,通过逐步实现阶段性目标来最终实现创新创业的总目标。

3. 招募合适的成员。招募合适的成员是组建创新创业团队最关键的一步,关于创新创业团队成员的招募,主要应考虑两个因素。一方面,要考虑互补性,即考虑其能否与其他成员在能力或技术上形成互补,这种互补性形成既有助于强化团队成员间彼此的合作，又能保证整个团队的战斗力，更好地发挥团队的作用。不同角色在创新创业团队中发挥着不同作用。因此，创新创业团队中不能缺少任何角色。一个创新创业团队要想紧密团结在一起，共同奋斗，努力实现创新创业团队的愿景和目标，各种角色的人才都不可或缺。另一方面，要考虑适度规模。适度的团队规模是保证团队高效运转的重要条件。团队成员太少则无法实现团队的功能和优势，而过多又可能会产生交流的障碍，团队很可能会分裂成许多较小的团体，进而大大削弱团队的凝聚力，一般认为，创新创业团队的规模控制在 2 ~ 12 人最佳。

4. 职权划分。为了保障创新创业团队成员执行创新创业计划、顺利开展各项工作，必须预先在团队内部进行职权的划分。创新创业团队的职权划分就是根据执行创新创业计划的需要，具体确定每个成员所要担负的职责以及所享有的相应权限。创新创业团队成员间职权的划分必须明确，既要避免职权的重叠和交叉，也要避免因无人承担而造成工作上的疏漏。此外，由于还处于创新创业过程中，面临的创新创业环境又是动态复杂的，不断会出现新的问题，团队成员可能不断出现更换的情况，因此创新创业团队成员的职权也应根据需要不断地进行调整。

5. 构建创新创业团队制度体系。创新创业团队制度体系体现了创新创业团队对成员的控制和激励能力，主要包括团队的各种约束制度和各种激励制度。一方面，创新创业团队应通过各种约束制度（主要包括纪律条例、组织条例、财务条例、保密条例等）指导其成员，避免其做出不利于团队发展的行为，对其行为进行有效的约束，保证团队的秩序稳定。另一方面，创新创业团队要实现高效运作需要有效的激励机制（主要包括利益分配方案、奖惩制度、考核标准、激励措施等），要使团队成员看到，随着创新创业目标的实现，自身利益将会得到怎样的改变，从而达到充分调动成员的积极性、最大限度发挥团队成员作用的目的。要实现有效的激励，首先就必须把成员的收益模式界定清楚，尤其是关于股权、奖惩等与团队成员利益密切相关的事宜。需要注意的是，创新创业团队的制度体系应以规范化的书面形式确定下来，以免带来不必要的混乱。

6. 团队的调整融合。完美组合的创新创业团队并非创新创业一开始就能建立起来的，很多时候是在企业创立一定时间以后随着企业的发展逐步形成的。随着团队的运作，团队组建时在人员匹配、制度设计、职权划分等方面的不合理之处会逐渐暴露出来，这时就需要对团队进行调整融合。由于问题的暴露需要一个过程，因此团队调整融合也应是一个动态持续的过程。在完成了前面的工作步骤之后，团队调整融合工作就专门针对运行中出现的问题不断地对前面的步骤进行调整，直至满足实践需要为止。在进行团队调整融合的过程中，最为重要的是要保证团队成员间经常进行有效的沟通与协调，培养强化团队精神，提升团队士气。

二、创新创业团队的维持

每个人的思想、个性等都是不一样的，因此，任何团队中的个人在合作过程中，相互之间出现不一致、矛盾甚至冲突都是难免的。而如果不能很好地预防、化解这些问题，团队往往会解体。创新创业团队也不例外，为了成功创新创业，必须维持好创新创业团队的稳定、团结和战斗力。那么，如何很好地维持创新创业团队呢？必须遵守以下一些原则。

（一）始终坚持企业愿景

共同的愿景是将团队成员凝聚在一起的核心。创新创业团队的成员必须有共同的愿景，认同团队将要努力的目标和方向，同时还要有团队共同的行动纲领和行为准则。团队成员要把坚持这个愿景、坚守这些纲领和准则作为铁的纪律，时刻不能动摇。

（二）明确责权利关系

责权利关系是团队成员关系的最主要内容，拥有清晰的责权利关系是团队团结的最基本条件。要以法律文本形式把最基本的责权利界定清楚，尤其是股权、期权和分红权等基本权利，还要确定一个清晰的利润分配方案，此外还要明确包括增资、扩股、融资、撤资、人事安排、解散等与团队成员利益密切相关的事宜。

链接：

> 赵明是某高校化学系的研究生，在读期间研制出了一种新型的工业用胶水。经人介绍，赵明认识了一位农民企业家，这位企业家对他的创新创业想法很感兴趣。不久，他和这位农民企业家合作成立了一家化工厂。企业家亲任总经理，赵明任副总经理兼生产总监。工厂办得很成功。
>
> 但是，就在赵明踌躇满志的时候，这位农民企业家起了私心，想独吞企业。他派自己的一个亲戚担任生产副总监，做赵明的副手。经过一年多的时间，这位副手对生产的关键技术都已经掌握。于是，一天，趁赵明出差在外，企业家突然宣布解除赵明一切职务，由他的那个亲戚接替。赵明出差回来，发现自己已经被逐出厂门，顿时就傻眼了。

（三）进行持续沟通

沟通信息、思想和情感是加强团队成员凝聚力的重要途径。创新创业团队要保证成员间沟通渠道通畅，保证成员能进行持续不断的沟通。不仅在出现矛盾、发现问题、遇到困难时要沟通，更要在平时工作中沟通。特别是团队领袖，要做到完全开诚布公，把自己的所有想法以及和企业有关的所有信息同团队成员分享。

（四）坚持公平正直

领袖是团队的核心，其所做所为对于维持团队的稳定、团结和战斗力至关重要。创新创业团队的领袖不仅要在维护团队的愿景和规则、把握事业方向等方面发挥作用，还要在个人道德和为人处世的作风方面发挥作用，尤其要做到公平正直。只有做到公平正直，才能赢得团队其他成员的信赖和尊重。如果领袖办事不公、为人不正，就会失去成员的尊重和信赖，团队就会逐渐离心离德，战斗力减弱。

（五）淘汰"异己"

维护团队团结非常重要，但也不能为了团结而团结，当矛盾、冲突不可避免时，也要坦然接受。当发现团队成员中有人发生了违反企业规章、道德准则，或者做出了危害团队和企业利益的事情时，要坚决地与之斗争，并且不惜代价，将这样的人淘汰出团队。如果为了维护表面上的团结而姑息养奸，会给团队和企业造成更大危害。

三、创新创业团队发展各阶段的特征及其建设的重点

就像果实的成熟需要一个过程一样，一个优秀的创新创业团队通常也要经历一系列的阶段才能建立起来。创新创业团队的发展阶段如图 6－3 所示。

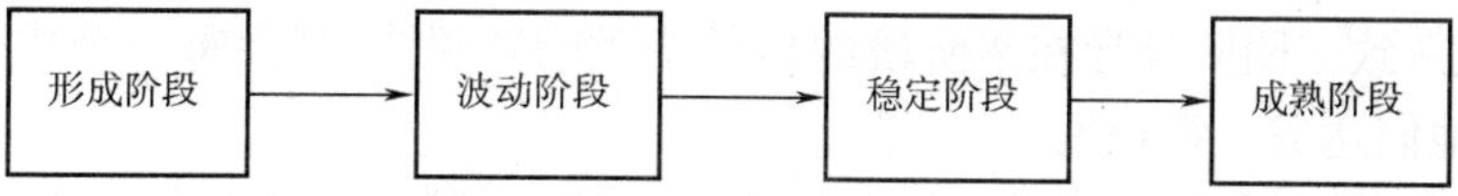

图 6－3　创新创业团队的发展阶段

（一）形成阶段

在形成阶段，团队的各个成员聚集在一起，每一个人都迫切想知道他们的工作任务是什么，有什么样的工作内容以及创新创业企业的行动计划。在这一时期，成员之间的信任一般处于比较低的水平。本阶段，团队进行的主要活动应该是组建一个合理的组织框架结构，明确成员的分工和职责。

领导者需要积极参与到团队的指导和构建工作之中，应利用各种机会向员工宣传创新创业理念和目标，并为他们描绘未来的美好前景以及创新创业成功所能带来的经济效益和社会效益。

（二）波动阶段

在波动阶段，团队成员彼此相互学习，愿意分享工作经验和体会，并采取协作性行动，团队凝聚力和向心力都将得到提高。在这个阶段，个人需要处于较高水平，因此，应继续满足个人物质上的需要和精神上的需要，保障团队成员愉快地工作。当团队从相互信任转向为共同的目标努力工作时，各方面问题会逐渐暴露。成员会发现，

理想可能过于乐观,工作任务繁重,顾客也不像想象的那样多而广,可能出现各个成员意见不一致甚至产生冲突的情况。在这个充满竞争且积极向上的阶段,如果处理得当,将使团队富有创造性;如果处理不当,将严重挫伤员工的工作积极性,影响工作效率。

在成员提出不同观点(如群体应该如何协作、群体应该做什么等)的时期,团队的管理难度将加大。这时,要注意问题发生的信号,注意企业的文化建设,避免在团队成员中形成利益小群体。随着冲突的产生,把冲突公开并帮助成员解决冲突变得越来越重要。

因为团队仍处在发展阶段,任务需要在此阶段仍处于较低水平,团队领导需要把创新创业目标和任务看作推动团队不断发展的重要手段。在这个阶段,团队领导要积极投身于企业文化建设之中,提高员工的归属感和集体荣誉感。

(三)稳定阶段

成功的团队实现了既定的战略目标,具有高度的凝聚力和高度的有效性,此时是团队较为理想的阶段。在稳定阶段,团队成员逐渐理解了创新创业计划、工作职责,能够表达出自己的意见和建议,成员逐渐相互信任,团队开始和谐发展。

在这一阶段,个人可以得心应手地处理在团队中遇到的问题,因此,他们的个人需要在一定程度上有所降低。

但在此时,团队需要仍然很高,因为团队正致力于在行动准则及工作计划和安排上达成一致。团队领导在本阶段的角色是激励新想法,督促每一个成员全力以赴,帮助他们达成一致意见。

在此阶段,任务需要的重要性开始凸现,团队领导应加强人力资源管理,不断调整激励措施,多为员工提供发展的机会,同时应该注重目标的制定,激励团队成员为实现这个目标多做贡献,并为员工提供各种物资和精神奖励。

(四)成熟阶段

在成熟阶段,团队在一种公开、信任的氛围中工作,团队成员能够相互理解,并深刻领悟工作的实质,同时对实现创新创业目标有坚定的信念,并愿意为实现创新创业目标与他人密切配合,并付之于行动。

在此阶段,团队主要致力于协调成员之间的矛盾和竞争关系,建立起流畅的合作模式;团队的经营和管理要进一步公开,确保有更多的员工参与到企业决策之中;在企业文化建设中,要充分尊重员工的各自诉求,重视团队成员之间的依赖关系,让合作成为团队文化建设的基本规范。与此同时,创新创业团队成员应该不断充实自我,加强学习,在学习中不断提高工作效率。

四、创新创业团队建设需要注意的几个问题

在创新创业实践中,创新创业团队建设需要注意的几个常见问题如表 6－3 所示。

表 6－3　建立创新创业团队需要注意的问题

建立团队需要注意的问题	具体内容分析
团队规模要适度， 成员不能过多	1. 团队成员过多，在进行绩效考评时容易造成奖罚不明，导致不客观、不公正，团队凝聚力自然下降，团队工作效率也就降低； 2. 团队成员太多影响沟通效率，沟通不畅会导致上下级之间、平级之间难以形成良好的互动，也就难以营造互帮互助的良好氛围； 3. 在创新创业初期，尤其需要尽快做出决策和判断时，团队成员过多，意见很难达成一致，有时候甚至会因此失去商机
优化组合效率	在选择团队成员时，一定要考虑整个团队成员的优化组合效率。成功的团队需要 4 种不同技能类型的成员： 1. 具有技术专长的成员（负责产品研发）； 2. 能发现问题、提出解决问题的各种方案并能进行有效决策的成员； 3. 对市场有高度敏感性的成员，他们善于观察，能够准确发现市场机会； 4. 具有较强执行能力的成员
分工协作	1. 企业领导的一个重点任务就是发现成员的特质，并且提高他们的团队合作精神，他要对团队中每个成员的才能和个性有着敏锐的判断力，了解成员的性格是外向的还是内向的，了解成员的技术和技能，了解成员是否不善于交流或鲁莽任性，然后根据成员的特点安排他们的工作内容； 2. 职责分配到位，确保员工各司其职，各负其责，在中间环节要互相配合，建立必要的奖惩机制

第四节　创新创业团队的管理机制

一、创新创业团队的管理技巧和策略

领导者变更、计划不连续、裁减成员、规则不连续等都会冲击创新创业团队的合力。如果缺乏有效的管理，团队或者新创企业的生命力难以长久。而有效管理是新创企业保持团队士气的关键。有效管理要求给予创新创业团队成员以合理的“利益补偿”。利益补偿包括两种形式：一种是物质条件，如报酬、工作环境；另一种是心理收益，如创新创业成就感和地位，感受到被尊重、被承认和友爱等。

（一）创新创业文化的引领

创新创业文化是指企业在创新创业及成长过程中逐渐形成的，为创新创业团队成员所接受、传播和遵从的基本信念、共同价值观、行为准则和角色定位等的总称。创新创业文化是一种无形的、隐含的，似乎不可捉摸而又理所当然或习以为常的东西，是创新创业团队中规范成员日常行为的核心理念和隐含原则，其导向、规范、凝聚和激励功能是潜移默化的、内在的、自然的。

积极的创新创业文化，其基本内涵主要包括鼓励创新、开拓进取、积极向上、容许失败和面对失败，具有团队精神和学习精神。创新创业文化是维系团队的黏合剂。对于任何一个新创企业来说，团队的创新创业文化都是其"灵魂"，是经营活动的"统帅"，是新创企业行动的"指挥官"，在新创企业的经营发展中具有无法替代的核心作用。它的作用具体体现在以下几个方面：

1. 导向作用。团队的创新创业文化作为共同价值观念和共同利益的表现，决定新创企业行为的方向，规定新创企业的行动目标。在团队创新创业文化的引导下，新创企业建立起反映创新创业文化精神实质的、合理而有效的规章制度；团队的创新创业文化引导着新创企业及其团队成员朝着既定的发展目标前进。

2. 凝聚作用。共同的价值、信念及利益追求把创新创业团队成员凝聚在一起，使新创企业的内聚力得到加强。因为有共同的目标，新创企业产生了极强的向心力；因为有共同的价值追求，创新创业团队成员有了坚强的精神支柱，为了实现新创企业的目标，每个成员会凝聚成一个强有力的团体，迸发出巨大的能量。因此，团队的创新创业文化是新创企业成功的黏合剂。

3. 规范作用。团队的创新创业文化是管理制度的升华，它通过把外在的制度约束内化为自觉的行为，真正达到规范约束的目的。

链接：

> 四川亚联高科技有限责任公司（以下简称"亚联"）董事长王业勤坦言："一个没有优秀企业文化的企业是不可能持续、快速、健康发展的。"亚联如今所取得的成就与亚联人注重企业文化建设密切相关。企业要想发展壮大，要想走得更远，就不能不把企业文化建设放在一个重要位置上。企业必须有属于自己的灵魂。亚联之所以能有今天的发展规模和良好态势，就是因为成功地运用了企业文化，时时处处以其培育人、凝聚人心作为企业工作的重点。

（二）经济利益的激励

新创企业的产权一般比较明晰，机制灵活，所以可以将期权激励作为经济激励的一项重要内容来实施，从而将传统的以报酬为代表的短期经济激励和以期权为代表的长期经济激励结合起来，体现人力资源的价值。

此外，还要建立鼓励创新创业团队合作的奖励机制。将团队成员的一部分报酬，尤其是浮动薪酬，与创新创业团队成果有机地结合起来。同时在进行年度固定薪酬调整时，也要考虑成员在团队合作方面的表现。只有创新创业团队达成既定目标，个人才能得到这部分浮动薪酬，以此鼓励成员协同作战，将个人利益与创新创业团队利益有机地结合在一起，为实现创新创业团队的共同目标而努力。

链接：

> 以华帝公司为例，公司从无到有，一步一个脚印，发展壮大到今天，原动力就是它能在不同的发展阶段建立与之相适应的、产权明晰的现代产权制度。华帝公司最初是邓新华等7名一起长大的同乡共同成立的。当初华帝七子在结盟之际就以清晰的产权结构为依托，以人尽其能、人适其职作为岗位界定的支点，为今后的华帝大厦打下牢固的根基。在股权分配上，开发区所在村镇占总股本的30%（当时的股权结构），余下的70%由7人平分，各占10%，其中2人以知识入股。华帝公司明晰产权制度的同时也明确了分配方式，轻松解决了在国内许多企业看来最伤脑筋的股权分配问题。

（三）权利与职位的管理

在知识经济时代，创新创业者具有良好的进取精神，创新创业团队又通常是高知群体。创新创业者进行创新创业活动不仅为追求经济利益，还为了得到成就感以及权力和地位上的满足。另外，从创新创业团队的生命周期来看，当团队发展到追逐权力的阶段时，团队冲突会增加，矛盾会加剧，团队效率也会降低，部分核心成员可能会选择离开团队，许多团队在“争权夺利”这个阶段就停止了发展。对于新创企业来说，此时的生存和发展可能会面临重大危机。如何突破这个瓶颈，实现团队自我超越是创新创业团队建设应考虑的关键问题。因此，随着新创企业的发展，创新创业团队领导者要注重权力和地位的激励机制，将创新创业成员的工作成效和其职业生涯发展、地位提升有效地结合起来，建立并维护好创新创业团队的运作原则，使团队成员之间相互尊重、相互信任，能够倾听彼此的意见。基于不同的工作情景和分工，创新创业团队成员可以共享领导角色，在各自的领域中发挥领导作用。

链接：

> 最近，周亮的公司因为业务扩展准备再开办一家分公司，要任命一名分公司经理。关于分公司经理的人选，周亮看重的人选有两个，第一个是李涛，公司资历最老的员工。虽说李涛学历不高，但是工作经验非常丰富，而且善于与客户沟通，这四年来周亮对的公司贡献很大。另一个人选是小陈，毕业于某知名大学，博士学历。虽说他进公司不到两年时间，但却是一名专业能力非常强的人才。上个月正是靠着小陈的筹划，公司获得了两个大客户。按照眼下的情况来看，提拔小陈做分公司经理无疑更利于公司的发展，但是周亮又担心李涛对此会有意见，毕竟李涛是公司的老人了，论资排辈，这位子应该是他的，但是李涛这一年的表现却让周亮很不放心。这一年来，公司的效益上去了，李涛仗着自己是公司的老人，经常

违反公司的规章制度,更让周亮担心的是,李涛在公司里拉拢一些员工,对公司的新员工进行排挤。周亮念及李涛过去对公司的贡献,这一年来也只是睁一只眼闭一只眼。你觉得周亮会选择李涛吗?

(四)创新意识与创新精神的培养

创新意识与创新精神的培养主要是指教育和引导创新创业团队成员增强创新意识,并逐步将其升华为创新创业精神。创新创业不是普通的比赛或设计,而是要求能结合专业特长,根据市场前景和社会需要开发出独特的具有创新性的成果,这样才能达到真正的创新。值得强调的是,创新创业团队的稳定不是指创新创业团队一成不变,而是一种“动态的稳定”,创新创业团队的创建应该遵循“按需组建,渐进磨合”的方式。创新创业团队的管理也不是一步到位的,需要在合理组建创新创业团队的基础上,不断加强团队管理,通过建立合理有效的激励机制,使团队成员在相互尊重、相互信任、公平公正的团队氛围内密切联系、协同配合,保证创新创业团队成员的成长能够满足新创企业发展的需要。

链接:

海尔集团在激励员工的创新精神方面就做得很成功。例如,在海尔集团刚开始宣传“人人是人才”的时候,员工的反应大都很冷淡。员工的想法是,我们只是些技术工人,又没受过什么高等教育,每个月按时拿工资就行,创新不创新的跟自己没多大关系。为了鼓励员工创新,海尔随后制定了一套“命名创新工具”的奖励制度。也就是说,哪名员工革新或者发明了工具,集团就会以发明者的名字为这个工具命名。例如,工人李启明发明的焊枪就被命名为“启明焊枪”,杨晓玲发明的扳手就被命名为“晓玲扳手”。这一措施的效果果然是立竿见影,后来又陆陆续续出现了很多的创新工具。员工们都以拥有以自己名字命名的工具而自豪。

二、创新创业领导者的角色与行为策略

在企业管理和市场营销中,领导者正如在大海中航行的巨轮的舵手,指引着创新创业团队的方向,深刻影响着创新创业团队的发展与运作。创新创业领导者的角色和行为策略体现在以下几个方面。

(一)创新创业领导者的角色

创新创业团队领导扮演了指导者、促进者、交易者、生产者以及风险承担者的角色。创新创业领导者的认知水平、创新创业技能、创新创业能力和思想意识从根本上决定了是否要组建创新创业团队以及团队组建的时间表和由哪些成员组成团

队。创新创业领导者只有意识到组建团队可以弥补自身知识、技能、能力与创新创业目标之间存在的差距,才有可能考虑是否需要组建创新创业团队,以及对什么时候需要引进什么样的成员才能和自己形成互补做出准确判断。

首先,创新创业领导者要在对创新创业动机、目标和前景进行认真评估后,才能得出是否需要组建团队的结论。如果想要成立一个有较大成长潜力的企业,就必须有一个团队。其次,创新创业领导者要进一步考虑组成怎样的团队,以及获得创新创业成功所必备的条件和资源。最后,创业创业领导者要对所需要的团队成员拥有什么专长、他们的社会关系网如何、实际工作能力怎样等进行评估,然后再决定什么时候需要引进什么样的成员,才会与自己形成互补。

(二)创新创业领导者的行为策略

1. 树立正确的团队理念。一是形成凝聚力,创新创业领导者拥有正确团队理念,成员相信他们处在一个命运共同体中,共享收益,共担风险。二是拥有诚实正直的品行,这是有利于顾客、企业和价值创造的行为准则,它排斥纯粹的实用主义或利己主义,拒绝狭隘的个人利益和部门利益。三是目光长远。创新创业领导者不是把新创企业当作快速致富的工具,他们追求的是最终的资本回报及由此带来的成就感。四是承诺价值创造。创新创业领导者承诺为了实现所有的人利益而使"蛋糕"更大,包括为顾客增加价值,使供应商随着团队成功而获益,为创新创业团队的所有支持者和各种利益相关者谋利。

2. 确立明确的团队发展目标。目标在团队组建过程中具有特殊的价值。首先,它是一种有效的激励因素,共同的目标是创新创业领导者带领创新创业团队克服困难、取得胜利的动力;其次,它是一种有效的协调因素,只有真正目标一致、齐心协力的创新创业领导者和团队成员才会获得最终的胜利。

3. 建立责、权、利统一的团队管理机制。一个成功的企业必须制定井然有序的组织策略。组织无序是混乱的根源,创新创业领导者要有序组织自己的企业,同时摆正位置,将自己融入团队中。

(1)创新创业团队内部需要妥善处理各种权力和利益关系。一是创新创业领导者要妥善处理创新创业团队内部的权力关系。在创新创业团队运行过程中,团队要确定谁适合于从事何种关键任务和谁对关键任务承担什么责任,以使权力和责任明晰化。二是创新创业领导者要妥善处理创新创业团队内部的利益关系。一个新创企业的报酬体系,不仅包括诸如股权、工资及奖金等金钱报酬,还包括个人成长机会和相关技能提高等方面的因素。

(2)制定创新创业团队的管理规则。规则的制定要有前瞻性和可操作性,要遵循先粗后细、由近及远、逐步细化、逐次到位的原则。这样有利于创新创业领导者维持管理规则的相对稳定,而规则的稳定有利于团队的稳定。首先是制定治理层面的规则,主要解决剩余索取权和剩余控制权问题。其次是制定文化层面的管理规则,主要解决企业的价值认同问题。最后是制定管理层面的规则,主要解决指挥管理权问题。

三、创新创业团队管理的三维结构

创新创业团队可以从3个方面入手来实施结构管理，分别是知识结构、情感结构和动机结构。知识结构反映的是创新创业团队成功创新创业的能力素质；情感结构是创新创业团队维持凝聚力的重要保障；动机结构则是创新创业团队实现理念和价值观认同的关键因素。

（一）知识结构管理

知识结构管理的核心是建立以创新创业任务为核心的知识和技能互补性，强调创新创业团队有完备的能力来完成创新创业的相关任务。事实证明，在一个创业团队中，知识和技能互补性是实现有效分工的重要依据。

链接：

新东方的创新创业团队就有些类似于唐僧取经团队。徐小平曾是俞敏洪在北京大学时的老师，王强、包凡一同是俞敏洪北京大学西语系“1980届”的同班同学，王强是班长，包凡一是大学时代睡在俞敏洪上铺的兄弟。

俞敏洪敢于选择这帮牛人作为创业伙伴，并且真的在一起做成了大事，成就了一个新东方传奇，从这一点来说，他是一个成功的创业团队领导者。他知道新东方人多是性情中人，从来不掩饰自己的情绪，也不愿迎合他人的想法，打交道都是有话直说。因此，新东方形成了一种批判与宽容相结合的文化氛围，批判使新东方人敢于互相指责，纠正错误；宽容使新东方人在批判之后能够互相谅解，互相合作。

（二）情感结构管理

情感结构管理的重点是注重年龄、学历等不可控因素的适度差异。中国文化注重层级和面子关系，如果创新创业团队成员之间年龄和学历因素差距过大，就很容易在混沌状态下发生冲突和争辩，很容易使彼此感觉丢面子进而演变为情感性冲突。一旦出现这种情况，创新创业团队将不得不把时间和精力浪费在沟通方式设计和内部矛盾化解上，内耗大于建设，不利于创新创业成功。

（三）动机结构管理

动机结构管理的关键在于注重创新创业团队成员理念和价值观的相似性。如果创新创业团队成员之间的价值观不同，那么，想做事业的成员可能不会过分关注短期收益，而怀揣赚钱动机的成员则不会认同忽视短期收益的做法。相似的理念和价值观有助于创新创业团队成员保持愿景和方向的一致，有助于创新创业团队克服创新创业挑战而逐步成功。

值得一提的是,创新创业团队的结构管理是兼顾三方面结构要素的平衡过程,短板效应非常明显。但是现实中,人们往往过分重视知识结构的互补性,而对于情感结构管理和动机结构管理重视程度不够,因此引发的问题往往会随时间推移而越来越严重,创新创业出现的困难和障碍往往加大创新创业团队的内耗和冲突。在这种情况下,建立促进合作和学习的决策机制是发挥创新创业团队的结构优势、成功创新创业的重要途径。

四、团队管理中最容易出现的问题

在团队管理中出现频率较高的问题有以下几个。

(一)管理者的影响力和管理能力不够

一般公司的各级人员和业务主管都是与公司一起成长起来的,都能与公司同心同德。但是管理人员管理经验都不充分,没有强有力的个人影响力和号召力,因而在管理中经常出现一些不可预见的沟通交流上的问题和失误,这也是不能完全让员工真正做到和公司同心同德的原因之一。另外有些领导认为"我的地盘我做主",别人不要插手,连提个意见都不行,这是本位主义和官僚主义在作怪。不从公司全局来考虑,这样的领导人是不合格的。

(二)团队目标感不强

经常感觉到领导的目标是领导的,员工的目标是员工的,完全是两张皮,没有统一,这会造成许多问题。第一,思想不统一,各有各的想法,员工的工作能力不能发挥到最佳;第二,用力方向不一致,员工之间有内耗,降低了工作效率与成果实现率;第三,员工对团队和公司的认同感不强,产生精神离职的现象。要解决这个问题,领导人必须在制定团队目标时反复与每一个员工沟通,不只是让员工明白自己的目标,还要让他理解团队的目标。

(三)团队的战斗力不强

有些部门员工的主观能动性不够,战斗力不强,只会完成领导安排的任务,而且有时连这些任务都完成不好,更不用说多考虑工作以外的问题。这些员工遇到问题总是知难而退,而不是迎难而上,不论是业务问题还是沟通问题都浅尝辄止,哪怕是深入一点点、多考虑一点都不愿意,这点在不同部门工作成果进行对比时感觉最明显。同样一份计划、解决方案,有些部门写得非常详细、很到位,而有些部门写得不痛不痒、没有特色。这恐怕不单是工作能力问题,更多的是工作态度和责任心的问题。

(四)团队内部和团队之间沟通不够

工作中的问题只能通过沟通来解决,但是往往团队内部员工与员工之间、团队与团队之间的沟通是不够的。例如,公司目标不明确、员工对目标不理解、员工对公司或领导有意见等,当这些问题出现时却没有及时做出处理,致使问题越积越多,等到问题堆积如山了,才去解决,这样的沟通是不成功的。团队之间更有这样的问题,公司根据职能分成几个部门,却不料人为设置了"部门墙",一个部门的领导别想批评另一个部门的任何员工,因为这是"别人"的地盘,所以部门间需要协作的工作总是效率低下,需要再三督促。

以上问题在许多公司中是客观存在的,在以后更激烈的市场竞争中,公司将面临更多这样的问题,因而我们有必要以切实可行的方法来加强团队建设。

本章小结

通过对本章内容的学习,我们应掌握如下问题:首先,创新创业团队是为了一个共同目的、共享创新创业权益、共担创新创业风险的一群创建新创企业的人。创新创业团队在满足创新创业的需要、获取外界投资、激发创新创业者的斗志和灵感、缓解创新创业初期的矛盾这4个方面起着重要作用。其次,创新创业团队的5大要素是成员、目标、定位、权限和计划,其组建原则有目标明确合理原则、互补原则、精简高效原则和动态开放原则。最后,创新创业团队发展阶段一般包括形成阶段、波动阶段、稳定阶段和成熟阶段。创新创业团队的管理技巧和策略主要包括创新创业文化的引领、经济利益的激励、权利与职位的管理、创新意识和精神的培养。

复习思考题

1. 如何组建一支创业团队?
2. 创业团队的要素有哪些?
3. 创业团队的组建程序是什么?

案例分析题

南京固柏公司橡塑制品有限公司(以下简称"固柏公司")是以橡塑制品、输送带生产为主,集产学研、技工贸为一体的有限责任公司。2000年5月18日,在张收才等13位股东组成的创业团队领导下,公司顺利从高淳橡胶总厂改制成南京固柏橡塑制品有限公司。

2000年前后,高淳橡胶总厂由于种种原因,发展停滞不前,效益滑坡,于是在县委、县政府指导下进行了改制。此时,张收才觉得只有完全克服原有的弱点,企业才有发展。于是,他联系了原厂的12位技术骨干、业务代表。大家商量后,集资500多万元,成功地竞购下高淳第二染织厂,并更名为南京固柏橡塑制品有限公司。

创业初期的成功并没有让13位创业团队成员感到满足,13位创业团队成员只是把这看作自己事业的起点。在后来几年的发展中，13 位创业团队成员把公司全部的收益都投入生产和科研中，积极开展二次创业，使企业的发展上升到了一个新的层次。2004 年，针对客户不断提出的新要求、新建议，固柏公司高度重视新产品的开发。有志者事竟成，经过多次试验，固柏公司开发出的绿色奥运防滑垫在激烈的市场竞争中拔得头筹，率先打入 2008 年北京奥体场馆，在为企业带来巨大效益的同时，更提升了企业的知名度。从创业初期进行的一系列人本管理，到有效促进企业快速发展的集聚项目、新产品研发工程等的实施，每一个步骤都得到了创业团队的强力贯彻，也都取得了预期的效果，可以说，公司的这一切都是在创业团队的努力下成就的。

讨论题：

1. 固柏公司创业团队形成的主要因素是什么？
2. 固柏公司创业团队给我们带来什么启发？

第七章

创新创业资源

学习目标

通过对本章内容的学习,你应了解和掌握如下问题:

- 掌握创业资源的概念及其类型
- 了解创业资源的获取途径和方法
- 了解创新商业模式的内涵
- 掌握企业选址的概念

引　例

李海鹏在贫困的山东东营农村长大。他努力读书,相信通过努力,可以改变自己的命运,改变家庭的命运。2000 年,李海鹏考入临沂师范学院历史系,由于家庭困难,上大学第一年的 8 000 元学杂费、生活费还是父母东拼西凑借的。在校期间,李海鹏一边学习,一边利用业余时间兼职。为了锻炼自己和挣学费,李海鹏有时一天课外需要做好几份工,经常是打完工回宿舍已是晚上 12 点多。

2001 年,他用挣来的钱买了一辆二手出租车,简单装饰后就租了出去,最多时他曾买了 7 辆出租车。就这样,李海鹏在别的大学生还伸手向父母要钱的时候就已经有了一份稳定的收入,不仅可以自给自足,还可以反哺父母。利用寒暑假,李海鹏到北京、上海、深圳等地的企业锻炼,大大开阔了他的眼界。2004 年大学毕业时,李海鹏利用闲置资金在临沂开了一家火锅店,主营火锅、烧烤和特色菜,2006 年,火锅店还被评为"临沂市十大火锅名店"。随后他又逐渐涉足文化、投资、建筑装修等行业,逐步完成了资本积累。

创业至今,李海鹏涉足过几十个行业。近两年,他开始收缩战线,化零为整。2009 年,他在菏泽创办了占地 13 万多平方米的山东皓宇服装有限公司。2010 年,他又将企业总部搬到了济南。2011 年 5 月份,企业改制成了控股集团,旗下有十几家企业,核心业务以投资担保为主,总资产达到七八个亿,年销售收入十多亿元,刚 30 出头的李海鹏担任董事长,如今他又开始筹划企业上市的事情。2011 年年初,由《法制晚报》联合创业之家网站历时半年,调查制作了 2010 年中国"80 后"青年创富榜,拥有 2.1 亿元资产的李海鹏排在第 27 位。

第一节　创新创业资源及其分类

一、创新创业资源的定义

创新创业资源是指新创企业在创造价值的过程中需要的特定的资产,包括有形资产与无形的资产,它是新创企业创立和运营的必要条件,主要表现形式为创新创业人才、创新创业资本、创新创业机会、创新创业技术和创新创业管理等。所谓创新创业资源,就是任何一个主体在向社会提供产品或服务的过程中所拥有或者所能够支配的能够实现自己目标的各种要素以及要素组合。创新创业资源是企业创立以及成长过程中所需要的各种生产要素和支撑条件。创新创业本身也是一种资源的重新整合。简单地说,创新创业资源就是创新创业者所需具备的条件。

创新创业者获取创新创业资源的最终目的在于利用这些资源,追逐并实现创新创业机会、提高创新创业绩效和获得创新创业的成功。无论是要素资源还是环境资源，无论它们是否直接参与企业的生产，它们的存在都会对创新创业绩效产生积极的影响。要素资源可以直接促进新创企业的成长，环境资源可以影响要素资源，并间接促进新创企业的成长。

企业的创新创业资源主要有资金、时间、人才、市场等，对它的管理包括这些资源的获取、分配和组织等方面的内容。这是因为创新创业在内部发生，一般新业务由旧业务的收入来支撑，所以资金来源显得有保障。在这种资金获取办法下，新业务本身不但没有收益，反而必须投入大量的资金，因此可能打击旧业务员工的积极性，对企业发展不利。解决这个问题的办法有：对新项目使用种子资助资金，采取内部风险投资的方式，或其他有偿使用资金的办法。企业创新创业的另一个问题是人才支持。当项目处于种子阶段时，主要由少数几个人运作和管理，一旦项目进入孵育发展阶段，必须有得力人才来进行规划管理。因此，为了使新、旧项目的发展不受人才问题影响，企业必须注意在发展过程中培养人才，稀释各部门的人才密度，给人才添加压力。相对传统创业来说，企业创新创业的问题之一是创新创业者的工作时间和精力难有保障。一般来说，企业内部的创新创业者既要完成创业工作，又要进行创新开发工作。因此，工作时间分配经常顾此失彼。为了保障员工有充足的时间来孵化创新性的想法，企业应该从制度上给他们以保证，同时减轻他们的工作负担，避免对员工施加过多的时间压力，允许他们长时间解决创新问题。例如，柯达公司的创新创业者可以将 20% 的工作时间用于完善创新创业设想；如果设想可行，创新创业者可以离开原岗位。

企业创新创业是一种以市场为导向的活动，市场对新产品的接受程度直接关系到创新创业的成败。但开始时，新产品在市场中几乎不为人所知，因此，企业必须集中销售资源，致力于新产品的市场开拓。这里也存在新、旧项目营销资源竞争的问题。为了解决这个问题，企业必须加大营销投入。

二、创新创业资源的类型

（一）直接资源和间接资源

林强、林嵩、姜彦福等人（2003，2005，2007）按照资源要素对企业战略规划过程的参与程度，将创新创业资源分为间接资源和直接资源。财务资源、管理资源、市场资源、人才资源是直接参与企业战略规划的资源要素，可以把它们定义为直接资源；政策资源、信息资源、科技资源对于创新创业企业成长的影响更多的是提供便利和支持，而非直接参与创新创业战略的制定和执行，因此，可以把它们定义为间接资源。根据上述分析，创新创业资源的概念模型如图 7－1 所示。

1. 财务资源。是否有足够的启动资金？是否有资金支持创新创业最初几个月的亏损？

2. 经营管理资源。经营管理资源可以回答凭什么找到客户、凭什么应对变

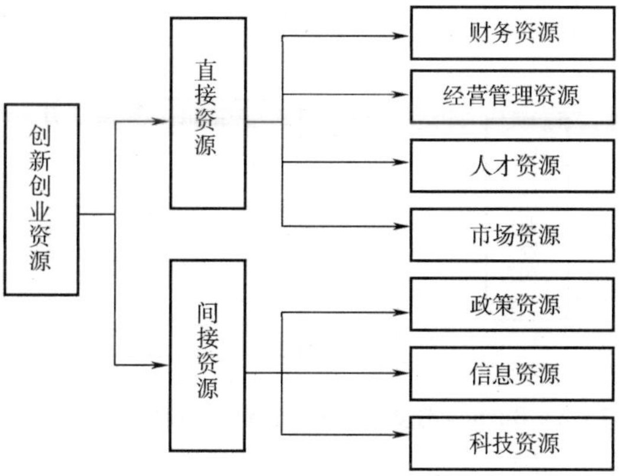

图 7-1 创新创业资源分类

化、凭什么确保企业运营所需能够及时足量的得到、凭什么让创新创业企业内部能有效地按照最初设想运转起来等一系列问题。

3. 人才资源。是否有合适的专业人才来完成所有的任务?

4. 市场资源。市场资源包括营销网络与客户资源、行业经验资源、人脉关系。凭什么进入这个行业?这个行业的特点是什么?盈利模式是什么?是否有起码的商业人脉?市场和客户在哪里?销售的途径有哪些?

5. 政策资源。可不可以有一个"助推器"或"孵化器"推进我们的创新创业,比如某些准入政策、鼓励政策、扶持政策或者优惠政策等?

6. 信息资源。依靠什么来进行决策?从哪里获得决策所需的信息?从哪里获得有关创新创业资源的信息?

7. 科技资源。创新创业的企业凭什么在市场上竞争,为社会提供什么样的产品和服务?大学生创新创业造就了惠普公司、英特尔公司等今天的高科技企业,造就了硅谷神话,为美国创造了巨大的社会财富,首先依靠的就是核心的科技技术。

(二)Barney 分类法:人力和技术资源、财务资源、生产经营性资源

Barney 分类法将创新创业时期的资源按其重要性分别细分为人力和技术资源、财务资源、生产经营性资源(见图 7-2)。由于企业新创,组织资源无疑是三类资源中较薄弱的部分。而人力资源为创新创业时期最关键的因素,创新创业者及其团队的洞察力、知识、能力、经验及社会关系影响到整个创新创业过程的开始与成功;同时,在企业新创时期,专门的知识技能往往掌握在创新创业者等少数人手中,此时的技术资源和人力资源紧密结合,并且上述两种资源可能成为企业竞争优势的重要来源。创新创业时期的物质资源最初主要包括财务资源和少量的厂房、设备等。细分后的创新创业资源经过重新归纳,主要分为这几种:①人力和技术资源,包括创新创业者及其团队的能力、经验、社会关系及其掌握的关键技术等;②财务资源,即以货币形式存在的资源;③其他生产经营性资源,即在企业新创过程中所

需的厂房、设施、原材料等。

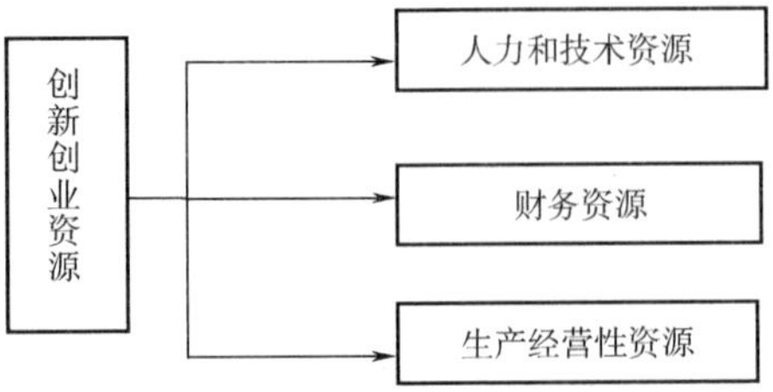

图 7－2　Barney 分类法下的创新创业资源细分概念模型

（三）核心资源与非核心资源

根据资源基础论，创新创业资源可分为核心资源与非核心资源。识别核心资源，立足核心资源，发挥非核心资源的辐射作用，实现创新创业资源的最优组合，是创新创业资源运用机制的基本思路。根据创新创业资源的分类，具体可做如下解释。

核心资源主要包括科技、管理和人力资源。这几类资源涉及创新创业企业有别于其他企业的核心竞争力，是创新创业机会识别、机会筛选和机会运用阶段的主线。必须以这几类要素资源为基点，扩展创新创业企业发展外延。人力资源对企业来说主要是一种知识财富，是企业创新的源泉。高素质人才的获取和开发是现代企业可持续发展的关键。管理资源又可理解为创新创业者资源。创新创业者自身素质对创新创业企业的成长有着至关重要的作用。创新创业者的个性，对机遇的识别和把握，对其他资源的整合能力，都直接影响创新创业的成败。科技资源是一种积极的机会资源。对新创企业来说，主动引进和寻找有商业价值的科技成果，是企业的立身之本和市场竞争之源。

非核心资源主要包括资金、场地和环境资源。如何有效地吸收资金资源，并保持稳定的资金周转率，实现预期盈利目标，是创新创业成功与否的瓶颈课题。场地资源是指高科技企业用于研发、生产、经营的场所。良好的场地资源能够使企业大幅度降低运营成本，提供便利的生产经营环境，短期内累积更多的顾客或质优价廉的供应商。环境资源作为一种外围资源，影响着创新创业企业发展。例如，信息资源可以为创新创业者提供优厚的场地、资金、管理团队等，文化资源可以促进管理资源的持续发展等。

（四）自有资源和外部资源

以上所有的资源，或者属于自有资源，或者属于外部资源。自有资源来自内部机会的积累，是创新创业者自身所拥有的可用于创新创业的资源，如自有资金、自己拥有的技术、自己所获得的创新创业机会信息、自建的营销网络、控制的物质资源或管理才能等，甚至在有的时候，创新创业者所发现的创新创业机会是其所拥有的唯一创新创业资源。

外部资源包括朋友、亲戚、商务伙伴或其他投资者、投资人提供的资金，也包括借到的人、空间、设备或其他原材料（有时是由客户或供应商免费或廉价提供的），还包括通过提供未来服务、机会等换取到的资源。有些外部资源还可能是社会团体或政府资助的管理帮助计划。外部资源更多地来自外部机会的发现，而外部机会的发现在创新创业初期起着决定性作用。创新创业者在开始创新创业时面临的一个重要问题即资源不足和资源供给。一方面，企业的创新和成长必须消耗大量资源；另一方面，企业自身还很弱小，无法实现资源自我积累和增值。所以，企业只有识别机会，从外部获取到充足的创新创业资源，才能实现快速成长，这也是创新创业资源有别于一般企业资源的独特之处。对创新创业者来说，运用外部资源是一种非常重要的方法，在企业的创立和早期成长阶段尤其如此。其中，关键是具有资源的使用权并能控制或影响资源部署。

三、创新创业资源的整合

所谓资源整合，是指企业对不同类型资源进行识别与选择、汲取与配置、激活和融合，使之具有较强的柔性、条理性、系统性和价值性，并创造出新资源的一个复杂的动态过程。在资源整合中，要注意以下几种重点资源的优化利用：政策资源、信息资源、资金资源、人才资源、管理资源、科技资源。企业在创新创业过程中，要想取得好的成效，就得在这几个重点资源的利用上进行优化配置，达到资源最大化利用效率。创新创业资源整合的意义如下。

（一）提高企业核心竞争力

从企业初创到最终有所收获，资源的获取和整合伴随整个创新创业过程，创新创业者需要有效识别各种创新创业资源，并且积极借助企业内外部的力量对创新创业资源进行组织和整合，形成企业的核心竞争力，促进创新创业企业成长。创新创业资源对创新创业的重要意义不仅局限在单纯的量的积累上，还应当看到创新创业过程实质上是各类创新创业资源重新整合、获取竞争优势的过程。企业在创新创业过程中，不仅要广泛地获取创新创业资源，更要懂得如何使用这些资源。资源整合是企业竞争力的主要源泉，市场竞争优势常常属于那些善于进行资源整合的企业，而不是那些拥有大量资源的企业，也不是那些投入巨资开发新资源的企业。也就是说，竞争优势的真正来源是企业对资源的整合能力，这种能力使企业高层管理人员能够基于对未来发展趋势的正确预测和判断，有效识别与选择、汲取与配置、激活与融合企业内部资源与外部资源、新资源与旧资源、个体资源与组织资源、横向资源与纵向资源。通过持续不断的资源整合，企业能提升其竞争优势。因此，在企业资源管理任务中，我们在重视对企业资源整合的同时，应该采取相应的整合策略，以提高企业的资源整合能力。

(二)促进企业可持续发展

创新创业企业成立之初,所需的各项资源往往只能依靠创新创业者自身的努力获取。创新创业企业具有高度成长性,在其迅速成长扩张的过程中,很快就能形成一定的组织规模。创新创业者很快就会发现,通过自身努力获取的资源远远不能支持企业的发展。为了使企业能够继续发展,获取创新创业资源,也就是获取外面环境给予企业的资源是相当必要的。

第一,从我国的创新创业环境来看,创新创业活动需要相应的政策扶持,只有在政策允许和鼓励的条件下,企业才能获得更多的国内外人才、贷款和投资、各种服务与优惠等。这就需要创新创业企业随时关注国家政策的变化。在创新创业过程中,企业不要因为追求眼前利益而忽视了长远利益,不要违反国家相关政策,否则将会遭到舆论攻击,使企业发展受阻。

第二,由于是新进入者,创新创业企业在把握信息资源会的广度和深度方面处于劣势,由于竞争十分激烈,企业就更加需要掌握丰富、及时、准确的信息,以争取到更多的生产要素资源,为制定研发、采购、生产和销售决策提供指导和参考。充分了解各种市场信息,可以为企业带来可预见性的市场趋向,为企业各种工作的开展提供一个较安全的环境,促进企业持续发展。

第三,资金资源对于任何一个企业都非常重要。对于创新创业企业来说,无论是产品研发还是生产、宣传、销售,都需要大量的资金,如何有效地吸收资金资源是每个创新创业者都极为关注的问题。这就需要企业向外界充分展示自己的各种优势,抓住海内外投资者的目光,获得投资;充分利用现有的各种资金,不花冤枉钱,不做无用功。

第四,高素质人才的获取和开发是现代企业可持续发展的关键,特别是技术要求高的创新创业企业,知识比重更大,人才资源更加重要。创新创业企业要善于对员工进行培训,培养员工创新能力,挖掘员工潜力,为企业的发展奠定基础。

第五,创新创业企业的管理者大多是专业技术人员出身,他们本身具备较强的科研能力,但是对企业管理方面的知识往往有所欠缺,很多企业都失败于管理不善,这意味着拥有一套完整而高效的管理制度是创新创业企业宝贵的资源。企业要建立健全符合本企业发展的企业文化,培养员工归属感和认同感,凝聚员工力量,为企业提供一个好的发展、创新氛围;采取合理的激励及保险制度,使员工觉得自己是团队的一员而不是局外人,他们才会不遗余力地为公司的发展做各种努力,不会懒懒散散、以无所谓的态度在公司等着发工资,才能让企业发展得更好、更远。

第六,创新创业企业应积极引进和寻找有商业价值的科技成果,充分利用科技的力量促进企业创新,推出新品,吸引更多消费者,提高企业的竞争力。企业要有较强的竞争力,才能在激烈的市场竞争中站稳脚跟,持续发展。

(三)有利于企业管理

企业是一个管理性组织,企业要对已有的经营思想、管理模式、人事制度等内部资源进行整合,因地制宜,因时制宜,以适应经济全球化的需要。坚守陈旧的管理模式会让企业管理跟不上社会发展的脚步,失去获得更好外部资源的机会。这就需要管理者根据经济发展的趋势,提高内部管理的科学性、合理性,以获得外部关注,持续发展。在经济全球化过程中,外部市场环境和内部资源对企业制定和实施发展战略都是十分重要的,资源整合是提高企业绩效的重要源泉。对企业内部资源与外部资源、传统资源与新资源、个体资源与组织资源、横向资源与纵向资源等实施有效的整合,可以使企业充分发挥这些资源的使用效能并创造新的资源,从而提升企业的经营绩效。

第二节　创新创业资源的获取与整合途径

一、获取创新创业资源的途径

(一)获取技术资源的途径

获取技术资源的途径有:①吸引技术持有者加入创新创业团队;②购买他人的成熟技术,并进行技术市场寿命分析;③购买他人的前景型技术,进行后续完善开发,使之达到商业化要求;④购买技术并吸引技术持有者加入;⑤自己研发,但这种方式需要时间长,耗资大。我们应该随时关注各高校实验室、老师或者学生的研发成果,定期去国家专利局查阅各种申请专利,养成及时关注科技信息,浏览各种科技报道,留意科技成果,从中发现具有巨大商机的技术的习惯。政府机构、同行创新创业者或同行企业、专业信息机构、图书馆、大学研究机构、新闻媒体、会议及互联网等,都是企业获取信息的渠道,企业可以根据自己的实际情况与各种方式的特点,选择一种或多种方式,尽可能获取有效的信息。

(二)获取人力资源的途径

这里的人力资源不是指创新创业企业成立以后需要招募的员工,而是指创新创业者及其团队拥有的知识、技能、经验、人际关系、商务网络等。创新创业者可以在读书期间做一些产品的校园或者地区代理,在这个过程中积累关于市场的知识,锻炼组织能力,因为成立企业往往要组织 2 至 3 人的小团队;进入企业为别人工作,通过打工的经历学习行业知识,建立客户资源渠道,了解企业运作的经验,学习开拓市场的方法,认识盈利模式。迪士尼公司总裁加里·威尔逊·沃特认为:“在一个小公司的资深层任职,可给你一种广阔的视野并向你提供更具创意的机会,小公司承受不了机构臃肿的压力,我了解发薪水时没有足够现金的情况如何,我了解贷款付息 20% 时的情况如何。我涉猎范围广泛,为我在大公司发展经营战略打下了良好的基础。”

获取人力资源的途径主要有:①打工;②模拟公司运作;③参加校园创业大赛或者挑战杯大赛;④拜访优秀的人;⑤与优秀的人共事。

(三)获取营销网络的途径

营销网络将帮助创新创业企业的产品或者服务走向市场,换回用户的"货币选票"。一般情况下,创新创业企业可以通过以下途径拥有未来的营销网络:①借用他人已有的营销网络,使用公共流通渠道;②自建的营销网络与借用他人营销网络相结合,扬长避短,使营销网络更符合创新创业企业的要求。

(四)获取外部资金资源的途径

对于外部资金的获取,一般可通过5种途径获得:①依靠亲朋好友筹集资金,双方形成债权债务关系;②抵押、银行贷款或企业贷款;③争取政府某个计划的资金支持;④所有权融资,包括吸引新的拥有资金的创新创业同盟者加入创新创业团队,吸引现有企业以股东身份向创新创业企业投资,参与创新创业活动,以及吸引企业孵化器或创新创业投资者的股权资金投入等;⑤拟订一份详尽可行的创新创业计划,以吸引大学生创新创业基金甚至风险投资基金的目光。在获取外部资源之前,记住一位企业家曾经说过的话:"创新创业首先要用自己的钱干起来,你自己的钱不先投进去,凭什么让别人为你投钱?"

二、创新创业资源的整合途径

创新创业资源的整合是指企业对不同来源、不同层次、不同结构、不同内容的资源进行选择、汲取、激活和有机融合,使之具有较强的柔性、条理性、系统性和价值性,并对原有的资源体系进行重构,摒弃无价值的资源,以形成新的核心资源体系。

(一)创新创业资源整合的主要内容

创新创业资源整合主要包括以下4个方面的内容:

1. 内部资源与外部资源的整合。一方面,识别、选择、汲取有价值的、与企业内部资源相适应的外部稀缺资源(如隐性技术知识等),并将这些资源融入企业自身资源体系之中;另一方面,实现外部资源与内部资源之间的融合,激活企业内外资源,充分发挥内外资源的效率和效能。

2. 个体资源与组织资源的整合。将零散的个体资源进行系统化、组织化,不断地融入组织资源之中,转化为组织资源;组织资源也能够迅速融入个体资源的载体之中,激发个体资源载体的潜能,提高个体资源的价值。

3. 新资源与传统资源的整合。新资源可以提高传统资源的使用效率和效能;反过来,传统资源的合理利用也可激活新资源,促进隐性技术知识等新资源的不断涌现。

4. 横向资源与纵向资源的整合。横向资源是指某一类资源与其他相关资源的关联程度;纵向资源是指某一类资源的广度和深度。它们的整合对建立横向资源与纵向资源的立体架构具有十分重要的意义。

（二）创新创业资源整合的环节

创新创业资源整合有其内在的逻辑过程，对这一过程的分析，对提升企业能力、增强初创企业的竞争优势具有十分重要的指导意义。一般而言，创新创业资源的整合经历资源识别与选择、资源汲取与配置、资源激活与融合 3 大环节。

1. 资源识别与选择。资源识别与选择应从初创企业宏观战略及微观战术两个层面综合考虑。资源识别与选择的战略层面涉及企业全局和长远发展问题，围绕企业战略目标选择资源，主要是对资源选择进行基本定位，包括产业定位、市场定位和产品定位 3 个方面。其中：产业定位是指选择最适合的资源应用于合适的产业领域，不同的产业需要的资源可能是完全不同的；市场定位是指企业如何在激烈的市场竞争中选择合适的资源满足某一细分市场的需求；产品定位是指选择合适的资源以更好地满足某一产品的生产需要。资源识别与选择的战术层面涉及企业生产经营问题，围绕企业战术目标，主要根据资源的层级性与可接受性相匹配的原则进行选择。一般而言，创新创业资源层级越高，给企业带来持续竞争优势的时间就越长。但是，层级越高的资源，获取的代价也越大，随之而来的市场风险也越大。

资源的可接受性是指企业应用和汲取某特定资源的可能性，它直接决定了特定资源能否发挥作用及发挥作用的程度。企业对资源的汲取能力取决于企业现有资源，特别是知识、信息等新资源。

2. 资源汲取与配置。企业所整合的创新创业资源包括企业外部资源和企业内部资源。内部资源是资源选择、汲取的基础；外部资源的汲取与配置是快速提升企业能力的有效途径。企业资源汲取与配置是指企业将外部资源积极纳入企业内部并能为企业所用的活动。创新创业资源汲取的途径不仅包括市场机制下的资源购买，还包括准内部化的资源联盟以及完全内部化的资源并购等，其核心内容是如何运用这些资源并为企业所接受。其中，购买创新创业资源主要是通过市场购入，但是隐性知识等新资源很难通过购买获取并为企业所用，因为这些创新创业资源可能附着在非知识资源之上。

创新创业资源联盟是指通过联合其他组织，对一些难以或无法通过自己进行开发的资源实行共同开发。这种方式不仅可汲取显性知识资源，还可汲取隐性知识资源。要注意的是，创新创业资源联盟的前提是联盟双方的资源和能力互补并且有共同的利益。资源并购是通过股权收购或资产收购，将企业外部资源内部化的一种交易方式。不过，资源并购的前提是并购双方的资源尤其是知识等新资源具有比较高的关联度。而汲取的创新创业资源只有合理有效地配置到最能发挥其使用效益的地方去，才能体现创新创业资源的价值。

3. 资源激活与融合。创新创业资源激活与融合贯穿于企业生产经营整个过程，它是将汲取与配置的资源完全应用于企业研究开发领域、组织和管理领域、产品生产领域以及市场开拓领域的过程，其核心是发挥创新创业资源的最佳使用效率和效果，使企业获利能力得到提升。资源融合是指按照创新创业资源之间相互匹配、互为补充、相互增强的原则，将已选的外部技术资源与企业内部技术资源进行有机融合，并内化于企业。

企业不仅是一个管理组织，更是一个创新创业资源的集合体。企业的基本经济功能在于利用各种生产要素及资源为市场提供产品或服务，而企业的可持续发展关键在于保持可持续的竞争优势。企业的竞争优势在于对企业在全球范围内运营所需资源的整合。企业不仅要对已有的经营思想、管理模式、人事制度等内部资源进行整合，因时制宜，以适应经济全球化的需要；也要从所涉入的新环境中汲取先进的部分，并结合自身特点进行整合，以为己用。在经济全球化过程中，企业外部市场环境和内部资源对企业制定和实施发展战略都是十分重要的。既要重视外部环境的作用，密切注视宏观环境和行业结构特征的变化，适时调整或更新自己的资源和能力，又要从自身内部资源状况出发，选择有吸引力的行业及符合行业结构特点的竞争战略。

第三节　主要的创新创业资源

创新创业资源有较多形式，具体包括人力资源、技术资源以及资金资源等核心资源，也包括政策资源、场地资源、信息资源等辅助资源。本节重点介绍3种核心资源。

一、创新创业人力资源管理

（一）创业初期的人力资源规划

1. 创业初期的人力资源规划，主要从业务开展的层面（包含技术、生产、营销等）以及企业整体运营来思考，同时结合企业的长远发展来进行规划。

2. 企业需要开展什么业务？需要成立哪些机构或部门？需要配备什么样的人才？需要配备多少这样的人才？需要的人才来自哪里？如何才能引进这样的人才？如何让这些人才在企业能够安心工作并发挥作用？企业在人才方面所做的预算是多少？一般员工的数量、来源、工作分配是怎样的？企业的薪酬福利制度是怎样的？如果创业初期能够把这些问题思考清楚，能够“系统性”地把这些问题归纳到一起来处理，相信是很容易找到答案的。

3. 从人力资源规划的角度而言，企业要建立一个比较完善的薪酬分配制度，即利益分配机制，先有规则再请人。

4. 人力资源规划方面需要考虑的一个重要因素就是企业业务规模的定位。进行预估,对于企业生产能力和销售前景的合理预期是比较关键的,但如果预估失准,就会造成人力资源的浪费,或是造成人员的紧缺。

（二）新公司的组织设计

1. 精干原则。这一原则的基本要求是:部门尽量减少,企业业务尽量实行职能归类管理。一般生产型企业有几个基本部门就足够,如生产管理部门、质量管理部门、技术开发部门、营销管理部门、财务部门、人事行政部门(含办公室在内);其他如采购、仓库管理等职能可归并到上面某个职能部门内,或是只设岗位,不设部门,指定某个领导负责即可。

2. 垂直管理原则。大家都很反感多头管理,同样一件事,这个领导交代要这样做,那个领导吩咐按照那样的方式做,下面办事的人就会头疼,因此,在组织设计上要尽量避免出现这样的状况。垂直管理体现的基本原理就是只听一个领导的安排,而不是很多人都来安排同一件事。

3. 独立原则。独立原则是指组织中的各部门要分工明晰,权责清楚。这个部门负责什么,那个部门负责什么,尽可能清晰明了,不要相互交织,而且权责一旦清晰,就要尊重权责的所属。

4. 扁平化原则。本着效率原则,中小企业的管理层级应尽量缩减。一般设置4个层级基本就够了:总裁—部门经理—部门主管——般员工。这样,指令下达或者报告审批就能高效实现。如果需要经过很多程序,贯彻起来往往速度就会很慢,甚至导致指令失真。

（三）创业初期的人力资源制度

一个新公司,制度并非大而全就好,一些关键性的制度不能少。初创企业应制定薪酬分配制度、考勤制度、人员招聘制度、奖惩制度等人力资源制度。

人力资源制度一定要结合企业的实际情况来制定,尤其是薪酬制度,一定要花时间和精力来制定,要起到激励员工的作用。

（四）创业初期的人才队伍建设

1. 公司的高层管理团队建设。建设公司的高层管理团队,需要大家对公司经营思想有高度的认同,否则在以后的日常工作中,很容易由于某些分歧造成内部矛盾。

2. 公司的基层管理团队建设。其中,有两样东西最重要:能力和职业意识。没有能力,事情干不好;没有职业意识,即使能力强,干事情也不会用心。但是,能力和职业意识都是可以培养的,关键是要选对人。

3. 公司的员工队伍建设。员工队伍建设,最核心的就是公司做事要公平,对员工的付出要给予合理的回报。各级管理人员对员工的工作一定要做细,不仅要求员工完成工作任务,也要适时关心一下员工的生活。

二、创新创业技术管理

创业技术是围绕现代新式创业(互联网+转型等)所需的创业痛点挖掘、用户群识别、创想开发、落地路径设计、市场验证执行、模式复制扩张等展开的技术应用范畴，更多地围绕创业过程中涉及的创意、市场知识、落地技能、模式价值方法展开专业性研究，是一个更泛化和概化的定义。在这一过程中，需要评价技术的先进性以及技术的产业化两个方面。

（一）技术的先进性

技术的先进性指标需要充分评估技术的领先程度以及技术的可行性。

1. 技术的领先程度。技术的领先程度主要评价创业项目主体技术水平、技术创新程度以及技术竞争力如何。重点考察关键技术是否有所突破，整体技术是否达到国内领先水平，核心技术指标是否达到国际先进水平；创业项目核心技术、关键工艺是否独创，是否拥有自主知识产权，且知识产权权益是否明晰；创业项目核心技术是否属于领域发展前沿技术，是否符合国家和地区产业发展方向，是否能够形成具有较强市场竞争力的主导产品等。

2. 技术的可行性。技术的可行性指标主要评价创业项目技术成熟度、技术风险性以及技术就绪度。重点考察创业项目核心技术是否比较成熟，配套技术是否基本具备，是否能够实现技术成果转化，形成的主导产品的重要技术指标是否稳定可靠；核心技术是否不易被模仿或被替代，主导产品是否存在政策、环境、市场准入等方面的制约；创业项目的技术研究路线设计是否科学、合理，研究方案是否全面、严谨，采用的方法是否可靠，各项风险分析及应对措施是否得当等。

（二）技术的产业化

技术的产业化需要关注以下两个方面：

1. 产业化实施计划。产业化实施计划主要评价投融资计划的合理性以及产品（或服务）开发和生产策略的可行性。重点考察创业项目资金筹措能力是否有保障，资金结构是否合理，产品化实施计划进度是否明确，阶段目标是否清晰、可行。

2. 市场前景。市场前景主要评价产品（或服务）定位和市场需求以及产品竞争优势和抗风险能力。重点考察项目的目标客户是否明确，市场需求是否较大，能否快速进入市场，产品竞争优势是否明显，竞争能力如何，是否能够预测市场、政策方面的风险并有应对措施等。

三、创新创业资金筹集与管理

创业资金是指创业者进行创业时全部的资本投入，包括使创业者能力提高的就业培训、店铺租赁、店面装修、店面展示所需资金以及数量不等的流动资金。创业资金的来源：一是自筹资金，包括自己的储蓄或者向亲戚朋友借贷所得的资金；二是社会筹资，通过提供高价值的固定抵押物，向银行等金融机构贷款，或者通过熟人或网络向非正式金融机构借贷，后者比前者利率高，风险更大。常见的 7 种融资方法具体如下。

(一)寻找合作伙伴

寻找合作伙伴是新公司融资最常见、最直接的一种方法,它不仅可以带来启动资金,还可以带来关系。有些人希望投资者能够呆在“被动位置”上,还有一些人希望投资者成为关键股东,成为合伙人,可以一起制定决策。第三方投资者或者合伙人一般拥有丰富的产业知识,有过创业经历,重视企业的盈利。

(二)贷款

在某些情况下,贷款创业是唯一的选择。贷款存在风险,如果创业项目启动时没有获得投资,则风险更大。完全理解合同,知道支付的期限、利息及其他费用是一件相当重要的事。需要多少钱就贷多少,不要多贷,否则一旦出错,就很难修正。

(三)众筹

众筹是一个相对较新的概念,一些电子产品、服装甚至好莱坞电影都在使用众筹方式融资。

链接:

> 2014 年电影《美眉校探》(*Veronica Mars*)上映,这部电影融资近 600 万美元,而其原本只准备融资 200 万美元。VR 头盔也通过众筹成功融资 240 万美元。还有一点更重要,这些资金都是在 30 天内获得的。由此可以看出,消费者不只对现代 VR 感兴趣,他们更愿意通过在线融资平台提供资金支持。

(四)利用好信用额度

企业家如果拥有特殊的信用额度,可以用账户为创业公司筹集资金。事实上,2008 年金融危机爆发时,60% 的小企业老板依靠信用卡拯救企业,防止破产。

(五)参加竞赛或者其他有奖项目

一些机构会组织竞赛,一些项目会提供奖励,它们要寻找新创业公司,寻找最好的创意。如果能够成为赢家,就可以获得大量现金奖励,还可以增加曝光率。

(六)参加创业项目

创业项目有时指的是孵化器或者加速器,它向“未来企业家”提供丰富的信息、资源,帮他们寻找融资机会,推动新企业发展。这种项目许多时候具有“社区性”和“产业性”。有些创业项目很关注科技、医疗、健康护理领域的创业公司及其他一些公司。

(七)用股权换资源

在所说的 7 种方法中,用股权投资源这种方法可能最少见。用股权换资源是指可以拿出企业的少量股份,换取别人的支持。获得的资源可能是任何东西,但不是资本投入。有了其他人的帮助,企业可以抵消一部分成本,让融资目标更易实现。

本章小结

本章重点讨论创新创业资源问题，首先阐述了创新创业资源的基本概念与类型，并系统地讨论了创新创业资源的获取与整合途径，比较了几种资源整合方法的优缺点。介绍了创新创业资源的多种形式，并从人力、技术、资金几个方面对主要的创新创业资源展开了详细叙述。

复习思考题

1. 创新创业资源获取的途径有哪些？
2. 创新创业资源整合的方法及优缺点？

案例分析题

国内领先的动力电池上游企业多氟多集团携手众多合作伙伴，举办了"多氟多新能源产业'新形态'战略发布会"。多氟多希望通过构建开放的新能源汽车产业生态合作链，联合众多生态合作企业，通过在新能源领域的技术和商业模式创新，为客户提供优秀的出行体验和高效的物流解决方案。

多氟多集团全面展示了多氟多在新能源汽车领域的全产业链布局，包括电池原材料、三电系统、新能源整车、出行和物流运营4大新能源汽车相关领域的生态企业均在多氟多展台亮相。多氟多上市公司体系内的3大板块——电池原材料、动力锂电池和红星汽车分别展示了各自最新的产品。此外，多氟多集团投资的新能源汽车产业链企业也有部分企业亮相，包括电机和电控生产企业南京挚云，轻量化电动底盘企业重庆骐嘉，分时租赁出行服务提供商小明出行和纷享出行，新能源物流车运营商河南一微和天蓝租车。

多氟多在发布会上还与北京协同创新研究院、上海钛马和驭势科技分别进行了战略合作签约仪式，在新能源产业链原始和前瞻性创新领域、智能网联和自动驾驶等领域开展深度战略合作。

多氟多董事长李世江表示，经过十余年的布局和积累，多氟多已经形成了以新材料体系为支撑、以新能源汽车为引领、以电动汽车动力总成为核心的新能源汽车全产业链，产品布局涉及氟化物、电子化学品、锂电池、电动汽车4大板块。多氟多将携手诸多合作伙伴，用更加丰富的产品和优质的服务打造新能源产业。

讨论题：

试分析多氟多集团发展拥有哪些核心资源？

第八章

创新创业计划

学习目标

通过对本章内容的学习,你应了解和掌握如下问题:

- 什么是创业目标?如何确立创业目标
- 企业设立有哪几种方式?创业者应该如何选择
- 什么是商业计划书?它有什么作用?该如何进行商业计划书的编写

引 例

2006年6月，陶立群从浙江大学城市学院工商管理专业毕业时，决定开一家蛋糕店。他做出这个决定并不是盲目的。大学期间，他曾经经营过校内休闲吧、小餐厅，都做得不错。曾在另一知名本土蛋糕品牌企业实习过的他，对蛋糕市场有所了解，觉得能在这一行闯出一片天地。虽然父母极力反对，但陶立群认准了这条路，并决意走下去。2006年夏天，他白天顶着烈日逛绍兴市区大大小小的蛋糕店，做调研、想问题，晚上则躲在房间里查资料，了解市场行情。他还跑到杭州、上海等大城市做蛋糕市场的调查，进行可行性分析，撰写商业策划书。

两个多月后，当满满19页的《新天烘焙蛋糕店可行性策划书》放在父母面前时，陶立群的父母被感动了，他们拿出积蓄支持儿子创业。2006年年底，第一家"新天烘焙蛋糕店"在绍兴市新建北路5号正式开张。他将店面分成两部分，前半部分是自选式的透明橱窗，便于顾客自行挑选；后半部分则用来加工糕点，现做现卖。优质的用料、独特的口味、有人情味的服务，新天烘焙蛋糕店赢得了消费者的喜爱。谈及今后的打算时，陶立群说，他下一步要在蛋糕店的团队建设上下工夫，并且要不断改善店里的蛋糕品种以及销售服务，打响"新天"品牌，力争开出更多的连锁蛋糕店。

第一节 创新创业目标

随着我国就业结构和就业方式发生了巨大变化，自主创业已成为一种新的趋势。然而，当前我国创新创业成功的概率很低，制约我国成功创业的关键因素之一就是缺乏正确创业目标的引导。只有创业活动而无创业目标，其活动是盲目的；反之，只有创业目标而没有创业活动，其目标便是虚无的。制定科学合理的创业目标是实施创新创业计划的第一步。

一、创新创业目标的概念及作用

（一）创新创业目标的内涵

创新创业目标即创业者创业的目的，也是某一特定时间段内创业者创业行为的终点。成功的创业必须从锁定一个清晰可及的目标开始。创新创业活动实质上是创新创业者按照创新创业目标的要求将制订的创新创业计划并付诸行动的一种实践活动。对创新创业者来说，为自己设定一个明确的创新创业目标是必需的。

确定创新创业目标，是每个创业者创新创业行为的开始。但是确定目标应是一个理性的行为。目标定得太高，力之所不及，势必会影响创新创业者的士气；目标定得过低，也可能影响创新创业者的起点和积极性。

（二）创新创业目标的类型

创新创业计划的种类较多，按创新创业时间来分，有长期计划、中期计划和短期计划。长期计划是对整个创新创业活动的整体设计，具有创新创业活动的系统性和完整性。对于创新创业活动来说，长期计划具有战略性、纲领性的指导意义，主要包括实现长期目标而预先拟定的一些重要活动步骤、分期目标和重大举措。中期计划与长期计划相比较而言，创新创业时间相对短一些，创新创业活动的内容及创新创业的实施步骤等都相对具体一些。短期计划更能体现出阶段性的特点，无论对时间的安排，对活动内容的确定，还是对要取得的效果，都有较为明确的规定，使创业者一目了然，便于实施。短期计划可根据时间长短分为年度计划、季度计划、月计划等。从创新创业计划的内容上来分，初创企业的创新创业计划可具体分为生产计划、销售计划、财务计划等。此外，也有如改造计划、宣传计划、人才培训计划、选址计划等。编制这些计划的依据主要是创新创业目标的全部内涵及创业者对实现创新创业目标在时间和进度上的量化与分解。

（三）创新创业目标的作用

每个人都期望能实现自己的人生目标，对创业者来说，创新创业目标是其人生目标的一个重要组成部分，将成为影响创新创业行为的重要因素。

创新创业者的人生目标以及创业项目和创业方向都是较为明确的，他们会努力向目标前进。目标不仅是创新创业者奋斗的方向，更是一种鞭策。有了目标，就有了积极性，也就有了努力的方向。创新创业者从事创业活动的整体计划包含多个短期计划，如果创新创业者能够按计划顺利完成各个分期目标，则创新创业者的总体创新创业计划也就可以逐步实现。

任何一项成功的实践都是由正确目标引导的，当然，成功的创新创业也不例外。制定符合大学生自身特点和社会发展要求的创新创业目标，是大学生真正由知识和技能拥有者直接变为创造社会财富的创业者的重要基础。只有制定切实可行的创业目标，才能真正促使创新创业者成功创业。

二、创新创业目标的注意要素

创新创业目标的确立既要考虑到个人的兴趣、爱好和实际能力，同时也要充分考虑一些客观因素，使自己的创新创业志向与社会需求、社会发展趋势相一致，这样方能使创新创业活动顺利进行下去。

（一）定位须切合实际

在创新创业之前，很多大学生将自己的创新创业目标制定得过于宏大，往往在创新创业之初就想建立具有一定规模的创新创业团队组织，想要占领一定市场份额、赢得一定效益，而没有充分考虑自身在资金、设备、技术、人才等方面的不足，在具体实施时往往缺乏实际操作性。按照这样的目标去运营企业，很难达到自己的预期水平,甚至很容易失败,进而打击创新创业者的信心。

因此,制定目标时要突出目标的时间性和阶段的实效性。创新创业者在制定目标前一定要对创新创业过程有一个充分的、客观的认识。创新创业者在选择创新创业目标时切不可人云亦云,一定要切合实际,尽力结合自己的优势去确定创新创业目标,充分利用自己的专业技术,发挥长项,尽量不受资金不足、设备不够等因素影响,合理设定创新创业目标。

(二)善用专业技能

据调查,创新创业之初,有很大一部分创新创业者选择进入一些自己不熟悉的行业,自己的专业技能几乎无用武之地,丧失了许多优势,创新创业的成功率也因此降低。因此,大学生在进行创新创业的时候,应充分利用好自己的专业优势,选择一些能充分发挥专业技能的行业去进行创业,这样既能提高创新创业成功的概率,也有利于自己及创新创业团队成员未来的发展。

(三)考虑市场条件

社会是创新创业者发挥能力的大舞台,每个创新创业者都是这个舞台上的一个角色,如何能够赢得观众的认可,就要看角色的呈现是否符合观众口味。换句话说,创新创业者的创业活动能否得到社会认同,关键是看创新创业者的创业活动是否对社会的发展与人们的生活有意义,是否能够满足社会发展的需求。

很多创新创业者之所以选择创业,大部分是认为目前有很大一部分行业或者区域有很大的市场空白,为自己的创业留有非常广阔的施展空间。而这些行业或者区域之所以很少人去涉足,就是因为这些行业的市场还不成熟,在市场机制、法律规范等方面还很不完善,对创新创业没有很好的保障。所以,创新创业者在制定创新创业目标时也应多了解市场,选择市场相对成熟、机制相对健全的领域创新创业,这样不仅有很多经验可以借鉴,也可以降低失败的风险。

(四)定位应多元化

在传统观念中,创业就是创新创业者自己当老板,殊不知这只是创新创业的一种形式。在创业初期,创新创业者在资金、技术、人才、设备等资源方面还很匮乏,突破传统创业模式,设立多元化的创业目标更有利于成功创业。专业是创新创业者创业的资本,并且专业服务项目成本较低,在专业服务领域创新创业相对更容易赚到第一桶金。此外,创新创业者还可以选择那些启动资金不多、人手配备要求不高的加盟项目,从小本经营开始,逐步过渡到独立创业,最终实现创新创业目标。

(五)目标应分阶段

进行创新创业是一个过程,在创新创业过程中需要合理目标的指导。同时,创新创业目标也是一个体系,它由不同分目标构成,其合力最终形成创业的总目标。创新创业者要根据实际情况按阶段制定不同的创业分目标,将定量分析与定性分析相结合,按照合伙创业到自主完全创业的过程循序渐进,最终实现创新创业的总目标。

（六）思路应周密、系统性强

编制计划要体现出计划的周密性和系统性。编制计划时，应从创业的总体目标考虑，根据安排的时间、任务的不同可采取循序渐进的方式，依据纵向走势来安排各个阶段不同的重点任务。但由于每个阶段并不是孤立的，而是彼此相互联系的，尤其是每个阶段的附加任务之间很可能也是紧密相连的，因此，我们制订计划时就要予以充分考虑，既要体现计划的单一性，又应考虑各个阶段彼此相互交叉、相互联系的复杂性。应考虑到不同层次的目标总是要与采取的不同措施相联系，而且目标之间、措施之间又有一定的内在联系。

第二节　企业设立方式与法律形式选择

创新创业目标确立后，创业项目的发展便有了方向。如何使项目落地，采取何种形式设立创业企业，便成为每个创业者亟待思考的问题。从目前的立法情况来看，我国已形成较为完善的企业法律制度，因此，根据《公司法》的相关规定，确定企业组织形式是必要的工作。

一、企业形式

企业是一种社会组织，每一个社会组织都以其合适的形式反映其存在的价值，而这种存在价值是以一定的法律地位为基本条件的。创业企业也是如此，每一个创业企业创立之初首先面临的就是选择自己存在的法律形式。法律形式选择恰当、合理，可以为创业企业的发展提供一个良好的平台。

根据我国现行法律，企业创立可以采用的法律形式有 4 种：个人独资企业、合伙企业、公司企业、一人有限公司。这 4 种企业法律形式是按照财产的组织形式和所承担的法律责任划分的。对创业者而言，它们各有利弊。创新创业者在自主创业时应具体分析，做出慎重选择。

（一）个人独资企业

1. 概念。个人独资企业，简称“独资企业”，是指依照《中华人民共和国个人独资企业法》（以下简称“个人独资企业法”）在中国境内设立，由一个自然人投资，财产为投资人个人所有，投资人以其个人财产对企业债务承担无限责任的经营实体。

2. 成立条件。根据《个人独资企业法》第 8 条的规定，设立独资企业须具备以下 5 个方面的条件：

（1）投资人为一个具有中华人民共和国国籍的自然人。

（2）有合法的企业名称。

（3）有投资人申报的出资。

（4）有固定的生产经营场所和必要的生产经营条件。

（5）有必要的从业人员。

3. 适用性分析。创办个人独资企业的创新创业者应对企业的对外债务以其个人财产承担无限连带责任，也就是说，一旦企业经营不善，会面临倾家荡产的风险。但无限责任是一种补充责任，即只有当独资企业财产无法清偿时才追及创新创业者。这种创业者与企业"你中有我，我中有你"的模式给创业者以较强的归属感，更易激发创业热情。

这种法律形式企业的创办对企业内部机构的设置没有严格的要求，对软硬件条件要求均不高。也就是说，一名创新创业者只要提交相关申请，租用一间办公场所和一台电脑，雇用一两名服务人员，便可成立相关技术服务企业，如形象设计、信息咨询类企业。

个人独资企业经营方式灵活，创新创业者可聘任有管理经验的专门人员经营管理。企业无须缴纳法人所得税。创新创业者只需缴纳个人所得税。因此，这种法律形式适合资金较少、缺乏一定经营管理经验的创新创业者。

（二）合伙企业

1. 概念。合伙企业是指自然人、法人和其他组织依照《中华人民共和国合伙企业法》（以下简称《合伙企业法》）在中国境内设立的普通合伙企业和有限合伙企业。合伙企业由两人以上通过书面协议商定共同投资、共同经营、共负盈亏。

普通合伙企业对注册资金实行申报制，没有最低限额基本要求，合伙人对合伙企业债务承担无限连带责任。有限合伙企业由普通合伙人和有限合伙人组成，其中，普通合伙人和有限合伙人都至少有 1 人。普通合伙人对合伙企业债务承担无限连带责任，有限合伙人以其认缴的出资额为限对合伙企业债务承担责任。

2. 成立条件。根据我国《合伙企业法》的规定，设立合伙企业应具备以下 5 个条件：

（1）有两个以上的合伙人，合伙人为自然人的，应当具有完全民事行为能力且都是依法承担无限责任者。

（2）有书面的合伙协议。

（3）有合伙人认缴或者实际缴付的出资。

（4）有合伙企业的名称和生产经营场所。

（5）法律、行政法规规定的其他条件。法律法规禁止从事营利活动的人，不得成为合伙企业的合伙人，如国家公务员、机关、学校、医院、部队等机构的人员。

3. 适用性分析。《合伙企业法》第 16 条规定："合伙人可以用货币、实物、知识产权、土地使用权或者其他财产权利出资，也可以用劳务出资"，第 64 条规定："有限合伙人不得以劳务出资"。创业团队可以创建普通合伙企业，这样可以使一些专业技能较强但没有专利技术的创新创业者以劳务出资的方式加入普通合伙企业，实现自主创业。

当合伙企业以其财产清偿企业债务时,不足部分由合伙人以其合伙企业以外的个人财产承担无限连带责任。团队创业的创新创业者如果采取普通合伙企业的方式,就将以其全部个人财产对外承担无限连带责任,这对创新创业者来说存在较大的创业风险。

合伙企业的出资人较多,扩大了资本来源,增强了企业的信用能力。合伙人有不同的专长、经验和优势,能够发挥团队作用,各尽其才,有利于提高企业的管理能力和应对风险的能力。资本实力和管理能力的提高增强了企业扩大经营规模的可能性。

由于合伙企业是非法人组织,所以无须缴纳法人所得税,创新创业者只需缴纳个人所得税即可,再加上国家、地方政府对创新创业者自主创业实施优惠税收政策,大大减少了创新创业者创业运营的税收成本。

合伙企业只需要制定合伙协议,不用制定复杂的公司章程。公司日常经营事务可以由合伙人共同决定或按照约定处理,具有灵活性。

(三)公司企业

1. 概念。公司是指依照《公司法》在中国境内设立的有限责任公司和股份有限公司。公司是企业法人,有独立的法人财产,享有法人财产权。公司以其全部财产对公司的债务承担责任。有限责任公司的股东以其认缴的出资额为限对公司承担责任;股份有限公司的股东以其认购的股份为限对公司承担责任。

股份有限公司对大学生初次创业适用面较窄,在企业发展壮大、资金积累雄厚以后可以考虑采用此种法律形式,本书在此不多加以论述。

2. 有限责任公司设立的条件。

(1)股东符合法定人数(股东 50 人以下)。

(2)有符合公司章程规定的全体股东认缴的出资额。

(3)股东共同制定公司章程。

(4)有公司名称,建立符合有限责任公司要求的组织机构。

(5)有公司住所。

3. 适用性分析。有限责任公司适用于由 2 ~ 50 名创新创业者组成的创业团队,这 2 ~ 50 名创新创业者成为所设立的有限责任公司的股东,以他们的出资额为限对公司债务承担责任,该公司则以其全部资产为限对公司债务承担责任。公司在经营过程中对债务承担有限责任,能够维护股东利益。

创新创业者团队创业设立有限责任公司的出资方式是多元化的,创新创业者创业最多可将公司注册资本的 70% 以知识成果入股,这不但解决了创新创业者创业资金短缺的问题,也为创新创业者有效利用智慧成果、发展高科技产业起到推动作用。另外,创新创业者创业的目的更多在于实现自我价值,有限责任公司使创新创业者实现专利技术控股成为可能。

有限责任公司要求具有较为完善的公司治理结构,如股东会、董事会、经理、监事等。采用有限责任公司作为大学生自主创业企业形式时,要求广泛吸纳各种类型的人才作为发起人,不但要有拥有资金、掌握专利技术的大学生,还要有拥有管理、经营、财会等多方面专长的人才加入。另外,基于有限责任公司具有集“资合性”以及“人合性”于一身的企业法律形式的特点,大学生团队的协作精神、互信基础也是不可或缺的。

(四)一人有限责任公司

1. 概念。一人有限责任公司也简称“一人公司”、“独资公司”或“独股公司”,是指由一名股东(自然人或法人)持有公司的全部出资的有限责任公司,组织机构比较简单。

2. 适用性分析。一人有限责任公司股东即创新创业者个人财产与公司财产独立,任何债权人不可因公司债务追及、执行创新创业者个人财产。作为对一人有限责任公司的规制,创新创业者在经营管理过程中如发生个人财产与公司财产混同的情况,会产生创新创业者个人以其个人财产对公司债务承担无限连带责任的法律后果。

创新创业者创办一人有限责任公司与创办一般有限责任公司相比,对资金要求相对较高。这主要是因为一人出资较难形成规模,较多人出资当然数额更大。

创新创业者成立一人有限责任公司对其个人的经营管理能力提出了更高的要求。原因有两点:一是突破传统的公司治理结构,即只有股东一人集决策、执行、监管、财会于一身,要求创新创业者拥有各方面知识,包括管理、法律、财会等;二是《公司法》规定,一人有限责任公司应当在每一会计年度终了时编制财务会计报告,并经会计师事务所审计,对其规定了更为严格的财务审核制度。有志创立一人有限责任公司的创新创业者在校期间就应广泛涉猎相关知识,并积极参加相关的创业竞赛,多参与实践,以积蓄能量。

第三节　商业计划书的编写

一、商业计划书的概念

商业计划书是企业编制的用于内部或外部信息交流的工具,其内容一般是对企业自身的各种商业因素的分析和介绍。它是一份全方位的项目计划阐述,能够帮助创业企业对自己进行再认识,在现代商业项目中地位非常重要,常用于获取风投、竞标、申请贷款、商业合作、项目报批等方面。

一份好的商业计划书应拥有下列 3 项功能:协助创业者认清企业的优势和劣势、提供企业未来成长的蓝图以及协助企业实现资金筹集。

由于创业企业多是新成立或设立不久的企业,缺乏历史数据。对于迫切需要风险资金的风险企业的创业者而言,只能通过商业计划书向风险投资者描绘未来;而风险投资者面对大量潜在可行的创意,只能通过对商业计划书的评估来做出自己的选择。因此,商业计划书是风险企业和风险投资者发生利益关系的第一载体,一份好的商业计划书往往被称为吸引风险投资的"敲门砖"。

二、编写商业计划书

如果说有一千个创业者的话,也会有一千份不同风格的商业计划书。不同的技术项目,不同的创业计划,以及不同的创业者,都会使商业计划书各具特色。

创业者应该分析和描述创办一个新的风险企业所需的各种因素,经过全盘考虑,通过撰写计划书的过程,对企业自身进行自我评估,对创业前景有更加清晰的认识。

在完成商业计划书时,在内容或格式等的选择问题上,可以依据的原则有:①简明、全面地介绍了企业的基本情况;②突出企业的独特性;③在计划书的编制过程中,创业者要时刻体现为投资者着想的原则。

三、商业计划书的内容构成

商业计划书将以何种形式展现是视企业自身情况而有所不同的。接下来将介绍商业计划书中常出现的10项内容以及相关的技术性细节,企业可以在结合自身特点和以上原则的基础上完成企业的商业计划书。

(一)计划摘要

在商业计划书的首页写出摘要,可以使受众在短短几分钟之内了解计划书的精髓。摘要一般要包括几项内容:公司介绍、主要产品和业务范围、市场概貌、销售计划、生产管理计划、管理者及其组织、财务计划、资金需求状况等。

摘要是投资者首先要看的内容,也是企业所要写的最后一部分。在完成商业计划书之后,在企业家已有较好宏观构思的基础上,将其以简练、精辟的语言表达出来。摘要要尽量简明、生动,一般仅需两页就足够了。

(二)公司基本情况及经营团队

这部分内容可以让投资者对公司基本情况和人员构成有一个初步的了解。写作内容应包括公司的基本信息、公司的发展历史和现状、公司的主营业务、公司的发展计划等。

大部分的风险投资者认为,投资的关键因素是"人"。北京大学风险投资研究会的调查表明,风险投资者拒绝投资的理由有41%是因为对管理人员的能力和素质不满意,对创业者能否带领企业在竞争环境中成为市场的主导持怀疑态度。

任何伟大的事业都是容易创造但难于组织和管理的,对一个创业企业来讲也是同样的道理。在这部分,计划书应对企业的管理团队的主要情况做全面介绍,包括企业的主要股东以及他们的股权结构、董事和其他一些关键雇员以及企业管理人员的职权分配;应注重优化资源配置,合理有效使用人力资源;要说明项目管理团队具体的组织形式,是直线式还是矩阵式等;应将企业的管理机构,包括股东情况、董事情况、各部门的构成情况等以一览表的形式或者其他明晰的形式展示出来,对项目管理团队的层级、管理的幅度和跨度设置以及具体部门的职责等进行说明。

(三)产品项目介绍

产品项目介绍通常应包括:产品概念、产品性能及特征、市场竞争力、产品的市场前景预测、产品的品牌和专利、产品的研究和开发过程、发展新产品的计划和成本分析等。

产品项目介绍要突出产品的创新型、独特性和价格优势,要着重展示产品的盈利能力、目标市场、同类产品的比较等内容。内容要实事求是,不可做出不切实际的承诺,要以通俗、简洁、准确的语言描述产品与服务,避免过多的关于技术细节方面的论证,达到言简意赅、通俗易懂的沟通效果。如有成型的样品原型、图片或其他介绍来辅助表述,对产品的展示和受众的理解都是大有裨益的。

创业企业的产品、技术或服务是否能满足顾客的需要,在多大程度上能够解决现实生活中的问题,能否帮助顾客节约开支、增加收入,是否拥有巨大的市场潜力,在一定程度上可以决定创业的成败。因此,产品项目介绍是商业计划书中必不可少的一项内容。

(四)技术来源及研究发展

首先,要先对技术来源和所有权问题进行详细的说明。在我国,很多技术是来源于高校或研究所,这样就存在一个所有权的问题。在双方已经着手合作,企业已有一定规模的时候,出现关于所有权的问题,常常会导致企业陷入困境。因此,创业者应在商业计划书中,客观地反映技术来源和所有权的情况,以确保无后顾之忧。

其次,在这一部分,企业还要介绍企业的技术研发力量和未来的技术发展趋势,以及研发新产品的成本预算和时间进度,体现企业的技术研发队伍具有足够的实力把握市场上产品技术发展的脉搏,能够迎合顾客的需要开发新产品、开拓新市场,保证企业未来竞争发展对技术研发的需要是非常重要的。

(五)市场分析

创业者要在对市场进行充分调研的基础上,对自身产品或服务的市场进行合理的预测,并制定出相应的市场策略。只有当企业有光明的市场前景或可观的盈利潜力时,才有必要为创立新的风险企业努力,也才有可能获得风险投资者的资金支持。

市场研究从拟开发商业项目出发,对拟开发项目面临的市场环境进行分析及预测。此阶段主要从项目面临的宏观环境、区域环境以及微观环境进行深入的调查研究。宏观环境层面的调查要从项目所处的政治法律环境、经济环境、人口环境、社会文化环境、市场营销环境、技术环境及项目所在地的对外开放程度等进行调查。区域环境层面的调查要从项目所在地的行业的国家发展规划、行业整体与细分领域的发展现状、整体的规模和未来发展容量、现有产品的价格及竞争力、市场容量与市场占有量、项目所提供产品与服务的市场供给与需求状况、相似项目市场行情、潜在购买者经济能力、购买特征和消费趋势等方面出发开展,这将有助于项目的总体战略性定位。微观环境层面的调查,除了前面的现状调查外,还要对进入的市场层次进行细分所涉及的准入制度、税收标准、行业规范等细则进行仔细研究;此外,还要特别关注对竞争性项目进行调查和分析,这是项目价格策略的主要参考依据。

在项目现状调查和市场调查分析的基础上,还要对项目进行 SWOT 分析,进行项目的客户定位、产品定位、形象定位等,也可以通过市场比较法等方法来确定项目销售价格。要对自身的优势、劣势,以及现有竞争者和潜在竞争者进行客观分析,要有保持竞争优势的长期计划。

(六)产品营销

对新产品或者服务的未来而言,适宜的市场营销策略也极为关键。商业计划书需要详细阐述企业的产品从生产现场到最终用户手中的全过程。

在商业计划书中,企业的市场营销策略应该说明的问题有:营销机构和营销队伍;营销渠道的选择和营销网络的构建;广告策略和促销策略;价格策略;市场渗透与开拓计划;市场营销中意外情况的应急对策略;等等。

(七)财务规划及融资说明

风险投资者会期望从企业的商业计划书中看到合理的市场预测和相应的财务规划,进而从中判断企业对财务部分的重视程度、实际的能力,以及最后能否确保自己的投资获得预期的回报。

财务规划一般包括以下的内容:

1. 商业计划书财务规划的条件假设。这是财务规划的前提,也是财务规划符合未来经营的保障。

2. 预计的资产负债表、预计的利润表及附表、预计的现金流量表。预计的资产负债表是反映未来某一时刻的企业的状况,投资者可以用资产负债表中的数据得到的比率来衡量企业的经营状况以及可能的投资回报率。预计的利润表及附表反映的是企业未来的盈利状况,它是企业在运作一段时间后的经营结果。预计的现金流量表反映企业未来现金的流动状况。流动资金是企业的生命线,因此,企业在初创或扩张时,需要对流动资金有预先周详的计划和进行过程中的严格控制。

3. 资金需求表。在资金需求表中,企业要对需要资金的筹集情况、需要的数量、需要的时间、使用状况以及投资的回报情况等进行分析。财务规划是商业计划书的关键部分,相对来讲也是整个商业计划书比较专业的部分,对编制者有较高的要求。如果创业者缺乏这方面的知识,则应请求一定的专业人士提供帮助。

融资说明中要阐述企业在不同发展阶段对资金的需求,以及资金的用途和预期达到的目标,同时也要根据融资金额、企业自身财务状况,以及有利于企业治理和发展的股权结构等因素,说明相应的融资方式、资本结构、融资抵押、担保和融资条件等。创业者应选择适合项目的融资渠道进行有针对性的阐述。

(八)风险控制

创业风险是指由于创业环境的不确定性,创业机会与创业企业的复杂性,创业者、创业团队与创业投资者的能力与实力的有限性等诸多不确定性因素,导致创业活动偏离预期目标的可能性及其后果。

企业主要从政治法律环境、经济发展周期、市场供求、社会因素、项目内部经济特征等方面,了解各因素对项目投资效果的影响,对项目开发面临的风险因素进行定性分析;同时采用盈亏平衡分析、敏感性分析等定量手段对项目进行不确定性分析,了解不确定因素对项目经济效果的影响程度,必要的话,还可以采用概率分析等定量方法进行风险分析。创业风险主要包括政策风险、行业风险、技术开发风险、经营管理风险、市场开拓风险、生产风险、财务风险、汇率风险、投资风险等,重点是每项都要单独叙述控制和防范的对策和方法。

(九)项目经济评价

项目经济评价是对项目经济效益的综合评价,具有相当的研究深度,也是项目投资决策分析的重要依据。

1. 投资与成本估算。投资与成本估算包括项目总投资估算、经营成本估算等。

2. 资金安排。资金安排包括资金来源渠道的安排、资金结构的确定等。创业企业应根据项目投资估算和投资进度安排合理估算资金需求量,拟定筹资方案,并对筹资成本进行计算和分析。

3. 经济参数的确定。经济参数的确定包括银行借款利率、税基缴纳的范围与标准、基准折现率、目标收益率等的确定。

4. 财务评价。财务评价主要运用静态和动态的投资分析方法计算项目投资回收期、净现值、内部收益率、投资率、利润率、借款偿还期等经济指标,考察项目的盈利能力、清偿能力等,从而确定项目的财务可行性。

5. 风险与不确定性分析。风险与不确定性分析是指评估创业项目可能面临的风险大小以及控制防范措施的有效性。

6. 国民经济评价。对于外部效果显著的商业项目,在做出决策前还应该进行国民经济评价,从社会经济发展的角度计算并衡量项目开发对社会经济发展战略目标的贡献程度,主要计算项目经济净现值、经济内部收益率等指标。

(十)附录

附录主要针对商业计划书中提到的一些关键问题,提供一些必要的说明或者证明材料,主要包括合同资料、产品检测报告、知识产权相关证明、市场调查结果、管理人员简历、财务报表等。

本章小结

本章重点讨论创新创业计划问题。首先,介绍了创新创业目标的基本概念,明确如何确立创新创业目标。其次,分析了企业的设立方式,探讨了各种企业形式的适用性,为新创企业的设立形式选择提供了参考意见。最后,详细介绍了商业计划书的内容,说明了商业计划书的撰写步骤及其中需要注意的问题,强调了商业计划书在创新创业过程中的重要作用。

复习思考题

1. 为什么说"只有创业活动而无创业目标,其活动是盲目的;反之,只有创业目标而没有创业活动,其目标是虚无的"?

2. "如果说有一千个创业者的话,也会有一千个不同风格的商业计划书。"你如何理解这句话?

案例分析题

1987 年,百度公司创始人李彦宏以山西省阳泉市第一名的成绩考入北京大学图书情报专业。1991 年,李彦宏再次挤过独木桥,收到了美国布法罗纽约州立大学计算机系的录取通知书。他曾说:"硅谷给予我最大的感触是,希望通过技术改变世界,改变生活。"确立创业方向的李彦宏毅然回国,于 2001 年 6 月创立了北京百度网讯科技有限公司。

接着,李彦宏开始回美国融资,本不爱开车的他整日开车带着商业计划书在旧金山的风险投资商中游说,最终成功融到第一笔风险投资金 120 万美元。事实上,在决定创业时,李彦宏的团队在引擎技术方面已排在世界前列,而他的执着、专注和专业又在业内有口皆碑,加之百度耕植的中国市场潜力巨大。3 个因素结合,百度方有了一日千里的迅猛发展。

讨论题:

1. 李彦宏为何选择在互联网行业以搜索起家进行创业?

2. 李彦宏的哪些创业步骤是每个创业者都会经历并应引以为鉴的?

第九章

创新创业融资

学习目标

通过对本章内容的学习,你应了解和掌握如下问题:

- 了解创新创业融资的类型与特征
- 各种投融资渠道的优劣
- 风险投资的运作程序

引　例

1992 年,郑海涛于清华大学计算机控制专业硕士毕业后,并不满足于平稳安逸的工作。经过一番市场调查,他带着自筹的 100 万元人民币,在中关村创办以生产数字电视设备为主的北京数码视讯科技有限公司。

100 万元很快用光,郑海涛只得捧着周密的商业计划书,四处寻找投资商,一连找了 20 家,都吃了闭门羹。投资商的理由是:互联网泡沫刚刚破灭,选择投资要谨慎;况且数码视讯产品还没有研发出来,投资种子期风险太大,这些风险投资商们宁愿做中后期投资或短期投资甚至希望跟在别人的后面投资。直到 2001 年 4 月公司研制的新产品问世时,第一笔风险投资才有了着落。清华创业园、上海运时投资和一些个人投资者共投了 260 万元。

2001 年 7 月,国家广电总局为包括北京数码视讯有限公司在内的 4 家公司颁发了入网证,允许它们生产数字电视设备的编码、解码器。投资者们开始蜂拥而至。清华科技园、中国信托投资公司、宁夏金蚨创业投资公司又对数码视讯投了 450 万元人民币。

在公司取得快速发展之后,郑海涛开始筹划第三次融资,他计划这次融资的规模为 2 000 万元人民币。郑海涛计划通过第三次融资完成股份制改造,使公司走向更加规范的管理与运作。此后,郑海涛计划在国内或者国外将公司上市,为进军国际市场做好必要的准备。

思考:该公司采取的融资渠道有哪些?

第一节　创新创业融资概述

任何企业要快速发展,都必须具备充足、健康的资金条件。对创业初期的新创企业来说,掌握投融资技术更是财务管理和企业经营的重中之重。

一、创新创业融资的概念与特点

创新创业面临的难题之一就是缺少创业的启动资金。经常听到一些青年朋友感叹道:“给我一个支点,就能撬起整个地球,可是支点在哪里呢?”于是我们看到了“一分钱难倒英雄汉”和“出师未捷身先死,长使英雄泪满襟”的唏嘘场面。所以,创新创业首先需要为创新创业融资。创新创业融资是指创新创业企业根据自身发展的要求,结合生产经营、资金需求等现状,通过科学的分析和决策,借助企业内部或外部的资金来源渠道和方式,筹集生产经营和发展所需资金的行为和过程。

从狭义上讲,创新创业融资就是一个企业的资金筹集行为及过程,即企业根据自身的生产经营状况、资金拥有的状况,以及未来经营发展的需要,通过科学的预测和决策,采用一定的方式从一定的渠道向投资者和债权人筹集资金,以保障企业正常生产和经营管理需要的理财行为。从广义上讲,创新创业融资也叫金融融资,即货币资金的融通,是指当事人通过各种方式到金融市场上筹措或贷放资金的行为。企业筹集资金的基本目的在于满足企业扩张或者还债的需要,同时应该遵守一定的原则,通过一定的融资渠道去进行。

创新创业型企业由于受资产规模相对较小、财务信息不透明、经营的不确定性大、承受外部冲击的能力弱等因素制约,加上运作上的灵活性较强,其融资与大企业相比存在很大的特殊性,并且显得更加困难。这主要体现在:①信用资源极度缺乏,创新创业者缺乏有效的信用记录和可以用来抵押的资产,导致很难或无法从银行获得贷款;②由于企业处在发育阶段,整体素质存在不足,如企业规模小、装备简单、生产品种单一、企业治理和制度不到位、管理控制弱化等;③创新创业策划的扶持力度较弱等,从而使其融资能力和条件受到极大的局限。高新技术创新创业同传统产业相比,还有其他一些显著特征,主要是高投入、高风险、高收益与多阶段等。相应地,企业的融资必须满足以下技术经济特性:

第一,融资渠道多元化。高科技行业的一个典型特点是高投入,这既包括巨额的人力资本投入,也包括生产新技术产品所需的高精尖设备投入。因此,发达的融资工具和市场对于高新技术产业的发展不可或缺。由于资金的存在形式是多元化的,掌握在不同的投资者手中,而不同的投资者愿意投向的目标和期望也不同,要想获取更多的资金,必须对各种不同融资渠道的性质进行深入的分析,尽可能多渠道融资。创新创业可能的渠道主要有风险投资、政府投入、银行贷款、基金、国外投资等。

第二,融资的高风险性。由于初创企业发展过程中面临着诸如技术风险、市场风险、知识产权风险、财务风险以及企业家不同程度的信用和道德风险,特别是非系统性风险难以控制,这就使得初创企业资金筹集的难度更大于一般企业,尤其是在种子期和初创期。失去了资金推动的初创企业时刻都面临着失败的危险,其融资的风险主要包括融资总量是否满足需要、各阶段融资渠道是否匹配、融资是否及时跟进,以及不同融资渠道的融资成本与融资收益问题等。

二、创业融资的基本类型

(一)内部融资与外部融资

初创企业可以从内部和外部两个途径来融通资金。内部融资是指企业依靠其内部积累进行的融资,外部融资则是指企业通过一定方式从外部融入资金。

内部融资对企业资本的形成具有原始性、自主性、低成本性和抗风险性等特点,相对于外部融资,它可以减少因信息不对称问题及与此有关的激励问题所引起的交易费用,降低融资成本,增强企业剩余控制权。但是,内部融资的能力及其增长要受到企业的盈利能力、净资产规模和未来收益预期等方面的制约。

外部融资是处于起步和成长阶段的企业获取资金的重要渠道,它包括银行借款、发行债券、融资租赁和商业信用等负债融资方式与吸收直接投资、发行股票等权益融资等形式,其对企业的资本形成具有高效性、灵活性、批量性和集中性等特点。

初创企业融资是一个随自身的发展由内部融资到外部融资交替变换的过程。创业之初,企业主要依靠内部融资来积累资金。随着企业逐步成长,抗风险能力增强,内部融资难以满足运作规模的要求,外部融资就成为企业扩张的主要手段。企业具备相当规模后,自身有了较强积累能力,则又会逐步缩小外部融资总量,转而依靠自身雄厚的积累资金来发展。

辩证地讲,内部融资是外部融资的基本保障,外部融资的规模和风险必须以内部融资的能力来衡量。通常是在内部融资不能满足要求的时候,企业才考虑通过外部融资渠道来解决。

(二)直接融资与间接融资

直接融资是指不经金融机构的媒介,由政府、企事业单位及个人直接以最后借款人的身份向最后贷款人进行融资的活动,即资金供求双方之间直接融通资金的方式,其融通的资金直接用于生产、投资和消费。间接融资则是以金融机构作为信用媒介,由最后借款人间接向最后贷款人进行的融资活动,如企业向银行、信托公司进行融资等。直接融资具有直接性、长期性、不可逆性和流通性,直接融资的工具包括商业期票、商业汇票、股票和债券等。直接融资的形式包括买卖有价证券、政府拨款、占用其他企业资金、民间借贷、内部集资、预付货款和赊销商品等。

在直接融资活动中,企业居于主动地位,对融资的时间、数量、成本等均可主动做出选择,在总量上不受资金来源限制;但也存在局限性,主要表现为易受融资双方资信的限制,受融资的时间、地点、范围的限制,同时其成本要高于间接融资。间接融资具有与直接融资截然相反的特性,即间接性、集中性、安全性、周转性。在间接融资活动中,资金的初始供应者和资金的需求者不直接发生借贷关系,而是由中介机构把众多供应者的资金集中起来贷给需求者,具体的交易媒介包括货币和银行券、存款、银行汇票等。另外,融资租赁和票据贴现也都属于间接融资。由于银行或非银行金融机构资金实力雄厚,内部管理严格,使风险可以得到有效分散和管理,因此融资风险较小,信誉度高,稳定性强。

在直接融资活动中,信息是不对称的。一方面,投资者要求资金使用者的经营活动具有较高的透明度而不管规模大小,企业为达到较高的透明度所需支付的信息披露、社会公证等费用差别不大,因此创业企业筹集单位资金的费用相对就很高;另一方面,信息不透明程度越高,资金提供者所要求的风险补偿就越高,往往只有能够实现高收益的高科技企业才有条件进行直接融资。在间接融资中,由于金融媒介能够以较低的成本事先对资金的使用者进行甄别,并通过合同对资金使用者的行为进行约束,在事后亦继续对资金使用者进行监督,对资金使用者信息透明度的要求相对较低。因此,银行信贷方式就成为创业企业外部融资的常用方式。

(三)股权融资与债权融资

债权融资是指企业通过向个人或机构投资者出售债券、票据筹集营运资金或资本开支的融资方式。借出方成为公司的债权人,获得该融资企业还本付息的承诺。债权融资的主要渠道有金融机构贷款、向亲朋好友借贷、民间借贷、租赁融资、企业债券以及政府借贷等。向亲朋好友借钱是债权融资的最初阶段,发行债券则是最高阶段。债权融资的特征有:①短期债权融资的操作比较简单,具有时间短、利率高、额度小的特点,但不能为企业提供长期持久的资金支持。②企业通过债权融资所引入的资金形成公司的负债,必须根据借款协议按期归还并支付利息,在形式上采取的是有借有还的方式。公司不仅要对债权人支付利息,即资金使用费,而且在债务到期时还要向债权人偿还本金,因而企业在较短时期内承受很大的还款压力。在企业遇到困难,需要进行清算的过程中,债权融资相对权益性融资来说必须优先偿还。③债权融资能够提高公司所有权资金的回报率,因而具有财务杠杆的作用。④债权融资的成本可记入公司财务成本,冲减应税所得额,因而具有税盾效应。⑤债权融资形成债权人对公司的债权控制,不直接影响企业的股东及股权结构。

股权融资是指企业的股东愿意让出部分企业所有权,通过企业增资的方式引进新的股东的融资方式。股权融资所获得的资金,企业无须还本付息,但新股东将与老股东同样分享企业的增长红利。股权融资的主要渠道包括风险投资、天使投资、与其他企业合资、争取国家财政投资、公开向社会募集发行股票等。自己出资是股权融资的最初阶段,发行股票是最高阶段。出资者称为企业的投资者,投资者的目的不是获得短时间内的稳定收益,而是分享企业发展的潜在权益或净资产,以及将在该企业中享有的所有者权益。股权融资的特征有:①股权融资所引入的资金不需直接偿还,也不需支付利息或按期还本,但需要根据企业的经营状况向股东支付红利。②股权融资筹集的资金形成公司的股本,股本是公司从事生产经营活动和承担法人责任的基础,也是股东对公司实施股本控制和取得收益分配权以及剩余财产索取权的基础。③股权融资是决定公司对外举债的基础,即公司对外举债能力的大小取决于股权融资数额的大小,因而股权融资具有“财务的杠杆性”。④股权融资稀释公司股权(share dilution),随着新股东的加入,公司控制权、收益分配权和剩余财产分配权会发生相应改变。

股权与债权融资体现了不同的产权关系。股权融资体现的是所有权与控制权的关系,投资者是企业的股东,享有企业的剩余索取权和最终控制权;债权融资体现的是债权债务关系,金融机构作为信用中介,拥有对企业的相机控制权,即只有企业不能按合同履约时,其控制权才会转移到银行手中。股权与债权融资的选择主要涉及企业控制权的分散甚至转移。控制权改变不仅直接影响企业生产经营的自主性、独立性,以及原有股东的利益分配,而且原股东失去控股权还可能会影响企业的长远发展。因此,一般在条件允许的情况下,应尽量考虑采取债权融资。但在下述几种情形,企业采取股权融资也是一种明智的选择:一是企业难以满足债权融资的要求;二是企业经营风险和预期收益均较高,原有股东希望分散风险、共享收益,而债权人要求的收益率超出企业当期的承受能力;三是引入股权投资者有利于提高企业的竞争能力。如与有良好声誉和实力的风险投资者合作,或者与拥有强大技术或市场资源的大企业合作,可使企业迅速做强做大。

三、融资方式与企业生命周期

企业的融资方式及其影响因素与企业所处的发展阶段有很大关系。一项新技术、新产品的产业化发展,通常划分为 4 个阶段,即种子阶段、起步阶段、成长阶段以及成熟阶段,每一阶段的完成和向后一阶段的过渡都需要资金的配合。由于每个阶段的发展特点不同,其融资的主要方式与性质也有所不同。

(一)种子阶段

种子期的产品尚处于创意或开发研究阶段,并无正式的产品,无销售收入,无正式的销售渠道,其主要任务是确定技术上和商业上的可能性。这个阶段的资金需求量不大,但投资的风险很大,主要有技术风险、市场风险和管理风险等。

种子期的资金来源主要有 4 种:创办人及合伙人的自有资金、向亲戚朋友借贷所得资金、个人投资者投入资金(天使投资)和政府资助(政策性扶持资金)。除此之外,也有极少数风险投资机构可能愿意在这个阶段介入。

(二)起步阶段

企业进入起步阶段时已经有了新产品的样品、样机,或者已经形成较为完善的生产工艺路线和生产方案,但还需要在与市场结合的过程中加以完善,为批量生产和应用做准备。这个阶段的资金主要用于形成生产能力和开拓市场,其目标是尽快实现盈亏平衡,解决生存问题。

起步阶段的融资渠道选择风险投资、个人投资(天使资金)、商业信用、政府资助等。

(三)成长阶段

经受了起步阶段的考验后,创业企业在生产、销售、服务等方面已具备良好的基础,新产品设计和工艺已经定型,并初步具备大批量生产的能力。但收入尚不稳定,完善的销售渠道和网络还没有建立,企业品牌和形象也需要持续巩固,各种生产经营活动需要大量资金的投入。同时,由于现代的产品更新换代速度快,企业在提高产品质量、降低成本的同时,有必要着手开发第二代产品,以保障企业的可持续发展,努力谋求企业在行业中的优势地位。

成长阶段的资金需求规模特别大,主要的融资渠道有风险投资、个人投资、商业信用等。

(四)成熟阶段

成熟阶段是指在企业技术开发成功并且市场需求迅速扩大时进行大规模生产的阶段。此时企业已开始大量盈利,风险最小。但企业为适应市场需求状况,必须进行大批量的生产,购置更多的设备和材料,扩建厂房,招聘员工,同时还要考虑实施新项目或推出新产品,因此资金需求量也很大。因为企业在这个阶段有了比较稳定的收入和一定的资产规模,其价值已经得到市场认可,所以可以考虑通过金融机构进行贷款,此阶段融资渠道更呈现出多元化的特征。

四、新企业融资决策的步骤和原则

新企业在进行融资决策时,一般需要经过 5 个步骤:①事前评估,对是否需要融资以及融资的条件进行评估;②融资决策,设计融资策略和计划,估算融资规模,确定融资方式、对象。③融资谈判(沟通),制订详细的商业计划(或可行性报告)和掌握谈判过程中的技巧。④过程管理,确保资金按计划的时间和数额进入企业。⑤事后评价,对融资存在的问题进行分析总结,规划后续融资计划。新企业进行融资决策时,应该遵循以下原则。

(一)融资总收益要与融资风险相匹配

首先测算融资的最终收益有多大,然后列举出初创企业可能遇到的风险因素,并用经验预测这些风险一旦转化为损失,损失到底有多大。如果融资的最终收益大于损失,并且初创企业能够接受这样的损失,也就是说融资收益是与融资风险相匹配的,那么企业融资行为才是可行的。

(二)选择最佳融资机会

融资机会是指由有利于企业融资的一系列因素所构成的融资环境和有利时机。环境变化会增加融资成本和难度,融资过早会导致资金闲置,过晚则丧失机会。关于融资机会的把握,主要考虑的因素有企业外部环境、国内外利率、汇率等金融市场的各种信息、国家的宏观经济形势、具体融资方式所具有的特点和企业自身的实际情况。

对前景看好的企业而言,初创企业融资渠道和方式可能有很多选择,要选择最佳融资机会就必须选择融资渠道和方式。结合初创企业内外环境的现状和未来发展趋势,从长远和全局的视角来选择融资渠道和方式是非常必要的。

(三)尽可能降低企业融资成本

融资成本是指企业实际承担的融资代价,包括融资费用和资金使用费用。融资费用是指企业在资金筹集过程中发生的各种费用;资金使用费用是指企业因使用资金而向其提供者支付的报酬,例如,股票融资向股东交付的股息、红利,发行债券和借款支付的利息等。

融资成本由低到高的一般排序为:财政融资、商业融资、内部融资、银行融资、债权融资、股权融资。

在公司资本成本的计量方面，财务研究基本上认可了资本资产定价模型(CAPM)在确定经过风险调整之后的所有者权益成本中的主流地位。在借鉴相关研究的基础上，顾银宽等人(2004)建立了中国上市公司的债务融资成本、股权融资成本和融资总成本的计量模型或公式。创业企业的财务负责人或财务顾问有必要掌握这方面的知识，全面评估各种融资途径的融资成本，优化企业的融资决策。

(四)制定最佳融资期限

融资期限决策要考虑资金的用途和风险偏好程度。风险偏好大体分为3种类型：

1. 稳健型。对波动性资产采用短期融资，对永久性资产采用长期融资。

2. 激进型。用长期资金满足部分永久性资产的需求，其余全部用短期资金满足。

3. 保守型。用长期资金满足部分乃至全部波动性资产的资金需求。

(五)寻求最佳资本结构

关于最佳资本结构仍存在很多争议，包括股权融资和债权融资是否平衡的问题，是否存在最佳资本结构的问题，以及如何决定最佳资本结构的问题。现实社会中，股权和债权的结构主要受企业所处行业的影响，不同行业对最佳资本结构有不同的标准。

最佳资本结构决策步骤如下：

1. 测算各个融资方案的加权平均资本成本率。

2. 分析各款项的要求和股票市场的价格波动，根据财务分析判断资本结构的合理性。

3. 根据分析结果，在融资决策中进一步改进融资结构。

(六)合理保持企业控制权

创业企业的成功需要多方面力量的支持，而在获取这些支持时，很可能涉及控制权的让渡。原则上，只要有利于企业的发展，出让部分控制权是可以接受的。但在企业发展的初期，创业者保持对企业的实际控制权是很有意义的。企业控制权主要体现在以下3个方面：

1. 控制者进入相关机构(董事会或监事会)的权利。

2. 能够参与企业决策，并对最终决策具有较大的影响力。

3. 在有要求时，利益能够得到体现，例如，改善工作条件，有权参与分享利润等。

第二节　融资途径的比较

这里对几种基本的融资途径做进一步的比较分析，加深对风险投资的了解。

一、自筹资金

自筹资金是企业创业初期最基本的筹资途径，包括使用自己的存款、亲属资助、朋友及民间借贷。除了自己拥有的资金，通常只有与创业者有良好关系的个人才愿意出资，才愿意冒很大风险加入创业项目。很多人一创业就想找风险投资或外部的天使资金，但创始阶段这样做是很难如愿的。创业者只能竭尽全力挖掘自己身边的资源，并尽量低成本起步，支撑企业走过艰难的起步期。

二、银行贷款

银行贷款是指银行根据国家政策以一定的利率将资金贷放给资金需要者，并约定期限归还的一种经济行为。银行贷款的种类很多，对企业而言主要有经营性贷款和政策性贷款。创业企业刚刚起步，发展前景不够明朗，市场认可度有待验证，缺乏信用记录、稳定的现金流量和利润，没有满足银行要求的充足的抵押品，所以很难从银行获得常规的经营性贷款。

银行贷款的优点是利息支出可以在税前抵扣，融资成本低，运营良好的企业在债务到期时可以续贷。缺点是一般要提供抵押（担保）品，还要有不低于30%的自筹资金，由于要按期还本付息，如果企业经营状况不好，就有可能发生债务危机。

三、风险投资

广义的风险投资泛指一切具有高风险、高潜在收益的投资行为。狭义的风险投资是指投资人将风险资本以股权投资的方式投资于新近成立或快速成长的新兴公司，以用于该企业技术及其产品的研究开发和市场推广。投资者在承担风险的基础上为所投资企业提供增值服务，旨在促使技术成果尽快商品化、产业化，培育企业快速成长，数年后再通过上市、兼并或其他股权转让方式撤出投资，取得高额投资回报。

从投资行为的角度来讲，风险投资是指具备资金实力的投资机构或投资者对具有专门技术并具备良好市场发展前景但缺乏充足资金的创业型企业进行资助，以此帮助其实现创业计划，并相应承担该阶段投资可能失败的风险的一类投资行为。从运作方式来看，风险投资是指由专业化人才管理的投资中介向具有较大潜力但同时也蕴藏着失败风险的创新型企业投入风险资本的过程，也是协调风险投资者、技术专家、其他投资者的关系，利益共享，风险共担的一种募资方式。

风险投资者在对拟投资企业价值进行评估的基础上，获得所投资企业一定的股份，并且提出一系列的要求，干预企业的决策和经营管理。风险投资是一种昂贵的资金来源，因为银行贷款回避风险，安全性第一，创新企业无法得到，而风险投资则偏好高风险项目，追逐高风险背后隐藏的高收益，意在管理风险、驾驭风险。银行贷款以流动性为本，关注企业的现状、企业目前的资金周转和偿还能力，而风险投资则是一种长期的权益资本,放眼未来的收益和高成长性,在相对不流动中寻求增长。银行考核的是实物指标,需要抵押、担保,它一般投向成长和成熟阶段的企业;而风险投资考核的是被投资企业的管理队伍是否具有管理水平和创业精神,关注的是未来市场的潜力和高速成长性,不需要抵押和担保。

一般情况下,风险投资者不会将拟订的风险资本一次全部投入创业企业,而是随着企业的成长分期分批地注入资金,风险投资者兼有投资者和经营者的角色。他们在向企业投资后,便参与企业的经营管理。他们为所投资企业提供的不仅仅是资金,更重要的是专业特长和管理经验,其投资成败与回报直接取决于所投资企业的经营效果。投资方将派出有重要投票权的董事参与企业的决策,尤其是参与企业的发展规划、经营目标和营销策略的设计以及企业的资本运营,甚至参与企业重要人员的雇用、解聘。从投资主体来看,我国风险投资机构主要有 4 种类型:①政府,即固有资本建立的风险投资公司;②外资风投基金;③中外合资或民营资本的风险投资公司;④政府设计的科技创业基金。从发展状况来看,我国风险投资仍然处在初级阶段,大部分风险投资公司由政府组建或政府控股,投资十分谨慎。风险投资投入的领域也较为狭窄,服务的对象也主要是已经具备一定规模、产生了一定效益的企业。因此,大部分风险投资机构更多的是起锦上添花的作用,较少能够为创业企业和创业者雪中送炭。

风险投资的基本特征有:①投资对象多为处于创业期的中小型企业,而且多为高新技术企业或现代服务业。投资期限通常为 3 ~ 5 年,投资方式为股权投资,一般会占被投资企业 15% ~ 30% 的股权,而不要求控股权,也不需要任何担保或抵押,但可能对被投资企业以后各阶段的融资提出一定的要求。③投资决策建立在高度专业化和程序化的基础之上。④风险投资人一般积极参与被投资企业的经营管理,提供增值服务。⑤由于投资目的是追求超额回报,当被投资企业增值后,风险投资人会通过上市、收购兼并或其他股权转让方式撤出资本,实现增值后的资金回收。风险投资人顺利退出投资时,往往能够获得原始投资额 5 倍以上的资本升值,也有可能投资失败。

四、天使投资

天使投资是一种非组织化的创业投资形式,是指自由投资者或非正式风险投资机构对有发展前景的原创项目构思或初创期小企业进行早期权益性资本投资,帮助这些企业迅速启动的一种民间投资方式。可以说,天使投资人是年轻的公司或者处于起步阶段公司的最佳融资对象。

乐意进行高风险早期投资、兼具"冒险家"与"慈善家"双重特征的投资者一方面看重创业企业和创业项目的发展潜力,另一方面也是对社会的一种贡献和回报,这种投资行为可以看作是对社会的一种推动。这种融资方式最早出现在 19 世纪百老汇戏剧发展之中,20 世纪 80 年代在西方国家逐渐兴起。如今在美国、加拿大、英国等金融投资市场发达的国家,天使投资是创业企业在起步和成长阶段最主要的融资方式之一。

天使投资的主要特征有:①天使投资的金额一般较小,而且是一次性投入,它对创业企业的审查也并不严格。它更多的是基于投资人的主观判断或者由个人的好恶所决定的。通常天使投资是由一个人投资,是个体或者小型的商业行为。②很多天使投资人本身是企业家,了解创业者面对的难处。③他们不一定是百万富翁或高收入人士。天使投资人可能是创业者的家庭成员、邻居、朋友、公司伙伴、供货商或任何愿意投资公司的人士。④优秀的天使投资人不但可以带来资金,同时还可提高公司的信誉和影响力。

天使投资是风险投资的一种,但相对而言,天使投资不是那么正式和规范。风险投资基金的运作是一种正规化、专业化、系统化的大型商业行为。风险投资者在投入资金的同时更多地投入管理,除了注入资金以外,更注重提供增值服务。天使投资投入资金规模一般较小,一次投入,不参与管理,对投资项目的审查不太严格。风险投资一般投资额较大,往往是几家机构联合进行投资,而且是随着创业企业的发展逐步投入资金,其对所投资企业和项目的审查也很严格。

链接:

谷歌(Google)搜索项目是由拉里·佩奇和谢尔盖·布林建立的,他们开发了一个先进的以对网站之间的关系做精确分析为基础的搜索引擎,随后于1998年在车库里正式建立谷歌公司。

为了实现创业的目标,他们首先去寻找天使投资者,第一个就是斯坦福校友,即后任思科副总裁的贝托尔斯海姆。他所投资的10万美元就成了谷歌的第一笔启动资金。

1999年6月,硅谷最有名的两家风险投资公司凯鹏华盈和红杉资本同意向谷歌投资,一共投资2 500万美元(占30%股份)。从此,谷歌成为互联网大潮中正式的玩家之一。

亚马逊网的创始人贝佐斯1998年曾向谷歌投资25万美元。当谷歌在2004年上市时,贝佐斯已持有330万股谷歌股票,按照每股IPO价格85美元,该笔投资的市值达到2.8亿美元,增值2 125倍。假如贝佐斯将投资获得的谷歌股票持有到现在,这些股票的市值将达到惊人的16亿美元。

天使投资的发展和运用直接影响到企业型经济的发育,其依赖于政府、企业与天使投资人的共同努力。

对于创业者,关键是风险的控制与天使资本的寻找。首先,需通过有效的途径寻求可能的天使资本,尽可能准备一份有吸引力的商业计划书。知名创业家和天使投资人周鸿棉认为，年轻的创业者在商业计划书方面往往会犯 3 个错误：喜欢定性地描述，不定量，说得很多，但是没有信息量；绕弯子，不能直接切入商业核心；常常在假设条件下描述产品的价值。但是，精明、傲慢的投资人没有太多时间，如果你不能在两三分钟内阐明要点，就会被他们客气地请出门。其次，做好风险的控制。初创期的企业很脆弱，如果第一步犯下比较严重的错误或者错失时机，其结局一般只能宣告失败。从天使投资人的角度出发，创业者要尽量避免这种事情发生。产生这种结果的原因可能有 3 种：一是天使投资人和创业者对这个行业都不熟悉，遇到问题很难随机应变；二是团队本身在对项目进行评估的时候太乐观；三是企业缺乏应对风险的预案。

对于天使投资人，关键在于项目的筛选与辅助企业的成长。周鸿棉判断一个创业公司是否值得投资的标准有两个：第一，产品是否真的能够给客户提供价值；第二，创业者本人和团队的判断。“任何一个商业模式，你最初看到的、想到的，与在未来做的时候相比，它会有很多变化，有很多根据环境、形势变化做出的调整，关键还是在于操作的人能不能把它一直引领下去。所以，在投资前一定要看准人，在后来的操作中如果换人，也就意味投资失败了。”同时，对于天使投资人来说，最重要的不是资金，而是辅导企业完成从 0 到 1 的蜕变和奠定企业从 1 到 100 的发展基础。天使投资人扮演着创业导师的角色，他必须能够指导或帮助企业设计出可行的业务模式和盈利模式，并让企业尽快起飞。专业的天使投资者通常在所投资企业的董事会中占据一个席位，并有可能提供多方面的管理支持。总体而言，天使投资者不仅可以为创业者提供雪中送炭的资金来源，优秀的天使投资人所拥有的丰富经验和卓越见解对创业企业也是非常有价值的。创业者可以从天使投资人或者其他外部顾问那里获得管理支持，包括公司战略指导，市场策略指导，财务管理指导，提供客户或商业伙伴资源，建议运营策略，聘请经验丰富的高级主管，提供政府关系资源等，还能帮助营造一种良好的文化环境，鼓舞团队勇于创新，以系统化的机制支持他们创业。

链接：

> 迈克·马库拉(Mike Markkula)是一位天使伯乐。苹果创立之初，马库拉不仅自己投入 92 000 美元，还筹集到 69 万美元，外加由他担保从银行得到的 25 万美元贷款，总额逾 100 万美元。1977 年，苹果公司创立，马库拉以平等合伙人的身份正式加盟苹果公司，并出任副董事长，乔布斯担任董事长。马库拉更推荐了迈克尔·斯科特出任苹果公司首任首席执行官。

天使投资获得成功的一条有效途径是得到风险投资者的认可。企业需要的资源不是一个天使投资能全部给予的，企业要取得最后的成功，一定要得到众多参与者的支持。大部分企业在得到第一笔创业资金后开始成长，继而需要分轮次的后续投资，天使投资者可以为创业者寻找、引荐其他规模较大的风险投资机构，或由创业者自身通过其他方式和渠道寻找新的资金，风险投资者则可视前期的投资效果决定是否进行下轮投资。如果企业快速发展，已符合上市的条件，风险投资者应帮助企业积极筹备上市，包括与投资银行、证券公司等开展合作。

五、私募股权投资

广义的私募股权投资涵盖企业首次公开发行前各阶段的权益投资，相关资本按照投资阶段可划分为创业投资、发展资本、并购基金、夹层资本、重振资本和Pre－IPO资本，以及其他如上市后私募投资、不良债权和不动产投资等。狭义的私募股权投资主要指对已经形成一定规模的，并产生稳定现金流的成熟企业的私募股权投资部分，主要是指创业投资后期的私募股权投资部分，而这其中并购基金和夹层资本在资金规模上占最大的一部分。在中国，私募股权多指后者，以与风险投资区别。

私募股权投资与风险投资虽然都是对上市前企业的投资，但是两者在投资阶段、投资规模、投资理念和投资对象等方面有很大的不同。

私募股权投资的退出机制是指私募股权投资机构在其投资的创业企业发展相对成熟以后，将其持有的权益资本在市场上出售，以收回投资并实现投资的收益。对私募股权投资机构而言，退出机制与其投资的回收和投资收益密切相关；对创业企业而言，退出机制意味着与私募股权投资方合作关系以及利益共同性关系的终结。

在中国，3～7 年后上市是私募股权的主要退出机制，股权转让（包括管理层回购、兼并与收购和二级出售）所占比重相对较少。

目前我国私募股权投资的组织形式主要有有限合伙制、信托制和公司制 3 种。

链接：

> “大众点评网正代表着互联网企业的一种新趋势，即做大规模与体量，而不是小有成就就启动上市。”张培鸷如此判断大众点评中止上市、继续融资的深层次目的。上市确实能给互联网企业带来大量的资本，但上市过早带来的估值偏低、发展追求短期效应也制约着很多公司梦想的实现。百度上市，公司估值 10 亿美元，而现在这家公司市值已高达 3 400 亿元。上市过早带来的是股权的分散与利益的出让，加大了非营利长线战略的实施难度。未上市的好处不仅仅是可以继续实施“潜伏”战略，更为重要的是，在互联网这个容易复制（功能或模式）的市场上可以形成较强的竞争力。

六、财税政策支持

近年来,我国财政部门不断加大对中小企业的财税扶持力度,创新扶持方式,积极为中小企业营造公平、宽松的发展环境,助力中小企业走出“融资难”困境。自1999年以来,中央财政先后设立了科技型中小企业技术创新基金、中小企业发展专项资金、中小企业国际市场开拓资金等专项资金(基金),从不同方面引导和支持中小企业发展,资金规模逐年增长。

在加大对中小企业资金支持的同时,中央财政出台了一系列惠及中小企业,尤其是小微型企业发展的税收政策,对符合条件的小微型企业按20%的税率征收企业所得税。

由于中小企业量大、面广,资金政策与中小企业的实际需求存在较大差距。为更好拓宽中小企业融资渠道,财政部还积极改进和创新支持方式。一方面,积极促进中小企业信用担保体系建设;另一方面,实施创业投资引导基金政策,通过少量财政资金吸引和撬动较大规模的市场资金,扶持中小企业跨越创业阶段的“死亡地带”,为中小企业融资探索一条新路径。

政府提供的创业基金通常被所有创业者高度关注。其优势在于利用政府资金不用担心投资方的信用问题,而且政府的投资一般都是免费的,进而降低或免除了筹资成本。但创业基金有严格的申报要求。同时,政府的投入相对有限,创业者需面对其他筹资者的竞争。

创业者可以通过检索科技部和所在地区的科技厅、科技局、生产力中心、高新区管委会或创业服务中心的网站,获得关于政府创业基金的信息。成长型企业还可以通过检索工业和信息化部、各地经济和信息化委员会(或工业和信息化委员会)、发展和改革委员会等部门的网站获取关于政策性产业扶持基金的信息。通常,对于政府鼓励发展的战略性新兴产业,包括环保产业、农业产业等,各主管部门都可能提供一些政策性扶助资金与优惠措施。

七、其他融资途径

针对科技型中小企业融资难问题,中国银行在吸收传统信贷模式和“中银信贷工厂”模式优势的基础上大胆创新,为中关村国家自主创新示范区设计推出了专属模式——中关村科技型中小企业金融服务模式,开创了科技与金融结合的先河,在客户定位、营销模式、产品创新、专家咨询、审批机制以及风险管理等方面积极创新,为科技型中小企业提供覆盖初创期、快速成长期和平稳发展期的产品体系。

针对目前我国文化企业有形资产少、无形资产多、抵押担保品不足等问题,中国银行积极创新服务于文化产业中小企业的融资产品,推出了“影视通宝”,开办影视产业知识产权质押贷款业务,助力文化产业大发展大繁荣。为促进涉农中小企业的发展,中国银行按照批量营销理念,不断丰富产品体系,开发推出"棉贷通宝""粮贷通宝""联保通"等10余款涉农产品,覆盖棉花、粮食、苹果、苗木、水稻、玉米、果仁、花生等多个产业集群,运用动产抵质押、联保、农村集体资产抵押等多种担保方式,对农副产品生产加工、经销及农村建设等领域提供全方位的金融支持。

此外,中国银行还充分发挥海内外一体化服务优势,支持中小企业引进资金、引进技术,搭建企业与海外风险投资基金、私募股权基金以及产业基金的合作平台,帮助中小企业及时了解国际先进技术和市场需求,实现企业技术引进和产业提升,为中小企业寻求全球机遇、实现国际化发展提供综合服务。

企业可以通过当地的银行、担保公司、小额信贷机构等了解创新金融产品和服务。

第三节　风险投资的运作程序

风险投资作为助推新经济的重要燃料,也是新经济的产物。风险投资结合大学创新资源,加上园区的良好创业环境,被认为是硅谷模式的基本要素。各国竞相学习硅谷,也将发展风险投资作为重要国策。

风险投资运作的基本程序是投资机构从风险资本提供者那里融来资金并成立创业投资基金,进而按照自己的投资策略和风格,选择有潜力的、高速发展的创业企业,提供一定的投资支持,在被投资的公司中占有一定股份,并寻求在恰当的时候实现增值套现退出。退出的方式可以是公开上市、出售股权给第三方、创业团队回购或清盘结算。

一、风险投资程序

风险投资公司在寻找和选择对象时,都有自己的一套运作程序和制度,但基本上包括这些步骤:搜寻投资机会和初步筛选、面谈和初步调研、内部研讨和立项投资、价值评估、初步谈判和条款清单、尽职调查、与债务提供方协商安排过桥贷款和各种债权投资、最后谈判和签订合同、投资后的监管、寻求退出机会。相关要点阐述如下。

(一)搜寻投资机会和初步筛选

风险投资者所从事的工作包括筹资、管理资金、寻找最佳投资对象、谈判并投资,对投资进行管理以实现其目标。

投资机会可以来源于风险投资企业自行寻找、企业家自荐或第三人推荐。以前风险投资者用60%左右的时间去寻找投资机会,如今这一比例已降低到40%,其他大部分时间用来管理和监控已投资的资金。

风险投资企业根据拟融资的创业企业交来的商业计划书(投资建议书),对项目进行初步审查并挑选出感兴趣者做进一步考察。风险投资者在拿到商业计划书和摘要后,往往只用很短的时间走马观花地浏览一遍,以决定在这件事情上花时间是否值得,所以商业计划书中必须有能够很快吸引他的东西才能使之花时间仔细研究。

链接:

在美国硅谷,风险资本所投资的创业企业有着一个不太精确的经验定律,即所谓风险投资收益的"大拇指定律"。如果风险投资基金投资10家高科技创业企业,在5年左右的发展过程中,可能有3家垮掉,3家停滞不前并最终被收购,3家能够上市并有不错业绩,只有1家能够迅速成长,上市后为社会看好,成为耀眼的明珠,价值数十倍至数百倍地增长,给投资者以巨额回报——大拇指。

(二)风险投资者之间的磋商

在大的风险投资公司,相关的人员会定期聚在一起,对通过初审的商业计划书进行讨论,决定是否需要进行面谈或者回绝。

(三)调查评估和面谈

风险投资项目在通过初步筛选后,投资人即亲自或委托顾问公司开始对这1%左右的项目开展尽职调查,即认真细致地对企业现状、成功前景及其经营团队开展调查,详细研究和考察产品市场人员素质以及经济核算等。

风险资本家会花大约6~8周的时间对筛选出来的投资建议进行广泛、深入和细致的调查以检验创业企业所提交材料的准确性,并发掘可能遗漏的重要信息;在从各个方面了解投资项目的同时,根据所掌握的各种信息对投资项目的管理、产品与技术、市场、财务等方面进行分析,以初步做出是否投资的判断。

如果风险投资者对企业家提出的项目感兴趣,他会与企业家接触,直接了解其背景、管理队伍和企业,这是整个过程中最重要的一次会面。如果进行得不好,交易便宣告失败。如果面谈成功,风险投资者会希望进一步了解更多的有关企业和市场的情况。

(四)尽职调查

如果前面的程序较为成功,风险投资者接下来便开始对企业的经营情况以及人员进行深度考察。他们通过审查程序对意向企业的技术、市场潜力和规模以及管理团队进行仔细的评估,这一程序包括与潜在的客户接触、向技术专家咨询及与企业关键人员、债权人乃至关键人员以往的雇主面谈,并与管理层进行几轮会谈,对企业有形资产和无形资产进行估价。

风险投资者对企业的评估是理性与艺术的结合。其理性分析与一般的商业分析大同小异,例如,市场分析、成本核算的方法以及经营计划的内容等与一般企业基本相同。艺术则体现在风险投资者的直觉、经验上,他们根据具体的个人以及环境条件可以灵活地把握意向企业的各方面内容,尤其是在对技术、人员的判断方面。

(五)协商谈判投资条件

审查阶段完成之后,如果风险投资者看好所申请项目的前景,那么便可开始进行投资形式和估价的谈判。一旦投融资双方对项目的关键投资条件达成共识,作为牵头投资者的风险资本家就会起草"投资条款清单",向目标企业做出初步投资承诺。

这个谈判协商过程有可能持续几个月。在这个谈判过程中,双方都需要严肃负责任地对待,对各种条件以及未来的可能性进行评估,创业企业尤其要在内部花时间研究这些条款清单的内容并做好相应准备。

(六)达成合作协议

投融资双方一致同意交易条件与细节后,就可以签署最终交易文件,投资生效。

在经过几番讨价还价后,双方进入签订协议的阶段,确认各自的责权利。一旦最后协议签订完成,创业企业便可以得到资金以继续实现其经营计划中拟订的目标。多数协议的内容还包括退出计划,简单概括风险投资者如何撤出其资金以及当遇到预算、重大事件和其他目标没有实现的情况将如何处理。

风险投资者力图使他们的投资回报与所承担的风险相适应。根据切实可行的计划,风险投资者会对未来3~5年的投资价值进行分析。首先,计算其现金流或收入预测;其次,根据对技术、管理层、技能、经验、经营计划、知识产权及工作进展的评估,判断风险大小,选取适当的折现率,测算拟投资企业的净现值。基于各自对企业价值的评估,投资双方通过谈判达成最终成交价值。影响最终成交价值的因素包括以下几项:

1. 风险资金的市场规模。风险资本市场上的资金越多,对优秀投资对象的需求越迫切,会导致投资对象的价值向上攀升。在这种情况下,创业企业能以较小的代价换取风险投资者的资本。

2. 退出战略。市场对上市、并购的反应直接影响投资企业的价值。

3. 减少技术、战略和财务上的风险与不确定性可以提高创业企业的价值。

4. 资本市场时机。一般情况下,股市走势看好时,创业企业的价值也看好。

(七)投资生效后的监管

风险投资者寻找能使他们获得高额回报的公司或机会。有时,要在尽可能短的时间内实现这一目标,通常是3~7年。成功的风险投资者有许多宝贵的经验,包括选择投资对象、落实投资、对该公司进行监督,进而带领公司成长,帮助公司顺利渡过难关,促进公司快速发展。

投资生效后，风险投资者便拥有了所投资企业的股份，并在其董事会中占有席位。多数风险投资者在董事会中扮演着咨询者的角色。作为咨询者，他们主要就改善经营状况以获取更多利润提出建议，帮助企业物色新的管理人员，定期与企业家接触以跟踪了解经营的进展情况，定期审查会计师事务所提交的财务分析报告。由于风险投资者对其所投资的领域了如指掌，所以其建议会很有参考价值。为了加强对企业的控制，在合同中通常加有可以更换管理人员和接受合并、并购的条款。

（八）其他投资事宜

有些风险投资公司会以可转换优先股（享受固定收益、优先获得分配、优先获得公司剩余财产的清偿、无表决权）的形式入股，有权在适当时期将其在公司的所有权扩大，且在公司清算时有优先清算的权力。

如果所投资企业陷入困境，风险投资者可能被迫着手干预或完全接管，例如，聘请其他能人取代原来的管理班子或者亲自管理创业企业。

二、创业者获取风险投资的技巧

寻求风险投资的企业应预先了解风险投资市场的行情。现在的创业者可以很容易通过互联网搜索获得这方面的信息，很多专业的财经类、金融服务类网站上都有很丰富的相关资料，一些成熟的风险投资中介机构也会提供一些背景资料和动态信息，还可以拜访一些投资咨询公司、管理咨询公司、律师事务所、会计师事务所获得这方面的帮助。在掌握这些信息后，创业企业可根据本企业的特点和资金需要量筛选出若干可能的投资公司。在筛选时创业企业所要考虑的因素包括企业所需投资的规模、企业的地理位置、企业所处的发展阶段和发展状况、企业的销售额及盈利状况、企业的经营范围等。

在筹资过程中，创业者有时需要找到一个主要投资者，这个主要投资者将会和你一起评价、推动并促成这笔交易。此外，这个主要投资者可能会把周围的投资者联合起来一同进行投资。创业者应从帮助作用最大、最有实力的投资者中选择合适的主要投资者。

多数情况下，与风险投资者的接触可以从打电话开始，首先探讨一下你的新想法是否和风险投资者的业务范围相适合。绝大多数的风险投资者都会拿起听筒，因为他们也不知道下一个好的项目会从哪儿来，但同时你也会面对投资公司很专业的挑剔。在接触过程中，创业者要有一种坚韧、顽强的精神。如果创业者能得到某位令风险投资者信任的律师、会计师或某位行业内人士的推荐，获得资助的可能性就会提高许多。实际上，多数的风险投资公司都要比人们想象得更容易接近。

为了吸引那些风险投资者的注意，创业者需要反复地问自己这样一些问题：创业团队是否有能力完成他们的使命？企业的产品是否能赢得一个足够大的令人满意的市场？企业是否可以保证投资者的投资不被浪费？当然，你要面对现实，不能太理想化，一个风险投资项目不可能保证取得百分之百的成功，总是会存在着这样或那样的风险。同时，也并不需要等你的方案做得十全十美后才去找风险投资者。最优秀的风险投资者常常愿意和那些先驱者合作，帮助他们实现那些美好的想法。

为了提高筹资成功率，有的创业者喜欢在短时间内接触一大堆风险投资者，以做“备用”。事实上，如果和20位或30位的风险投资者联系，就会让人感觉这是一笔好生意，从而不愿花时间去深入考察这个项目。反过来，创业者遇到一个有意向的风险投资者就停下来，不去做更多的选择，把希望寄托在某一个或两三个风险投资者身上是非常危险的。最可靠的方法是先选定5～10位可能的风险投资者作为目标，在接触之前，要认真了解那些有可能对项目感兴趣的风险投资者的情况，并准备一份候选表。这样，如果没有人表示出兴趣，创业者不仅可以知道原因，而且可以找另外的候选投资者接触。总之，创业者千万不要把项目介绍给太多的风险投资者，风险投资者们不喜欢那种产品展销会的形式，他们更希望发现那些被人丢弃在路边的不被人注意的好的商业机会。

一些大的风险投资机构对创业企业进行投资，往往会采取一些对赌方案，即投资方对被投资企业设立严格的条件，如果企业能完成投资方规定的目标，企业管理层不但可以获得自身所持股份增值带来的收益，还能获得投资方额外赠予的股份。相反，如果被投资企业不能按照合同的约定实现既定目标，就将丧失一部分公司股份，以至被投资方的原始股东面临股权被强制稀释直至被收购的风险。相对谨慎的创业者一般并不喜欢这种对赌的方式，而是要求投资方提供一部分资金，双方约定对于公司的盈利按照一定比例进行分配，同时给予投资机构一定的股权作为对价。寻找风险投资的创业者应审慎考量投资协议条款清单中的各项条款。

本章小结

本章重点讨论创新创业融资问题。首先，探讨了创新创业融资的概念与特征，明确了创新创业融资的基本类型，进而讨论了融资风险与企业生命周期，指明了新创企业融资的步骤与原则。其次，比较了几种融资途径，明确了自筹资金、银行贷款、风险投资等途径的优缺点。最后，分析了风险投资的运作程序，阐明了风险投资的程序以及创业者获得风险投资的技巧。

复习思考题

1. 作为创新创业者，你融资时对拿到资金后发展的最终期盼是什么？新公司融资决策的基本步骤是怎样的？

2. 除了银行贷款，创新创业者还有哪些可以融资的渠道？

案例分析题

周光超在大学毕业后回到老家上海，一直没找到称心的工作，看到小型超市生意非常火爆，也想开一个，但是开超市至少需要投资五六万元。

讨论题：

如果小周想尽快开业，通过本课的学习，结合他的实际情况，请你根据以上所学知识帮助他来制定创业初期的融资规划。

第十章

创新创业风险

学习目标

通过对本章内容的学习,你应了解和掌握如下问题:

- 了解什么是创业风险
- 理解创业风险的来源
- 了解创新创业风险的主要类别

引　例

铱星移动通信系统是美国铱星公司委托摩托罗拉公司设计的一种全球性卫星移动通信系统,它通过使用卫星手持电话机,可以在地球任何地方发送和接收电话信号。巨大的研发费用和系统建设费用使铱星背上了沉重的债务负担,整个铱星系统耗资达50多亿美元,每年的维护费用就要几亿美元。2000年3月,背负40多亿美元债务的铱星正式破产。事实上,随着地面网络的广覆盖,移动电话的国际漫游已成为可能,卫星移动电话的市场无疑在不断地被压缩,用户群的规模也相应地不断减少,没有了市场,也就没有了收益,也就失去了控制自己命运的能力,最终只能以失败而告终。

第一节　创新创业风险概述

创新创业是一个充满风险、艰辛与坎坷的过程,也是一个充满激情与喜悦的过程。如何才能尽量规避与防范可能出现的创新创业风险,使创业过程能够顺利一些,尽快掘得第一桶金,是每一个创新创业者都十分关注的问题。因此,创新创业者要认真分析自己在创新创业过程中可能会遇到的风险,判断哪些风险是可以控制的,哪些是不可以控制的,哪些是需要极力避免的,哪些是致命的或不可管理的,要清楚一旦这些风险出现,应该如何应对和化解。特别需要注意的是,一定要清楚创新创业最大的风险是什么,损失可能有多少,自己是否有能力承担,积极防范创新创业风险。

一、创新创业风险的内涵

(一)风险的含义

风险是指企业在未来经营中面临的可能对其经营目标产生影响的所有不确定性。

(二)创新创业风险的含义

创新创业风险是指创业环境的不确定性,创业机会与创业企业的复杂性,创业者、创业团队与创业投资者的能力与实力的有限性,导致创业活动偏离预期目标的可能性及其后果。

二、创新创业风险的特征

(一)创新创业风险的客观性

创新创业风险是客观存在的,是不以人的意志为转移的。在创业过程中,由于内外部事务发展的不确定性是客观存在的,因而创新创业风险也必然是客观存在的。如天灾、人祸等纯粹风险。当然,客观性并不否认创新创业风险的存在也有主观的一面。

(二)创新创业风险的不确定性

创新创业的过程往往是将创业者的某一个“奇思妙想”或创新技术变为现实的产品或服务的过程。在这一过程中,创新创业者面临各种各样的不确定因素,如已有市场竞争对手的排斥,新市场需求的不确定,新技术转化为生产力的难度,等等。

(三)创新创业风险的损益双重性

创新创业风险带来的影响不仅包括损失,还包括创新创业收益。风险越高,收益可能性越大。所以,回避风险也意味着回避收益。

(四)创新创业风险的相关性

创新创业者面临的风险与其创新创业行为及决策是紧密相连的。同一风险事件对不同的创新创业者会产生不同的风险,同一创新创业者由于其决策或采取的策略不同,会面临不同的创新创业风险结果。例如:技术标准提高这一技术类风险事件对大学生产生的可能是低风险,对于农民工可能产生的是高风险。

(五)创新创业风险的可变性

创新创业的内部与外部条件发生变化,必然会引起创新创业风险变化。例如,投资方负责人变动、取消对其投资将会加大创新创业风险。

(六)创新创业风险的可测性与不可推测性

创新创业风险的可测性是指创新创业风险可以通过定性或定量的方法对其进行估计。创新创业风险的不可推测性是指对创新创业风险的预测与实际结果的偏差常常会出现偏离误差范围的状况,包括创业产品周期的不可推测性与创业产品市场的不可推测性等。

第二节　创新创业风险的类别

人类社会所面临的风险多种多样,不同的风险有着不同的性质和特点,它们形成的过程、发生的条件和对人类造成的损害也是不一样的。在企业中,不同性质和来源的创新创业风险相互作用,并由此决定了企业所面临的总体风险。识别企业所面临的总体风险对实现企业的战略目标具有重要的战略意义。因此,企业必须对种类繁多的创新创业风险按一定的方法进行科学分类,以便对各种风险进行识别、测定和管理。

一、创新创业风险的构成

（一）风险因素

风险因素是指能够引起或增加风险事件发生的机会或左右损失严重程度的因素，是风险事件发生的潜在条件，一般又称“风险条件”。创新创业风险因素从形态上可以分为主观因素和客观因素两个方面。主观因素方面如意识风险、道德风险、心理风险等；客观因素方面如技术的不确定性、经济条件恶化等。

（二）风险事件

风险事件是风险因素综合作用的结果，是风险损失产生的媒介物。创新创业风险事件是指创业风险的可能性变成现实，以致引起损失后果的事件，如经济条件的恶化导致销售下降，产品被测试含有致癌物质导致产品收回，等等。

（三）风险损益

风险损益是指风险事件的出现给创业者或创业企业带来的能够用货币计量的经济损失或收益。风险损益包括直接损益和间接损益，如因产品研发失败而引起的损失，因无法及时将产品投放市场却恰遇产品畅销而带来的收益。

二、创新创业风险的主要来源

创新创业环境的不确定性，创新创业机会与企业的复杂性，创新创业者、创新创业团队与创新创业投资者的能力与实力的有限性是创新创业风险的主要来源。

（一）融资

融资问题存在于学术研究、产品原型商业化之间，可能表现为研究基金与投资基金短缺。例如：没有足够的资金将其研究成果（发明专利）或产品原型实现商品化，进而给创新创业带来一定的风险。

研究基金通常来自个人资产、政府机构或公司研究机构，它既支持概念的创建，又支持概念可行性的最初证实；投资基金则将概念转化为有市场需要的产品原型（这种产品原型有令人满意的性能，对生产成本有足够的了解，并且能够识别是否有足够的市场）。

（二）创新与研发

创新与研发问题主要存在于仅凭个人兴趣所做的研究判断和基于市场潜力的商业判断之间。创新创业者最初证明一个特定的科学突破或技术突破可以成为商业产品时，他其实仅仅停留在自己满意的论证程度上。

然而，这种程度的论证后来不可行了，在将预想的产品真正转化为商业化产品（大量生产的产品，具备有效的性能、低廉的成本和高质量）的过程中，即能从市场竞争中生存下来的过程中，创业者需要面对大量困难，要开展可能耗资巨大的研究工作（有时需要几年时间），进而形成创新创业风险。例如，某项“挑战杯”科研成果转化为商业产品，还需要深入研究。

（三）信息和信任缺失

信息和信任缺失存在于技术人员和管理者（或投资者）之间。技术专家比较了解哪些内容在科学上是有趣的，哪些内容在技术层面上是可行的，哪些内容根本就无法实现。管理者（或投资者）通常比较了解将新产品引进市场的程序，但当涉及具体项目的技术部分时，他们不得不相信技术人员。如果技术专家和管理者（或投资者）相互间不能充分信任，或者不能进行有效交流，那么这一缺失将会变得更大，带来的风险也更大。

（四）资源缺失

资源与创新创业者之间的关系就如同颜料和画笔与艺术家的关系。没有颜料和画笔，艺术家的构思则无从实现。在大多数情况下，创新创业者不一定也不可能拥有所需的全部资源，这就形成了资源缺失。如果创新创业者没有能力弥补相应的资源缺失，创新创业要么无法起步，要么受制于人。

（五）管理不力

管理不力是指创新创业者并不一定是出色的企业家，不一定具备出色的管理才能，由此带来管理风险。例如，创新创业者利用某一新技术进行创业，他可能是技术方面的专业人才，但却不一定具备专业的管理才能，从而造成管理不力。创新创业者往往有“奇思妙想”，但在战略规划上不具备出色的才能，或不擅长管理具体的事务。

三、创新创业风险的分类

（一）基于风险来源主客观性的分类

创新创业风险按来源的主客观性可分为主观创业风险和客观创业风险。主观创业风险是指在创业阶段，由于创业者的身体与心理素质等主观方面的因素导致创业失败的可能性。客观创业风险是指在创业阶段，由于客观因素导致创业失败的可能性，如市场的变动、政策的变化、竞争对手的出现、创业资金的缺乏等。

（二）基于创新创业风险的内容的分类

创新创业风险按内容可分为技术风险、市场风险、政治风险、管理风险、生产风险和经济风险。技术风险是指由于技术方面的因素及其变化不确定而导致创新创业失败的可能性。市场风险是指由于市场情况不确定而导致创新创业者或创业企业损失的可能性。政治风险是指由于战争、国际关系变化或有关国家政权更迭、政策改变而导致创新创业者或企业蒙受损失的可能性。管理风险是指因创业企业管理不善产生的风险。生产风险是指创新创业企业提供的产品或服务从小批试制到大批生产的风险。经济风险是指由于宏观经济环境发生大幅度波动或调整而使创新创业者或创新创业投资者蒙受损失的风险。

（三）基于风险对投入资金影响程度的分类

按风险对所投入资金，即创新创业投资的影响程度可分为安全性风险、收益性风险和流动性风险。创业投资的投资方包括专业投资者与投入自身财产的创业者。从创业投资的安全性角度来看,不仅预期实际收益有损失的可能,而且专业投资者与创新创业者自身投入的其他财产也可能蒙受损失,即投资方财产的安全存在危险,这类风险就是安全性风险。收益性风险是指创新创业投资的投资方的资本和其他财产不会蒙受损失,但预期实际收益有损失的可能性。流动性风险是指投资方的资本、其他财产以及预期实际收益不会蒙受损失,但资金有可能不能按期转移或支付,造成资金运营的停滞,使投资方蒙受损失的可能性。

(四)基于创新创业过程的分类

创业创业风险按创新创业过程可分为机会的识别与评估风险、准备与制订创新创业计划风险、确定并获取创新创业资源风险和新创企业管理风险。创新创业活动需经历一定的过程,一般而言,可将创新创业过程分为 4 个阶段:识别与评估机会;准备与制订创新创业计划;确定并获取创新创业资源;新创企业管理。机会的识别与评估风险是指在机会的识别与评估过程中,受各种主客观因素,如信息获取量不足,把握不准确或推理偏误等影响,创新创业一开始就面临方向错误的风险。另外,机会风险的存在,即由于创业而放弃了原有的职业所面临的机会成本风险,也是该阶段存在的风险之一。准备与制订创新创业计划风险,是指创新创业计划的准备与过程带来的风险。创新创业计划往往是创新创业投资者决定是否投资的依据,因此,创新创业计划是否合适将对具体的创新创业产生影响。创新创业计划制订过程中,各种不确定性因素与制订者自身能力的限制,也会影响计划制订,从而给创新创业活动带来风险。确定并获取创新创业资源风险是指由于存在资源缺口,无法获得所需的关键资源,或即使可获得,但获得的成本较高,从而给创新创业活动带来的一定风险。新创企业管理风险主要包括管理方式、企业文化的选取与创建、发展战略的制定、组织、技术、营销等各方面的管理中存在的风险。

第三节　创新创业风险识别过程

创新创业风险识别是指创新创业者依据企业活动,对创新创业企业面对的现实及潜在风险,运用各种方法加以判断、归类并鉴定风险性质的过程,该过程可以有效把握各种风险信号及其产生的原因。风险识别是管理一切风险的基础性工作。

一、创新创业风险识别

(一)创新创业风险识别的内涵

创新创业风险识别是指创业者依据创新创业活动的迹象,在各类风险事件发生之前运用各种方法对风险进行的辨认和鉴别，是系统地、连续地发现风险的过程。

由于创新创业的特殊性，企业除了要识别如国家经济政策的调整、市场需求的变化等显性风险，还要识别当某一形势变化引发连锁反应所可能带来的半显性风险，同时还要识别遭遇突发事件的隐性风险。

（二）创新创业风险识别的特点

1. 系统性。风险识别是一项复杂的系统工程。系统性是指风险识别不能局限于某一部门或某一环节，而应对整个企业各个方面的风险进行识别和分析。系统性不仅包括识别实物资产风险、金融资产风险，还包括识别客户资产、雇员或供应商资产和组织资产的风险。

2. 连续性。风险识别是一项连续性的工作。连续性是指创新创业风险识别不可能是一成不变、一劳永逸的，随着企业及其经营环境的不断变化，风险管理者必须时刻关注新出现的创新创业风险与各种潜在的创新创业风险。

3. 制度性。创新创业风险识别是一项制度性的工作。制度性是指创新创业风险管理作为一项科学的管理活动本身需要有组织上和制度上的保障，否则就难以保证此项工作的系统性、连续性。

二、创新创业风险识别的步骤

识别创新创业风险主要包括以下步骤：

第一，信息收集。信息收集是信息得以利用的第一步，也是关键的一步。信息收集工作的好坏直接关系到对创新创业风险的评价。首先，通过调查、问询及现场考察等途径获得相关信息；其次，需要敏锐的观察和科学的分析，对各类数据及现象做出处理，在实践中，最好自己亲自整理信息，这样对信息的敏感性就会得到加强，便于更好地决策。

第二，风险识别。根据信息的分析结果，确定创新创业中存在的主要风险或潜在风险的范围。

第三，重点评估。根据量化结果，运用定量分析、定性分析、假设和模拟等方法，进行创新创业风险影响评估，预计可能发生的后果，提出可供选择的方案。

第四，拟订计划。根据评估结果，广泛征询建议，提出处理风险的方法和行动方案。

三、创新创业风险识别中要注意的问题

识别创新创业风险的过程中需要注意以下问题：

第一，信息收集要全面。只有广泛、全面地收集信息，才能完整地反映管理活动和决策对象发展的全貌，为决策的科学性提供保障。收集信息可以通过两个途径：一是内部积累或者委派专人负责；二是借助外部专业机构的力量。后者可获得

足够多的信息资料,有助于全面地、较好地识别面临的潜在风险。此外,不要只收集正面信息,对创新创业者而言,“负面”信息同样有很高的利用价值,它有助于更好地服务顾客,避免犯错误,降低创新创业风险,提高创业的成功率。

第二,因素罗列要全面。根据企业在运营过程中可能遇到的风险,逐步找出一级风险因素,然后进行细化,将其延伸到二级风险因素,再延伸到三级风险因素。例如,管理风险属于一级风险因素,管理者素质属于二级风险因素。

第三,最终要进行综合分析,既要进行定性分析,也要进行定量分析。

链接:

大学生创业的十大风险:①项目选择太盲目;②缺乏创业技能;③资金风险;④社会资源贫乏;⑤管理风险;⑥竞争风险;⑦团队分歧的风险;⑧核心竞争力缺乏的风险;⑨人力资源流失风险;⑩意识上的风险。

第四节 创新创业风险识别方法

识别风险需要一定的专业知识,必须根据不同性质与条件,按照一定的途径,运用一定的方法或者借助一定的工具来实施。一般而言,创新创业风险识别的方法包括:信息源调查法、数据对照法、资产损失分析法、环境扫描法、风险树分析法、情景分析法及风险清单法。有能力的企业也可以自行设计识别的方法,如环境分析法、组织结构分析法、财务报表分析法、流程图分析法、幕景分析法、事件树分析法、故障树分析法、专家调查法、SWOT 分析法和标准化调查法等。

一、创新创业风险识别的方法与具体应用

(一)环境分析法

环境分析法是指以环境为对象进行分析,发现机会和威胁,区别优势和劣势,把握不确定性和变动趋势,明确相互作用和影响,找出环境中可能引发风险的要素的方法。

企业宏观环境主要包括自然、经济、政治、社会、技术等。企业微观环境主要包括投资者、消费者、供应商、政府部门和竞争者等。例如:市场是否有新的竞争对手介入?竞争对手变动趋势是什么?市场需求对企业产品销售将产生什么影响?等等。

(二)组织结构分析法

组织结构分析法是指利用组织结构图分析和描述风险发生的领域和环节的方

法。组织结构分析法描述企业活动性质和规模,反映企业各部门所承担的责任和风险以及各部门之间的内在联系和相互依赖程度,揭示企业内部关键人物对本企业经营管理的影响,反映存在可能使风险状况恶化的薄弱环节。

组织结构分析法通过组织结构图,可以初步确定风险管理的重点。这对于组织结构复杂、分支机构众多的企业识别内在风险、估计风险严重程度有重要意义。

(三)财务报表分析法

财务报表分析法是指以企业的资产负债表、损益表和现金流量表为依据,通过采取水平分析法、垂直分析法、趋势分析法、比率分析法等,发现潜在风险的方法。

这些风险主要包括3种:资产本身可能遇到的风险、因遭受风险引起生产或业务中断可能带来的损失、造成人身伤害和财物损毁应支付的赔偿金。

(四)流程图分析法

流程图分析法是指将生产、经营、管理过程按其内在逻辑联系绘成作业流程图,针对流程中的每一阶段、每一环节进行调查分析,以此识别风险的方法。

流程图的类型有多种,包括简单和复杂流程图、内部和外部流程图、实物形态和价值形态流程图、生产和资金流程图等。

该方法便于发现容易引起风险和损失的环节和部门。

(五)幕景分析法

幕景分析法是指利用数字、图表、曲线等,对企业未来的状态进行描绘,从而识别引起风险的关键因素及其影响程度的方法。

幕景分析法研究的重点是:当引发风险的条件和因素发生变化时,会产生什么样的风险?导致什么样的后果等?

幕景分析法既注重描述未来的状态,也注重描述未来某种情况发展变化的过程。

(六)事件树分析法

事件树分析法是指选择某一风险因素作为开始事件,用逻辑推理的方法推论其各种可能的结果以及产生这些结果的途径,从而了解事故发生的原因和条件的方法。

任何事故的发生都是一系列事件按时间顺序相继出现的结果,前一事件的出现是随后事件发生的条件,在事件的发展过程中,每一事件都有两种可能的状态,即成功和失败。

事件树分析法对掌握事故的发生规律、控制事故的发生很有益。若每一事件发生的概率是已知的,则可以计算出各种后果发生的概率,能对发生的事件进行定性、定量分析,但需要大量资料和时间,故一般只在风险很大或隐患很深的系统中才采用。

(七)故障树分析法

故障树分析法是指以故障为分析对象,描述故障发生的因果关系,借此识别风险的方法。

故障树分析法是安全系统工程的重要分析方法之一,它能对各种系统的危险性进行辨识和评价,不仅能分析出事故的直接原因,而且能深入揭示出事故的潜在原因。采用该方法,既可定性分析,又可定量分析。

(八)专家调查法

专家调查法是指运用专家的经验、知识和能力,发挥专家的特长,对风险的可能性及其后果做出估计的方法。专家调查法的基本步骤是:选择主要的风险项目,选聘相关领域的专家;专家对各类可能出现的风险进行评估、打分;回收专家意见并整理分析,再将结果反馈给专家;把专家的第二轮结果汇总,直到比较满意为止。专家调查法是一种重要而又广为应用的风险识别方法。

(九)SWOT 分析法

SWOT 分析方法是一种根据企业自身的既定内在条件进行分析,找出企业的优势、劣势及核心竞争力之所在的企业战略分析方法,如表 10-1 所示。使用简单是它的重要优点,即使没有精确的数据支持和更专业化的分析工具,也可以得出有说服力的结论。

表 10-1 SWOT 分析法

S:潜在优势	W:潜在劣势	O:潜在机会	T:潜在威胁
·有利的战略 ·有利的金融环境 ·有利的品牌和美誉 ·被广泛认可的市场领导地位 ·专利技术 ·成本优势 ·强势广告 ·产品创新能力 ·优质客户服务 ·优秀产品质量 ·战略联盟并购	·没有明确的战略导向 ·设备陈旧 ·超额负载 ·超越竞争对手的高额成本 ·缺少关键技术的行业资格 ·利润少 ·内在运作困境 ·落后的研发能力 ·过分狭窄的产品组合 ·市场规划能力的缺乏	·服务独特的客户群体 ·新的地理区域的扩张 ·产品组合的扩张 ·核心技术向产品组合的转化 ·垂直整合的战略形势 ·分享竞争对手的市场资源 ·竞争对手的支持 ·战略联盟与并购带来的超额覆盖 ·新技术开发 ·品牌形象拓展	·强势竞争者的进入 ·替代品引起的销售下降 ·市场增长的减缓 ·汇率和贸易政策的不利转换 ·由新规则引起的成本增加 ·商业周期的影响 ·客户和供应商杠杆作用的加强 ·消费者购买需求下降 ·人口与环境的变化

(十)标准化调查法

标准化调查法是指通过风险管理部门、保险企业、专业咨询企业、行业协会、研究机构等,就企业可能遇到的问题(风险)加以详细调查与分析,形成报告文件供企业决策参考的方法。

标准化调查法又称“风险分析调查法”。

二、创新创业各阶段风险分析

(一)创新创业启动阶段风险

创新创业前期的风险可称为创新创业启动阶段的风险。这个阶段是指从产生创新创业动机开始,到创新创业企业正式运行为止。

1. 风险的来源。

(1)创意或创新创业计划的内容被泄露;

(2)仓促上阵;

(3)计划不明;

(4)资源不足;

(5)创新创业团队内讧分裂;

(6)无效投资;

(7)选址不当;

(8)对市场环境和竞争对手缺乏了解。

2. 风险的防范。

(1)严格筛选项目;

(2)有效保护创意和商业机密;

(3)选择好创新创业伙伴;

(4)密切关注资金风险和技术风险;

(5)注重建设营销队伍;

(6)设法分散或转嫁风险。

(二)企业起步阶段风险

新创企业起步阶段的风险称"创业中期的风险"。

1. 风险的来源。

(1)孤军奋战;

(2)目标游离;

(3)长期缺乏流动资金;

(4)缺乏市场;

(5)管理混乱。

2. 风险的防范。

(1)必须抓好人和财两个关键点;

(2)创业者主观上要有千方百计让企业"活下去"的强烈愿望;

(3)及时把握产品及经营状况。

(三)创业企业成长阶段的风险

创业企业成长阶段是指经过创业启动与起步阶段的努力,创业构想变成现实,企业开始真正产生商业价值,业绩、利润基本维持在一个较为稳定的水平,创业者的初始目标已经基本达到的阶段。

1. 风险的来源。风险多来自管理风险,具体如下:

(1)未建立有效团队;

(2)用人失误;

(3)疲于奔命;

(4)财务失控;

(5)市场反应迟钝;

(6)创新乏力;

(7)新老员工冲突。

2. 风险的防范。

(1)尝试授权,学会解脱;

(2)完善组织架构,规范决策;

(3)建立风险责任机制,趋利避害;

(4)完善激励机制,凝聚人才;

(5)发展核心竞争力,战略制胜。

本章小结

本章重点讨论创新创业风险问题。首先,探讨了创新创业风险的概念与特征。其次,分析了创新创业风险的构成、来源与类别。再次,阐述了创新创业风险识别过程与步骤,强调了风险识别过程中需要注意的问题。最后,着重介绍了创新创业风险识别的方法,并基于此阐述了创新创业各阶段风险分析的要点。

复习思考题

1. 什么是创业风险?

2. 如何有效应对创业产生的风险?

案例分析题

常某下海前在重庆一家公交公司做秘书,日子过得很安逸。一次同学会,发现同学都已下海经商,常某心也活了,回去后把自己准备创业的想法和公司总经理谈了,总经理觉得常某这个人不错,就让其承包了公交公司下属的一家贸易公司。对于做贸易之类的生意,常某认为自己正合适——无非就是摸关系,趟路子,吃吃喝喝。他满腔热情,充满动力,全身心地投入。当时重庆的房地产刚刚热闹起来,建材需求量增大,常某在这方面动起了脑筋,拿到了不少单子,有了最初的原始积累。例如:一张建材采购的批条,一转手可卖几万元,没有资金压力,钱也来得轻松。一年过去后,到了1996年下半年,建材市场开始规范,大量建材上市,常某的这套操作模式就行不通了,批条难拿也不值钱了,这给了常某毁灭性的打击,公司倒闭了。但常某不甘心,他很快花低价接手了一家公司,在城南租了一个大的店面,搞涂料批发,但当时施工工程多在城北,常某由于对这行不熟,看着别人赚钱,只有他无利可图。8个月后,常某只得再回建材企业打工。很快他熟悉了企业的运作,正好此时有一个建筑工程要分包,常某经过初测,若分包(土石方处理),投入不大,周期只有几个月,扣除各种开支,还有15万元左右可入账。常某再次辞职,当了包工头,找了一支施工队合作,常某出项目,对方出人力和设备,双方按比例分成。很快,土石方处理2个多月就完成了工期,但当时约定要等整个建筑工程结束后才可付款,结果原来计划8个月完工的工程因为种种原因竟拖了3年。工程款不能按时结算,合作伙伴还带着刀子上门逼债,为了还债,常某变得一无所有。

讨论题:

1. 常某失败的最主要原因是什么?说明了什么问题?

2. 从风险角度考虑一下,常某为什么一再失败?

第十一章

创新创业的社会资源

学习目标

通过对本章内容的学习,你应了解和掌握如下问题:

- 企业孵化器的定义与内涵
- 什么是创新创业生态圈
- 创新创业教育的内涵与形式

引 例

为了帮助在家行动不便的老人和残疾人，樊尚和菲利普计划开展送餐和家政服务。最初，樊尚和菲利普想要成立一个家政服务公司，但由于不懂市场运作，没有经济背景，走了不少弯路。之后，在“青年挑战”的建议和支持下，公司改成了协会的形式并获得了市场准入。“青年挑战”不仅为他们提供了资金援助，还通过媒体为他们做宣传，让市民很快得知了这一服务信息。

樊尚和菲利普的协会里聘请了富有经验的生活顾问、医生、护士和社会工作者，他们可以回答来自社会各方面的咨询并提供相应的服务。同时，由于服务热情周到，协会逐渐获得了市民的认可并拥有了相当数量的客户。协会的正式工作人员只有两名，一人在总部，另一人则在家居现场提供服务，再加上竞争激烈，所以工作极其忙碌，两人每周的睡眠时间不会超过35小时，尽管如此，也不能满足所有客户的需求。因此，协会需要调整工作方式，不断进步，吸收更多员工，以最大限度地满足客户的需要。

第一节 企业孵化器

一、企业孵化器的内涵与发展

（一）企业孵化器的发展

企业孵化器起源于美国，经过40年的发展，已经成为一个“全球现象”。创造企业孵化器的目的主要是发展本地经济、解决当地就业问题，是创业者各自进入经济生活、走向成功的路径，也是科技与经济联系的纽带。企业孵化器已经成为加快科技成果转化、培育科技企业和企业家的有效手法。

孵化器，本义是指人工孵化禽蛋的专门设备。后来引入经济服务领域，指导企业能够不用或很少借用其他帮助将其产品或服务成功地打入市场。企业孵化器在中国也称“高新技术创业服务中心”，它为新创办的科技型中小企业提供物理空间和基础设施，并提供一系列服务支持，进而降低创业者的创业风险和创业成本，提高创业成功率，促进科技成果转化，培养成功的企业和企业家。简单来说，孵化器是帮助创业者将其创业项目打入市场的平台，也就是一个大众创业平台，一个培养企业的企业。

企业孵化器是一种新式的社会经济领域。企业孵化器在前期基本上由政府运营，这些年情况发生了改变，大型企业逐渐介入孵化器的运营。为了鼓动和推动企业孵化的展开，国家出台了一系列优惠政策和资金扶持方法。由此，我国企业孵化器开始迅速发展起来，为我国科技经济实力发展注入了鲜活的血液。

(二)企业孵化器的运营方式

中国企业孵化器的发展尚处于起步阶段。从2014年开始,中国孵化器的发展已经不单单局限于一套政策、一套房子,而是迈入搭建“一个平台”的阶段。人们用孵化器“3.0时代”来形容这个时期,它主要的特点是连接。

前瞻产业研究院发布的《中国企业孵化器产业市场前瞻与运营发展战略分析报告》提供的数据显示,截至2015年11月中旬,中国科技企业孵化器数量超过1 600家,国家级孵化器超过600家,非国家级超过1 000家,在孵企业8万余家,累计孵化企业约6万家,各项数据均在逐年稳步增长。

我国早期的孵化器大多拥有国有背景,由政府主导,由政府无偿或者低价出让土地或者物业资产,以免费或者较低的租金来吸引企业入驻,依靠政府的房租补贴或其他资金支持,以及向入驻企业收取少量的租金、服务费的方式来维持孵化器的运营。其本质更像是“招租婆”或“二房东”,单纯从事房地产开发和运营。

传统孵化器基本都存在只靠收取租金不能满足企业盈利的问题。孵化器本身也在参与创业,孵化自己,持久的盈利模式决定了孵化器的后劲,有形资产向无形资产的转化正在悄然发生。

二、传统企业孵化器的弊端

(一)投资主体单一,政府所占比重大

从孵化器的主题来看,我国的企业孵化基本上都是由各地高新技术开发委员会兴建并派员运作的。在孵化器建立的初期,政府的推动作用是必要的。但是政府不可能具备发明新技术和管理企业内部复杂过程的能力,因此,政府只能对孵化器进行全面的支持,而难以成为承担新创企业风险的主体。

从国际经验来看,孵化器有多种所有制形式,但孵化器的经营都是采用企业化经营模式。孵化器单一地依靠政府资助,自身没有创造价值的紧迫感和相应的能力,创造的价值相对有限,从长期来看是不可持续的。

(二)经营管理水平和创业企业的服务功能不完善

创办企业孵化器的目的是为高新技术产业的创业者提供资金、技术、法律、市场和国际联系等服务,使他们能够在条件良好的园区内专注于技术创新工作,不断地创造自主知识产权并使之产业化,在实现科技创新的经济价值的同时促进我国科学技术的进步和国民经济的增长。然而我国绝大多数的孵化基地仍以政府投入和国家优惠政策的扶持为依托,其经营管理模式仍停留在旧的事业单位管理模式中,而真正商业意义上与国际经营管理操作规则相适应的企业孵化器却非常少。创业企业在发展阶段,除了有资金和人才的迫切需求外,还非常需要外界提供专业化服务,以提高管理能力和企业综合竞争力。

(三)政策支持力度不足

企业孵化器的成功还需要得到政府优惠政策的扶持,不仅包括支持企业孵

化器建设与发展的优惠政策，还包括支持企业孵化器中的企业创业与发展的优惠政策。在企业孵化器的发展过程中，政府应当扮演一个积极推动的角色。因为企业孵化器的主要功能是扶持高新技术创业企业的发展和促进科学技术知识的创新，然而科学技术知识是一种公共产品，创新的成果往往被整个社会分享，所以很少会有个人和企业有积极性去投资设立企业孵化器。在这里，市场机制是失灵的，必须依靠政府的介入和政策干预才能促进企业孵化器的建设与发展。因此，政府就必须投入建设和发展企业孵化器所需要的资金并加以政策引导，以保证国家科技创新体系的持续发展和强化。但我国对企业孵化器的政策支持仍显不足，目前我国对企业孵化器的政策主要有《国家高新技术创业服务中心认定暂行办法》和《关于对我国高新技术创业服务中心工作的原则意见》，但这是远远不够的。

（四）人员专业素养缺乏

科技企业孵化器是新兴的智能性行业，需要高素质的专业管理团队和大批优秀人才。目前主持孵化器运营的管理人员大多具有政府背景而缺乏企业管理经验，只能对在孵企业提供一些基本的服务。专业人才的匮乏使孵化器的服务水平难以提升，很多孵化器运作并不理想，无论是孵化出来的企业还是孵化器本身的质量，都不高，甚至不少孵化器的设施被大量闲置。

三、创新发展的评价

目前，创新研究经历了“封闭式创新”到“破坏式创新”“开放式创新”的嬗变，出现了思路上的变化。一方面，创新集群、区域创新系统的研究进一步深入，创新组织边界逐步扩大，出现诸如国家创新系统等；另一方面，“众包”等概念的出现既是创新集群内部功能化的理论细分，也是将“大众创新组织”创新功能主体具体化、细分化，并将创新组织边界缩小的外部化探索。但是“众包”的外部化探索并不顺利。“众包”模式中各分包主体面对较为模糊的市场机会、以竞争为前提的合作动机，以及“众包”社区本身存在的不稳定性，使“众包”模式始终面临着发展的瓶颈。“众包”模式主体功能性的讨论与创新集群、区域创新系统合作、支持、中介功能的探索形成良性互补，两种研究思路“合流”势在必行。创业研究相对创新起步较晚。关于创新与创业之间关系的研究中，一种说法认为，创业本身是实现创新的过程，但不论如何认知创业的本质内涵，创业都为创新提供了载体，并通过创业活动为创新提供了资源互补、协调、共济的条件，为创新集群、区域创新系统提供了合作和开放式创新的机会、平台与一致性方向，也为“众包”模式提供了成长与发展的动机与支点。从发展的阶段来看，创新与创业相互协调发展，在保持自主性与开放性的前提下，相关各种概念（见表 11－1）也有了较大的理论发展，对创新、创业机理的探索也产生了环境探究、资源重组、群体参与或营建新型组织等观点。

表 11－1　孵化器相关内涵的比较

相关概念	内涵界定	聚焦问题
创新	运用发明与发现的方法促进经济发展	创新主体；创新集群；环境
创业	具备某些初始特征的创业者个人或团体在某种初始环境条件下，通过产业活动创立企业的过程	环境要素；团队、机会、领导者特征、产品特征
大众协作式创新	独立个体基于共同理解而自愿参与的松散式协作，可以灵活高效地进行沟通	协作关系、制度对创新的影响
开放式创新	本质在于获取和利用外部创新资源，以及整合内外创新资源	重新界定企业边界，将创新市场化，并获取创新绩效
“众包”	众包是组织开放式创新生产方式，通过互联网聚集组织外众多离散资源	价值网络、协作关系、与外包关系、原因与动机
“众创”机制	通过互联网平台及技术形成大众广泛参与的创新模式	关注开放式的协作关系、参与对象、项目应用

创新、创业理论结合与发展的过程中，“众创”机制产生并推动了科技创新模式的嬗变。2000 年后，Hackspace、TechShop、Makerspace 等各类新型孵化器逐步形成，国内如北京创客空间、深圳柴火空间也已产生。众创空间等新型孵化器成为社会发展的热点。事实上，“众创”机制是互联网技术日臻成熟、产业竞争加剧、组织创新能力提高以及客户需求个性化等诸多因素协调作用的产物，满足了创新、创业活动对资源、动机、团队等的动态需求。国内理论界率先提出的“群体创新空间”理论概括了创客空间、创新工厂等概念。从主体来看，众创空间是提供全链条增值服务的低成本、便利化、全要素、开放式综合创业服务平台。“众创”机制一方面是基于创新创业能力，通过系列平台实施的创新创业活动，另一方面是基于创新创业意愿，通过转移和获取科技成果并加以应用的新型创新创业模式。

“众创”机制具有以下含义：首先，基于兴趣、自我价值实现、低成本利基或其他社会因素的作用，表征为创新创业意愿；其次，创新创业需求的多样性、复杂性和创新创业主体能力的提升，使创新创业机会均等化程度增强；最后，多样化知识源以及创新创业社区、创新创业工具包的应用等，不仅促使创新创业能力得到提升，而且实现了多主体创新创业要素的耦合，这是“动机—机会—能力”理论在“众创”模式下的具体应用。众创空间等新型孵化器构建了一整套相对完善的创新创业生态圈。

第二节　创新创业生态圈

一、国内著名的创业孵化器

（一）创新工场

创新工场的两个投资逻辑是：一是看好智能硬件领域的拓荒团队；二是从孵化器向风险投资（VC）转型。

创新工场从孵化和天使投资走向风险投资，为快速成长期的创业团队提供场地和系统服务资源，豌豆荚、知乎等都是从这里走出来的。

（二）联想之星

联想之星是捕捉初创科技企业机遇、为创业者搭建全方位支持的多资源科技创业平台

联想之星是联想控股下属的孵化器，主要专注于早期孵化和创业培训。2010年，联想之星设立了首期4亿元人民币的天使投资基金，专注于早期和极早期创业项目，全部资金都来自联想控股。联想之星"创业培训＋天使投资＋开放平台"的孵化模式初现雏形。

目前，联想之星的60多个孵化项目主要专注于互联网和移动互联网、先进制造和医疗健康三个领域，其中，数字新媒体产业（TMT）项目占据了40多个。

（三）3W咖啡

3W咖啡的股东名单里有红杉资本创始人沈南鹏、天使投资人徐小平、清华企业家协会会长杨向阳、去哪儿首席执行官孙陶然等。

3W咖啡已经孵化了20多个项目，大多项目与互联网相关，大抵包括旅游、线上到线下（O2O）、手游周边产品几大类。

（四）硬蛋

硬蛋成立于2014年1月，是中国较大的智能硬件创新创业互联网平台，主要通过线下＋线上（offline＋online）平台实现，着力于供应链的O2O资源链接。供应链、资金、渠道和人才是智能硬件创业者的四大痛点。硬蛋在为创业企业提供全方位支持的同时，更多专注于整个智能硬件的供应链。在供应链方面，硬蛋能够为创业者提供包括电子方案的选择、外观的设计、结构的设计、组装、器件的产品检测认证等在内的服务。

（五）太火鸟

太火鸟是中国最火爆的智能硬件孵化平台。太火鸟致力于建设重构产品研发创新流程，努力帮助设计师和创意者实现商业价值，从广泛的创意中寻找具有"创

新价值”且可以被称为“性感设计”的产品，开启一个全新的众包设计时代。太火鸟孵化的团队将从商品定义、投资融资、硬件品控、软件体验、推广营销、渠道建设等各个环节全程全力支持，真正成为一条龙服务式的智能硬件孵化平台，全力打造一个完美的智能硬件创意生态系统。

（六）中大创新谷

2014 年，广州创业谷正式投入建设“中大创新谷”创业孵化器，历时 4 个多月，中大创新谷建成投入使用，并正式面向创业团体和个人开放，为初创团队和个人提供创业孵化及服务。中大创新谷已跻身华南地区领先的创业孵化器行列，专门为初创团队提供专业的创业指导、场地孵化，以及引进天使投资等服务，重点关注时尚创意、新技术、移动互联、O2O 领域。

（七）SMART. with us

2014 年年底，依托 SMART 平台建立 SMART. with us 联合办公空间，以产业资源带动创新创业，利用 SMART 平台的智库与项目为入驻企业提供超越传统创业服务的附加值。SMART. with us 整合度假开发与生活方式类企业，现已入驻近 20 多家企业，分别来自度假地产开发、金融自媒体、度假互联网金融、规划、策划、设计、品牌、公关、市场、运营、智能化、航空、软件开发等相关领域，为度假地产提供了各种丰富的产品与运营支持。

（八）兰渡文化孵化办公空间

兰渡文化孵化办公空间专注文化视频创业孵化，提供视频创作、发行等一站式服务。

兰渡孵化办公空间坐落于上海市黄浦区，由致力于挖掘互联网优质女性节目的影视文化公司——兰渡文化创建。24 格工位的办公室、高逼格的会议室、全新的摄影棚等为入驻团队提供全方位服务，为从事文化创意类的公司提供创作、宣发、广告等一站式服务。

（九）Neoply China

Neoply China 专注于构筑中韩创业的梦想之桥，服务于希望拓展中国市场的韩国中小企业。目前已有 50 名左右的中韩导师、9 名韩国政府官员和 30 所大学加入了该孵化器。

二、创新创业生态圈的概念

（一）创新创业生态圈

“生态圈”一词源于生物学。百度百科上对“生态圈”做了如下定义：生物圈是指地球上凡是出现并感受到生命活动影响的地区，是地表有机体包括微生物及其自下而上环境的总称，是行星地球特有的圈层。生态圈也是人类诞生和生存的空间，是地球上最大的生态系统，而创业生态圈是产业生态圈的一种。产业生态圈是指某些产业在某些地域范围内业已形成（或按规划将要形成）的以某些主导产业为核心的具有较强市场竞争力和产业可持续发展特征的地域产业多维网络体系，体现了一种新的产业发展模式和一种新的产业布局形式。狭义的产业生态圈是指，在一个特定的区域范围内生产某产品时，由本地零部件供应商所能提供配套的能力。广义的产业生态圈，除生产配套外，还应包括生产经营各个方面的配套，特别是科技、教育、文化、金融、物流、商贸、中介服务等。

通俗来讲，创业平台就是帮助创业者的一个舞台，如腾讯众创空间。但是创业生态圈的范围更大一些，更像一个社区，就是很多平台和孵化器聚集在一起形成的一个圈子。

（二）生态圈的构建——以中关村创业大街为例

中关村创业大街以创新创业需求为导向，具有“创业投融资 + 创业展示”两大核心功能，以及“创业交流 + 创业会客厅 + 创业媒体 + 专业孵化 + 创业培训”五大重点功能，从创业服务集聚区逐步成长为创新创业生态圈，累计孵化创业团队 1 000 个，其中，海归团队和外籍团队超过 150 个，有 483 个团队获得融资，总融资额达到 33.88 亿元。

中关村创业大街的创业会客厅线上平台初步设置了工商注册、孵化服务、创新 MAX 及服务预约 4 大板块，并将根据创新创业企业需求，逐步开发财务管理、政策对接、投融资、人力资源、知识产权、法律事务等相关模块功能。目前，创业会客厅线上平台已与大唐电信、清华同方、毕马威、探路者、科通芯城、海尔、百度等多家大企业开放平台达成战略合作，在双创服务、孵化投资、资源共享等方面服务创业企业。

目前，中关村创业大街孵化的优秀创业项目中已出现一批细分行业领跑者，成为中关村创业大街创新发展的新名片。例如，专注机器视觉和人工智能的 Face + +，依托自主开发的专利和技术，打造领先的人脸识别、图像识别和深度学习技术服务平台，快速成长为行业领军企业，与小米金融、网商银行、中信银行、平安集团等领先金融机构达成合作，并于 2015 年 5 月完成了 4 700 万美元的 B 轮融资，总体估值高达 20 亿美元。微纳芯、诺亦腾、伏牛堂等一批优质创业企业通过打造自身核心竞争优势，快速成长为行业领军企业。

同时，中关村创业大街积极引导全球创新创业资源集聚和重组，与大型跨国公司形成战略合作关系，与其他国家服务机构联合开展跨境孵化，促进中关村更加主动地获取、利用全球创新创业资源，提升中关村在全球创新中的网络位势。目前，中关村创业大街已与美国、以色列、芬兰、法国、韩国、新加坡、瑞典、韩国、泰国、西班牙、澳大利亚、印度等 10 余个国家的 20 余个机构开展合作，通过项目交流、联合孵化等多种方式构建了开展全球创新创业合作的常态化通道。目前，中关村创业大街与美国 500startup、法国商务投资署、中国法国工商会、韩国创业振兴院（KISED）、韩国 D – CAMP、世界韩民族高新技术企业协会等机构开展多方位合作，并与中欧区域经济合作中心、韩国京畿道经济革新中心、韩国未来创造部全球创业支持中心(Born2Global)、韩国技术风险财团等机构确定了良好的战略合作关系。可见,创新创业生态圈的打造最重要的是能吸引投资。

三、专业服务机构与新媒体

(一)专业服务机构

专业服务机构是在已有政务服务中心基础上,整合银行、法律、会计、税务、行业协会、投融对接、企业咨询、项目搜寻、人事代理等涉及基金行业募、投、管、退全环节的专业服务,运用市场化手段配置建立的一个综合性、系统性的服务平台。各类基金公司或金融机构足不出户,就可以享受到一站式综合服务。专业服务机构有效简化了创业者的创业程序及流程,使创新创业更加方便快捷。

孵化器必须要有专业化的孵化平台。大多专业孵化器不仅有一般孵化器的所有服务设施,还有功能强大的专业技术平台,能够为本领域的项目孵化提供研发、测试、中试等专业化的实验平台。专业化的服务体系包括专业技术人才、专家技术咨询、市场信息服务体系等。企业孵化器是服务型企业,服务是孵化器最核心的功能。专业孵化器可以最大限度地促进社会资源与企业资源的对接、整合,有效地提高中介服务机构的专业化水平,最终形成一个以孵化器为核心的分工精密、细化的服务体系。

孵化器必须要便利,例如,囊括所有适合企业发展的因素,有派驻科技园的税务所,有税务企业服务机构,工商注册、变更比较便利,会计师事务所、法律事务所相对健全,这样的孵化器就会招来更多的企业,有利于它的发展。总体来说,孵化器是某一特定专业领域或某两个专业领域集成的区域性创新创业组织。

作为一种特殊形式的中介机构,科技孵化器的基本任务是为被孵化企业提供各种外部资源的服务。被孵化企业对外部资源的需求一般应包括这几方面:①创业支持,包括企业创办手续服务、基础条件的提供等。②咨询与培训,包括政策、财务、税务、人事管理的咨询及相应的培训等。③要素资源服务,包括人才、技术、产品、资金和市场协作网的建立和有效服务。④信息化服务,包括建立数字化网络平台、提供网上培训、展示、电子商务服务等。⑤技术服务,包括公共实验室、中试车间、大型通用仪器、通用测试平台、技术支持网络系统以及各种类型的专业孵化器。

孵化器要进行服务方式的创新,引入社会力量为孵化器及其在孵企业提供服务,推进孵化服务的社会化;孵化器要发挥自己的优势,对自身没有优势的服务项目,要充分发挥和借助社会机构的力量,引入专业化的服务;孵化器要探索有偿服务的方式和方法,通过有偿孵化服务促使孵化器提高服务质量和服务效率,使在孵企业能获得水平和质量不断提高的个性化孵化服务。

(二)新媒体

新媒体涵盖了所有数字化的媒体形式,包括所有数字化的传统媒体、网络媒体、移动端媒体、数字电视、数字报纸杂志等。新媒体一个相对的概念,是报刊、广播、电视等传统媒体发展起来的新的媒体形态,包括网络媒体、手机媒体、数字电视等。新媒体亦是一个宽泛的概念,是利用数字技术、网络技术,通过互联网、宽带局域网、无线通信网、卫星等渠道,以及电脑、手机、数字电视机等终端,向用户提供信息和娱乐服务的传播形态。严格地说,新媒体应该称为“数字化新媒体”。

新媒体目前并没有具体的类别,以下只介绍与创新创业相关的两种典型新媒体:

1. 科技博客。科技博客作为众多博客类型中的一个分支,大多是由一些资深TMT从业者凭兴趣撰写的。而在海外,Tech Crunch等科技博客已流行多年,影响力不亚于传统媒体,有的文章甚至会对国际IT大公司的股价产生直接影响。

这些科技博客有各种流派,有的脱胎于门户网站,比如新浪创事记、腾讯科技;有的是传统媒体人出来做的,更偏重评论和商业分析,如钛媒体、虎嗅网、海纳在线;有的脱胎于传统媒体,如创业家、21世纪商业评论、极客公园、快鲤鱼等。

2. 抖音。抖音是一款可以拍短视频的音乐创意社交软件。抖音主打对嘴表演功能,用户选取一段音乐或声音桥段,以对嘴型模式进行表演、拍摄,然后分享。由于其音频时长很短,降低了表达成本,增加了内容趣味性。

抖音于2016年9月上线,一直到2017年春节后才投入大量资源,产品优秀的数据表现让头条很快决定将各种推广资源全力导向这个可以提升公司品相的新项目。抖音很快成为头条战略级产品。当然,头条最核心的算法优势也用到了抖音上,一开始就在产品层面加入算法推荐模型来保证内容分发效率。抖音的玩法并不能说完完全全是新的,但这款音乐短视频产品风头正劲:日均视频播放量过亿,各路明星网红纷纷转发,甚至网易云音乐上已经出现了抖音背景音乐的收录歌单。抖音日活跃用户数量已在数百万量级。

(三)众筹机构

众筹作为一种商业模式最早起源于美国,距今已有10余年历史。近几年,该模式在欧美国家迎来了黄金上升期,发展速度不断加快,在欧美以外的国家和地区也迅速传播开来。据调查,2012年,全球众筹平台筹资金额高达28亿美元,而在2011年只有14.7亿美元。2007年,全球众筹平台的数量不足100个,截至2012年年底,已超过700个。对一个处于创业初期的企业来讲,众筹是一个值得肯定和推广的商业模式。目前,无论是国外还是国内,文化创意产业融资都是众筹商业平台起步的主要内容。

众筹从某种意义而言,是一种Web3.0,它使社交网络与“多数人资助少数人”的募资方式交叉相遇,通过P2P或P2B平台的协议机制来使不同个体之间融资筹款成为可能。构建众筹商业模式要有项目发起人(筹资人)、公众(出资人)和中介机构(众筹平台)3个有机组成部分。

1. 项目发起人(筹资人)。项目发起人发起的,项目是具有明确目标的、可以完成的且具有具体完成时间的非公益活动,如制作专辑、出版图书或生产某种电子产品。项目不以股权、债券、分红、利息等资金形式作为回报。项目发起人必须具备一定的条件(如国籍、年龄、银行账户、资质和学历等),拥有对项目100%的自主权,不受控制,完全自主。项目发起人要与中介机构(众筹平台)签订合约,明确双方的权利和义务。项目发起人通常是需要解决资金问题的创意者或小微企业的创业者,但也有个别企业为了加强用户的交流和体验,在实现筹资目标的同时强化众筹模式的市场调研、产品预售和宣传推广等延伸功能,以项目发起人的身份号召公众(潜在用户)介入产品的研发、试制和推广,以期获得更好的市场响应。

2. 公众(出资人)。公众(出资人)往往是数量庞大的互联网用户,他们利用在线支付方式对自己感兴趣的创意项目进行小额投资,每个出资人都成为“天使投资人”。公众所投资的项目成功实现后,对出资人的回报不是资金回报,而可能是一个产品样品。出资人资助创意者的过程就是其消费资金前移的过程,这既提高了生产和销售等环节的效率,生产出原本依靠传统投融资模式无法推出的新产品,也满足了出资人作为用户的小众化、细致化和个性化消费需求。

3. 中介机构(众筹平台)。中介机构是众筹平台的搭建者,也是项目发起人的监督者和辅导者,还是出资人的利益维护者。上述多重身份的特征决定了中介机构(众筹平台)的功能复杂、责任重大。众筹商业模式的核心逻辑是创造价值。其逻辑性主要表现在层层递进的3个层面:价值发现、价值匹配和价值获取。

第三节　创新创业教育

一、创新创业教育与素质教育

创业教育为社会培养创业型人才,服务于社会实践,实现个人价值,提升社会效益。创业教育并不是要受教育者都去创建自己的企业,而是要传授创业知识,让受教育者知道创业活动的内在规律、所涉及的关键问题,以及可能遇到的问题和风险,帮助他们理性地规划职业发展路径。创业教育,就是通过创业教育教学活动来培养学生创业能力的教育,即在加强基本理论和基础教育的同时,以培养学生创业精神和创业能力基本价值取向的教育。创业的内容又包括两个方面:就业和创造新的就业岗位。只有通过创业教育,才能实现处处有创业渠道、时时有创新机会、人人有创业才干的终极目标。

创新教育就是为了使人能够创新而进行的教育,凡是以培养人的创新素质、提高人的创新能力为主要目的的教育,都可以称为创新教育。对学校教育来说,创新教育是指把提高人的创新性当作重要培养目标之一,并在全部教育教学过程中有意加强学生各种创新素质的培养,使学生和教师的创新性都得到有效提高的教育。

素质教育主要是针对基础教育中的应试教育问题而提出的。作为一种教育理念,素质教育也已获得了高等教育工作者的认同,并已成为高等教育教学改革的指导思想之一。

理解"素质教育"内涵的关键是对"素质"内涵的理解。"素质"首先是分层次的,其次是与时俱进的。我们现在从小学的初等教育到大学的高等教育都在倡导实施素质教育,但小学生的素质要求与大学生的素质要求是不可能等而论之、同而求之的,因此,小学的素质教育与大学的素质教育也是不可等而论之、同而求之的。社会工作是分层次、分领域的,不同层次、不同领域从业人员的素质要求是不尽相同的,并且是不断发展变化的,10 年前文秘人员并不要求会用计算机,但现在这已是最基本的技能要求。因此,素质的内涵也是因事因时而异的,是与时俱进的。

二、创新创业教育与素质教育的关系

(一)创新创业教育是素质教育的深入和具体化

创新创业特别需要综合素质高的人才。因此,创新创业教育是建立在素质教育基础上的新型人才培养模式。同时,创新创业也是一种创新实践,需要有智慧、视野开阔、知识面广的人才,需要既懂专业知识,又了解市场需求的人才,需要有组织管理能力和良好的人际关系与合作精神的人来实现。因此,创新创业教育是素质教育的深入和具体化。

(二)创新精神和创业能力是人才综合素质的集中表现

创造性是人才的本质特征,没有创造就没有人类的发展。人的劳动创造了世界。所谓创造,通俗地说,就是发明或发现,就是产生某种新颖、独特、前所未有的具备社会或个人价值的东西(包括思想)。而创新除了包括创造之外,还包括对原有的东西予以重新组合,或对已有知识的再次深入发现。

(三)创新创业教育应当以人为本,培养终身学习和可持续发展的素质

我国高校应当以人为本,坚持从大学生长远发展出发,培养他们具备终身学习和可持续发展的能力,创造性地开辟未来。高等教育是建立在普通教育基础上的专业性教育,在大学培养目标、培养规划中,应使业务素质、创业素质与全面素质和谐统一起来,高校培养的大学生要德智体全面发展,要具有较广的知识面,较强的技术转化能力、技术创新能力、创业开拓能力、群体合作能力、经营管理能力等。

(四)创新创业教育应当突出对创新精神和创新能力的培养

创新精神和创业能力是创业的灵魂和根基。素质教育应以创新精神和创业能力为重点,为大学生的创业教育打下良好的基础。专业性是大学教育的本质特征之一,也是大学教育区别于基础教育的本质属性。专业性主要是指人才的业务素质,兼具学术性与职业性的特征。大学本科阶段要求以创新和创业能力的培养与训练为主,把创新精神与实践活动结合起来,培养大学生的创业意识和技能。到了硕士研究生和博士研究生阶段,则以创造性成果要求为主。这些特点,都要求大学

教育更加注重培养学生的创新精神和创业能力。

三、开展创新创业教育的意义

高等院校开展创新创业教育，实际上是把素质教育引向深入的一种新形式。教育的质量和效益集中体现在全面提高学生的素质上，高等院校实施创新创业教育必须以党和国家的教育方针为指导，以促进学生全面发展和整体素质的提高为目的，以创新的精神、创新的理念、创新的思维、创新的方法，对教育观念、手段、方式乃至人才培养模式进行全面的改革和创新。

（一）创业精神和创业能力是综合国力的重要方面

综合国力是一个国家在一定时期内生存和发展的总体实力。综合国力的要素包括资源力、政治力、经济力、科技力、国防力、教育力、文化力、外交力等，其中，资源力是前提，政治力是核心，经济力是基础，科技力是关键，国防力是保障，教育力是根本。创新教育是以培养人的创新意识、创新精神、创新思维、创新能力、创新人格为基本价值取向的教育思想、教育理论、教育方法和教育实践。创新教育是时代的要求，它必须解决即将来临的知识经济社会所需新型人才的培养规格与质量问题，它必然挑战和变革传统教育的种种弊端，特别是改变应试教育的弊端，使教育在知识经济时代真正发挥作用，真正让全体学生拥有创新精神、创新意识和创新能力。只有创新教育，才能培养创新人才。而创业精神和创新创业能力又是创新人才素质的集中表现。因此，我们应把创业精神和创新创业能力的培养作为创新创业教育的重点，这是迎接知识经济的挑战、促进经济科技发展和提高综合国力的需要。创新创业人才的培养是进行素质教育的首要措施。明确素质教育以培养创新精神和创业能力为重点，是对素质教育的进一步提升和深化。

（二）创新创业教育要重视大学生文化素质教育

高等院校要加强文化素质教育，注重科学精神和人文精神的结合，加强科学精神和科学方法论教育。加强大学生文化素质教育十分重要，应通过对大学生进行文学、历史、哲学艺术等人文社会科学以及自然科学等方面的教育，全面提高他们的文化品位、审美情趣、人文素养和科学精神。文化素质对学生其他素质和人生观、价值观的形成具有深刻影响。文化素质教育往往作用于学生整个人生道路，对培养其优秀的人格品质、创新精神和创业能力必不可少。

（三）创新创业教育要促进大学生不断提高自身素质与能力

在教学过程中，教师应当有效激发学生对知识的探索欲望，引导学生养成良好的学习习惯，掌握科学的学习方法，提高学习能力。在教学过程中，要因材施教、因势利导，将学生的兴趣转化为志趣，激励学生主动探究，获得前进的力量。也正是在这种意义上，教育教学过程对学生来说才是一个不断提高、不断自我完善、不断发展创新的过程。

(四)创新创业教育应突出创新精神与能力的培养

创新创业行为普遍存在于各种组织和各种经营活动中,运用创新创业精神开展工作是取得成绩和进步的前提。创新创业教育要培养和强化学员的创新创业技能,包括创新思维和创新能力的增强,识别和把握机会能力的提高,学会创造性地整合资源,以及进行领导力的训练,等等。

本章小结

本章讲解了创新创业孵化器的基本情况和创新创业生态圈的概念和内涵,以及构建生态圈的现实实践,深入分析了创新创业的社会资源情况,介绍了新媒体发展的基本情况,最后详细讨论了创新创业教育的基本情况。

复习思考题

1. 什么是孵化器?
2. 什么是创新创业生态圈?

参考文献

[1]雷家骕.创新创业管理学导论[M].北京:清华大学出版社，2014.

[2]杨安.创业管理:大学生创新创业基础[M].北京:清华大学出版社，2011.

[4]蔡松伯，王东晖，吴非.大学生创新创业与管理攻略[M].成都:西南财经大学出版社，2015.

[5]李志军.创新创业战略与管理[M].北京:中国发展出版社，2013.

[7]李时椿.创新与创业管理[M].南京:南京大学出版社，2006.

[8]吴贵生.创新与创业管理[M].北京:清华大学出版社，2006.

[9]德鲁克.创新与创业精神:管理大师谈创新实务与策略[M].张炜,译.上海:上海人民出版社，2002.

[11]徐明.创新与创业管理[M].大连:东北财经大学出版社，2016.

[12]王延荣.创新与创业管理[M].北京:机械工业出版社，2015.

[13]斯晓夫，吴晓波，陈凌,等.创业管理:理论与实践[M].杭州:浙江大学出版社，2016.

[14]陈劲，高建.创新与创业管理:创新网络与创业发展[M].北京:清华大学出版社，2015.

[15]贝赞特,蒂德.创新与创业管理[M].北京:机械工业出版社，2013.

[16]李志军.创新创业战略与管理[M].北京:中国发展出版社，2013.

[17]李时椿,常建坤.创新与创业管理:理论·实战·技能[M].南京:南京大学出版社，2014.

[18]吴贵生,高建.创新与创业管理[M].北京:清华大学出版社，2013.

[19]陈智民.基于创新创业人才培养的高校教学改革探索与实践[M]//深圳大学管理学院教学研究文集.广州:暨南大学出版社，2011.

[20]亓伟军.创新创业导航[M].北京:中国文史出版社，2012.

[21]李伯亭.风险投资:帮你创新，创业，创奇迹[M].北京:企业管理出版社，1900.

[22]谭恒.创业管理案例[M].北京:中国纺织出版社，2016.

[23]冯丽霞，王若洪.创新与创业能力培养[M].北京:清华大学出版社，2013.

[24]桑顿.客观思考的艺术:重构创新/创业/管理和领导新思维[M].冷惠玲，译.北京:中国青年出版社，2016.

[25]陆莹洁，戴力新，夏春阳.创业服务中心运行管理规范[M].南京:东南

大学出版社，2016.

［26］蔡松伯，王东晖，王小方. 大学生创新创业指导［M］. 成都：西南财经大学出版社，2016.

［27］赵征. 管理思维跨界创新［M］. 合肥：中国科学技术大学出版社，2016.

［28］揭筱纹. 互联网时代下的创新、创业与战略.［M］. 成都：四川大学出版社，2016.

［29］罗国锋. 创新创业：行动学习指南［M］. 北京：经济管理出版社，2013.